Das war 2006

IMPRESSUM

Herausgeber
Thomas Osterkorn
Andreas Petzold

Art Director
Franz Epping

Gestaltung
Kerstin Rath

Redaktion
Peter Meyer

EDITORIAL

Wenn da nicht diese Weltmeisterschaft gewesen wäre! Diese vier Wochen im Juni/Juli, in denen das Land plötzlich aufblühte, diese strahlenden Sommertage, in denen die Nation mit ihren Besuchern hinreißende Fußball-Feste feierte, voller Spaß und Überschwang und Begeisterung. Mit einer deutschen Mannschaft, die – noch ehe der staunende Jubel über ihre formidablen Spiele womöglich in überhebliches Gejohle umschlagen konnte – hochverdient auf dem dritten Platz landete, und einem Gastgeber Deutschland, der mit seiner fröhlichen, fahnenschwingenden Weltoffenheit der eigentliche Sieger des Spektakels war.

Seien wir froh, dass wir es erlebt haben in diesem Jahr, das sich sonst weitgehend durch trostlose Bleischwere auszeichnete. Die Große Koalition etwa, gerade erst mit großem Anspruch und reichlich Vorschusslorbeeren gestartet, degenerierte rasch zu einem Klüngelklub, der sich regelmäßig nur auf die denkbar dürftigsten Kompromisse einigen konnte, das aber stets nur unter den denkbar größten Mühen. Wobei sich die Chefin dieses kläglichen Unternehmens fast als Totalausfall erwies. Schwacher Trost nur für Angela Merkel, dass viele ihrer internationalen Kollegen genauso wenig glänzten. Englands und Frankreichs Regierungschefs verhedderten sich in klassischen Endzeit-Kabalen und -Skandalen, und bei dem unseligen George W. Bush streiten sich die meisten Historiker eigentlich bloß noch darüber, ob er nur zu den schlechtesten drei Präsidenten der USA gehört oder doch gleich den letzten Platz belegt.

So medioker das Personal, so miserabel das Produkt. Selten sind in einem Jahr so wenig ernsthafte, erfolgversprechende Bemühungen unternommen worden, eines der drängenden Probleme zu lösen, wie 2006. Stattdessen sah die Welt zu, wie der Nahe und der Mittlere Osten noch tiefer in Gewalt und Terror versanken, wie Nordkorea mit martialischen Auftritten den Fernen Osten irritierte, wie auf dem Krisenkontinent Afrika ein Konflikt nach dem anderen auflohderte. Dass weder in Sachen Umwelt noch in Sachen Armutsbekämpfung oder Welthandel kaum ein Hoffnungsschimmer in Sicht ist, versteht sich schon fast von selbst. Prognosen? Lieber nicht. Außer der vielleicht, die Karl Valentin einst formulierte – und die auch nicht eben optimistisch klingt. „Solang ich leb", befand Münchens großer Komödiant schon vor mehr als einem halben Jahrhundert, „muss ich damit rechnen, dass ich weiterleb."

INHALT

RESOLUTE MINDERHEIT
Eine jüdische Siedlerin stemmt sich am 1. Februar in Ramallah gegen die Staatsmacht, die eine illegale Siedlung räumen will

SORGENVOLLE CHEFIN
Bundeskanzlerin Angela Merkel geriet 2006 mehrmals ins Grübeln

ZOTTIGER STÖRENFRIED
„Problembär" Bruno kam am 26. Juni durch einen Gewehrschuss ums Leben

8–45 Augenblicke
Bayern: Jetzt fahr'n wir übern See ▬ **London:** Kunst zum Gießen ▬ **New York:** Vorsicht: Dampfer von links! ▬ **Indischer Ozean:** Urviech von unten ▬ **Lesotho:** Hoffnung trotz Aids ▬ **China:** Die größte Frau der Welt

46–59 Deutsche Politik
Große Koalition: Die Mühen mit den hehren Zielen ▬ **SPD:** Die Sache mit den vielen Chefs ▬ **Gesundheitsreform:** Mund zu – und durch! ▬ **Staatsbesuch:** Wie George W. Bush nach Mecklenburg-Vorpommern kam

60–83 Deutschland
Reichenhall: Tod unterm Schnee ▬ **Bahn:** Das Schmuckstück von Berlin ▬ **Airbus:** Das Chaos mit den Kabeln

84–153 Ausland
Flüchtlinge: Der Exodus aus Afrika ▬ **Irak:** Das Ende eines Terroristen ▬ **Russland:** Putin – Einzelgänger auf Reisen ▬ **Afghanistan:** Auf der Flucht vor den Taliban ▬ **Österreich:** Der Kriminal- und Medienfall Natascha Kampusch

154–179 Nahost
Libanon: Wie Bomben einen Traum begruben ▬ **Beirut:** Als der Horizont explodierte ▬ **Opfer:** Das Leid traf alle Generationen ▬ **Trümmer:** Was vom Kriege übrig blieb

180–199 Wissenschaft
Chirurgie: Ein neues Gesicht für ein neues Leben ▬ **Zwillinge:** Kein Ei gleicht dem andern ▬ **Pharmatest:** Siechtum statt Heilung ▬ **Raumfahrt:** Kam ein Ufo geflogen

200–227 Kultur und Unterhaltung
Erinnerung: Die Tücken mit dem Blick zurück ▬ **Film:** „Das Parfum" – Man muss nur den richtigen Riecher haben ▬ **Kunst:** Damen mit Durchblick

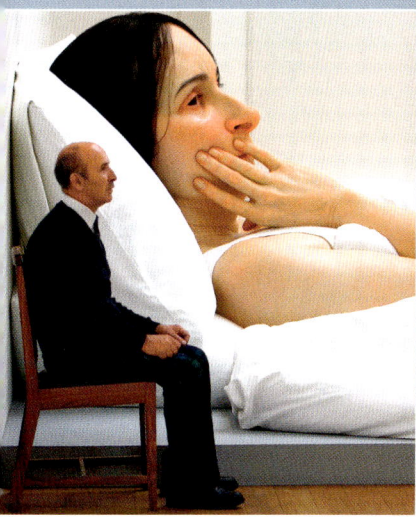

UNGLEICHER AUFTRITT Vor den hyperrealistischen Skulpturen von Ron Mueck, die im August in Edinburgh zu sehen sind, wirken richtige Menschen eher klein

NEUER STAR Filmschauspielerin Scarlett Johansson gelang 2006 endgültig der internationale Durchbruch

TOLLES TRIO Michael Ballack (r.) nutzte diese Szene im WM-Spiel Deutschland–Schweden am 24. Juni vor Miroslav Klose und Olof Mellberg zu einer Art Mut-Grätsche

▬ **Popmusik:** Tokio Hotel – Aufstieg aus der Provinz ▬ **Satire:** Tabus sind zum Brechen da – Borats bissige Scherze

228–241 **Mode**

Models: Als auf dem Laufsteg die Knochen klapperten – Abnehmen bis zum Exitus ▬ **Haute Couture:** Gut gekleidet hieß in der vergangenen Saison, so gut wie nichts anzuhaben ▬ **Comeback:** Kylie Minogue ist wieder da – mit starkem Kopfschmuck ▬ **Bademode:** Nur die Sonne fehlte noch

242–257 **Sport**

Fechten: Attacke im Sitzen ▬ **Football:** In der Pause des US-Finales bringt feine Unterwäsche das Stadion (und die TV-Zuschauer) ins Schwitzen ▬ **Radsport:** Jan Ullrich und Floyd Landis – zwei Stars verloren durch Doping ihr ganzes Renommee ▬ **Eiskunstlauf:** Harte Landung bei der Europameisterschaftskür

258–281 **Fußball-WM**

Ein Sommer wie im Märchen: Deutschland im Ausnahmezustand ▬ **Nach dem Spiel ist vor dem Spiel:** Ein Fotoband porträtierte zur WM die Großen der Zunft – direkt nach dem Abpfiff ▬ **Mann von Format:** Torwart-Titan Olli Kahn war natürlich auch diesmal der Größte – jedenfalls am Münchner Flughafen ▬ **... und Tooor!** Nach genau sechs Minuten fiel der erste Treffer dieser WM ▬ **Ein Star sieht zweimal rot:** Der Kopfstoß von Zinédine Zidane ▬ **Wenn der Sieg ins Wasser fällt:** In Rom feierten die Italiener ihren Triumph auch im Trevi-Brunnen

282–287 **Tote des Jahres**

288–319 **2006 Chronik** Monat für Monat – die wichtigsten Ereignisse

320 Bildnachweis ▬ Impressum

AUGENBLICKE

VON PAUSEN, PARADEN UND PAPIERLATERNEN

Haupt- und Staatsaktionen bestimmen unser Bild vom Lauf der Zeit? Stimmt schon – doch weil der Mensch von Natur aus neugierig ist und gern mal einen Blick zur Seite riskiert, bleiben auch noch andere Momente in unserem Gedächtnis haften. Inoffizielle gewissermaßen, erstaunliche, anrührende. Hier unsere durchaus willkürliche (und ebenso unvollständige) Auswahl der verblüffendsten, komischsten und bewegendsten Aufnahmen des Jahres

WASSER MARSCH!

Ein gewaltiger Sturzbach rauscht am 15. Juni durch die Abflusskanäle der Xiaolangdi-Talsperre in der chinesischen Provinz Henan. Das Spektakel ist Auftakt einer Sandwaschaktion, mit der die Behörden regelmäßig versuchen, den Gelben Fluss, der durch den Damm gestaut wird, von Sedimenten zu befreien, um so das Flussbett zu vertiefen und Überschwemmungen zu vermeiden

JETZT BLOSS KEINE PANIK!
Mit einem Sicherheitsproblem der besonderen Art hatte Laura Bush, die Frau des amerikanischen Präsidenten, am 13. Juli zu kämpfen: Während sie verfolgte, wie sich ihr Mann und Bundeskanzlerin Angela Merkel beim Besuch in Stralsund auf dem Marktplatz ans Volk wandten, setzte sich frech eine Wespe auf ihre Nase. Die First Lady bewahrte Contenance und überstand die Attacke aus der Luft ohne Blessuren

DES KÖNIGS TREUESTE UNTERTANEN

Schwarze Gestalten rudern am 6. Juni nächtens über den Starnberger See; an Bord ein leuchtendes Kreuz. Die Männer sind unterwegs zur Mahnwache für König Ludwig II., der vor 120 Jahren im See starb. Die Ordensleute der „Guglmänner" (nach dem bayerischen Wort für Kapuze) glauben noch heute, dass ihr „Kini" ermordet wurde. Sie fordern Aufklärung – und die Souveränität Bayerns

JEDE GABE WIRD GENOMMEN

Flehentlich recken sich die Hände von obdachlosen Kindern durch ein Geländer in der nordindischen Stadt Siliguri. Sie hoffen, bei einer Wohltätigkeitsveranstaltung Ende September ein Kleidungsstück zu erhalten. Weil viele Menschen aus den umliegenden Provinzen in das aufblühende Handelszentrum kommen, ist Siliguri in den vergangenen Jahren rasch gewachsen, doch viele Zuwanderer finden keine Bleibe und leben in großer Armut

IMMER AN DER WAND LANG

Noch ein paar Handgriffe, dann sitzt die ganze Sache. Am Oberhausener Gasometer entsteht im Mai eine 2000 Quadratmeter große Plakatwand – behelmte Industriekletterer fügen sie aus 16 Riesenpostern zusammen. Besonders spannend: die Position des rechten Kletterers. Denn er muss aus zwei Enden ein neues entstehen lassen. Seinen Auftrag erfüllt er vorbildlich. Die gigantische Pin-up-Aktion soll auf die geänderten Öffnungszeiten eines Einkaufszentrums aufmerksam machen

ZEICHEN DES HIMMELS?

Ein gewaltiger Blitz zuckt am 8. September über den schwülen Münchner Himmel – und schlägt scheinbar zwischen dem Rathaus und der Peterskirche (links) ein. Die Atmosphäre erhitzt sich bei einem solchen Naturereignis auf Temperaturen bis zu 30 000 Grad, fünfmal heißer als die Oberfläche der Sonne. Und die glühende Druckwelle erzeugt den Donner. Auf die Erleuchtung sollen die Stadtväter im Rathaus allerdings immer noch warten

ZWISCHEN-STOPP IM KÜHLFACH

Eigentlich passt sie ja draußen am Pool auf die Badenden auf, aber am 18. Juli war es Kylea Lewis in Topeka im US-Staat Kansas einfach zu heiß am Beckenrand: Sie nutzte ihre Pause, um im Eisschrank neben Wasser und Limonade Erfrischung zu finden – und nebenbei noch ihr Image als kühle Blondine zu verbessern

EINTRITT FREI!

Behauptet etwa immer noch jemand, dass Kunst nur ehrfürchtig im Museum bestaunt werden darf? Dieses kleine Mädchen jedenfalls sieht das anders: Vergnügt schaut es am 10. November aus einem Auge des riesiges Kopfes, den der polnische Künstler Igor Mitoraj in der nordspanischen Stadt Vigo auf die Straße gelegt hat

HEISSE BOTSCHAFTEN FÜR DEN HIMMEL

Die Bewohner des entlegenen Dörfchens Pinghsi auf der Insel Taiwan haben am 4. Februar Papierlaternen in Brand gesetzt und lassen sie von Hitze in die Luft tragen. Einst sollen sie auf diese Weise in kriegerischen Zeiten ihrer Umwelt mitgeteilt haben, dass bei ihnen Frieden herrsche – inzwischen stehen auf den Laternen oft Gebete, und je höher die Lampen steigen, desto eher – so der Glaube – werden die Bitten erfüllt

IM DIENSTE SEINER MAJESTÄT
Ganz stolze Großmutter strahlt Englands Königin Elisabeth II. am 12. April bei der traditionellen Sovereign's Parade an der Royal Military Academy Sandhurst in Surrey ihren Enkel Harry an: Sieht ja auch fesch aus, wie der Junge zurückstrahlt, und seine Offiziersausbildung hat er nach 40 Wochen gerade erfolgreich beendet. Nun soll der 21-Jährige als Leutnant bei der königlichen Aufklärer-Truppe Karriere machen

GIESSEN LÄSST DIE GRÄSER SPRIESSEN

Das muss man Heather Yarrow lassen: Die Gartenarchitektin kümmert sich wirklich sehr um diese Liegende, die im Garten der Träume im Londoner Stadtteil Chelsea vor sich hin schlummert. Die über vier Meter lange, üppig bewachsene Skulptur ist ein Werk des Künstlerpaars Peter und Sue Hill

VORSICHT: SCHIFF VON LINKS!

Sieht ziemlich bedrohlich aus, wie dieser Frachter auf die Verrazano-Brücke in New York zurauscht. Doch die Läufer, die oben am 5. November beim berühmten New York City Marathon ihrem Ziel entgegenhecheln und dabei zum Teil ihre Kleidung abgeworfen haben, mussten keine Angst haben: Der Dampfer passte natürlich locker unter die 1300 Meter lange Brücke, die die Stadtteile Brooklyn und Staten Island miteinander verbindet

URVIECH VON UNTEN

Schon ziemlich eindrucksvoll, so einen Elefanten über sich zu haben. Zumal man die Dickhäuter ja nur selten so zu sehen bekommt. Dieser hier spaddelt vor den Andamanen im Golf von Bengalen im Wasser umher, und man kann nur hoffen, dass er nicht gleich absackt und einen unter sich begräbt. Immerhin bringt so ein Tier bis zu fünf Tonnen auf die Waage – ohne Badehose

HOFFNUNGSVOLLER AUSBLICK
Um dem Fotografen einen Schabernack zu spielen, hält sich Bokang Rakabaele, der in einem kleinen Dorf im südafrikanischen Königreich Lesotho lebt, eine Maske vors Gesicht. Der Achtjährige hat Grund zum Übermut: Er ist HIV-positiv, doch seit er zweimal am Tag ein Anti-Aids-Medikament einnimmt, geht es ihm deutlich besser. In zwei Monaten hat er acht Kilo zugenommen

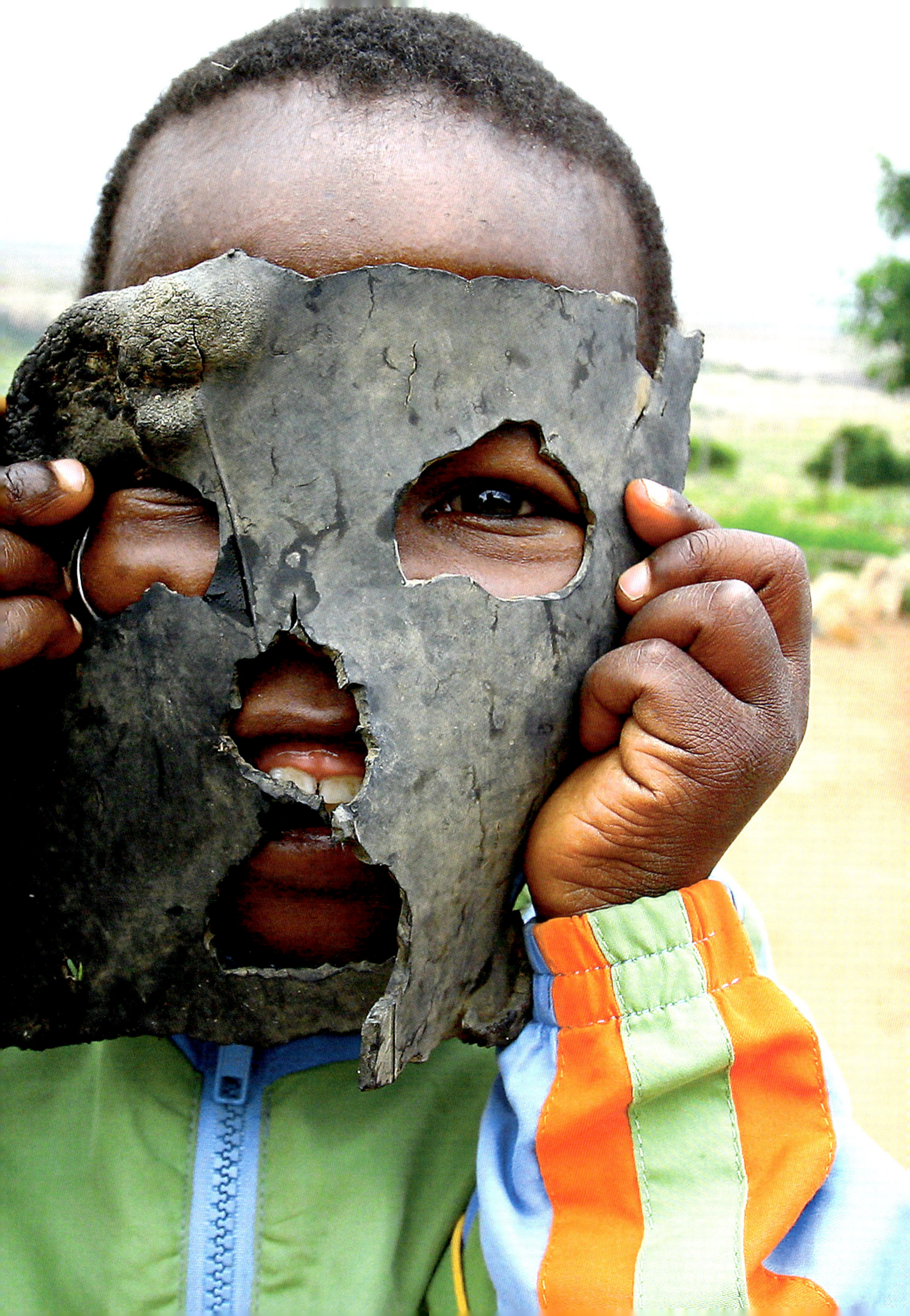

HOPPLA – WAS STEHT DENN DA?

Gesundheit ist ein wertvolles Gut – aber die Zeit auch: Warum also nicht, während man in der Stadt unterwegs ist, rasch bei einer Yoga-Figur einen Blick in die tägliche Gazette werfen? Diese Herrschaften in Hongkong haben den Bogen schon ganz gut raus, allerdings sind sie auch gelernte Yoga-Lehrer, und die Figur „Tittibhasana", die sie hier absolvieren, gehört vermutlich zu ihren leichtesten Übungen

AUGENBLICKE 39

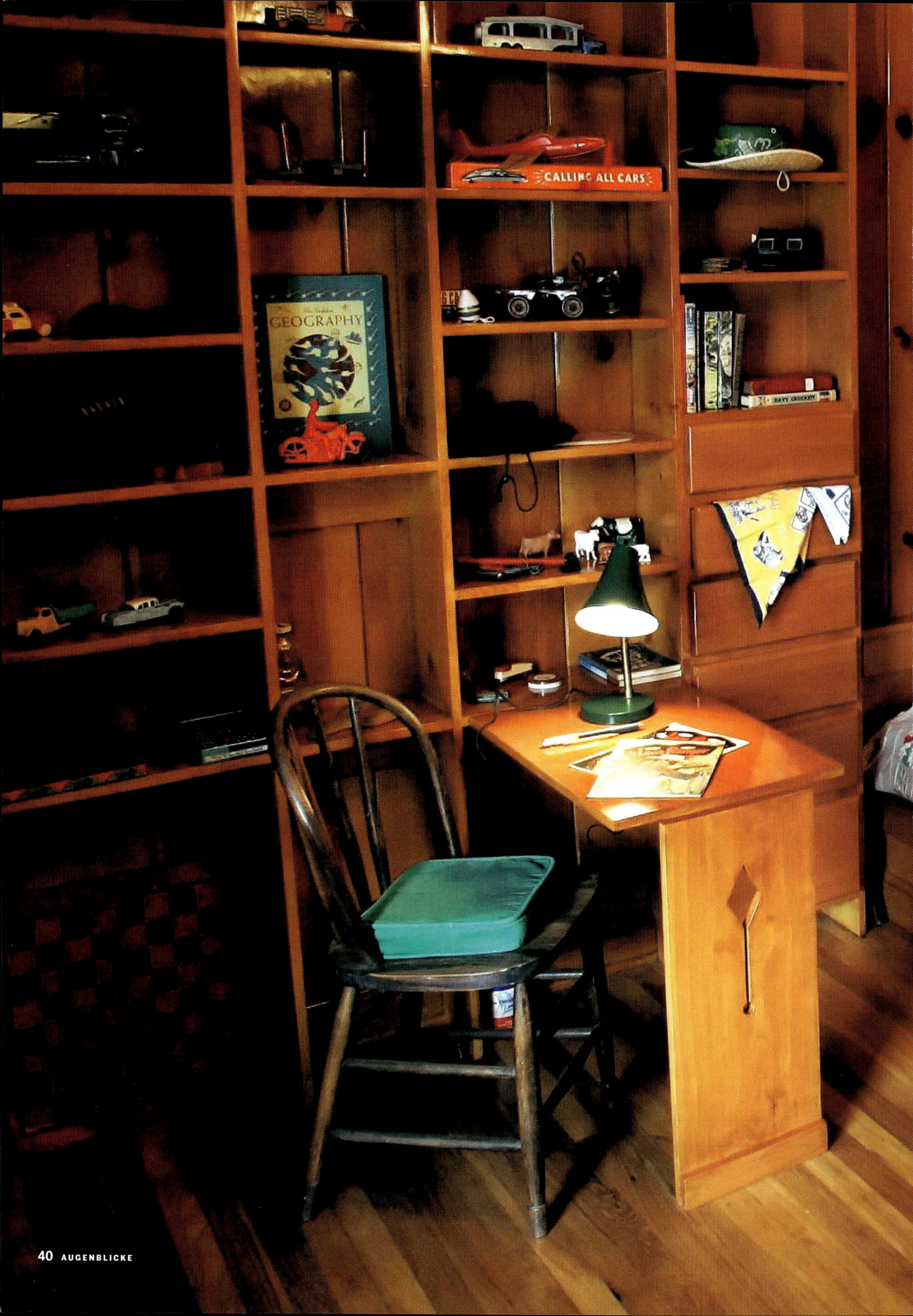
CALLING ALL CARS
GEOGRAPHY

AUS DER KINDHEIT EINES CHEFS

Bitte nähertreten, Damen und Herren, hier sehen Sie – das Kinderzimmer des nachmaligen US-Präsidenten George W. Bush. War offensichtlich ein recht ordentlicher Bursche damals, Anfang der fünfziger Jahre, wenn man diesem jetzt wieder eingerichteten Raum in seinem Elternhaus in Midland, Texas, trauen darf. Später hat er dann ja – vor allem in Nahost – reichlich viel Chaos angerichtet

LEBEN AUF GROSSEM FUSS

Selbst im Sitzen überragt sie ihre Freundin (und den Rest ihrer Zeitgenossen) noch um Längen: Mit 2,36 Metern ist die Chinesin Yao Defen die größte Frau der Welt. Im Jahr 2000 wurde ihr ein Gehirntumor entfernt, der zu viel Wachstumshormone freisetzte – trotzdem ist sie seitdem um sechs Zentimeter gewachsen. Der Gesundheitszustand der 34-Jährigen, die Schuhe der Größe 78 trägt, gilt als schlecht

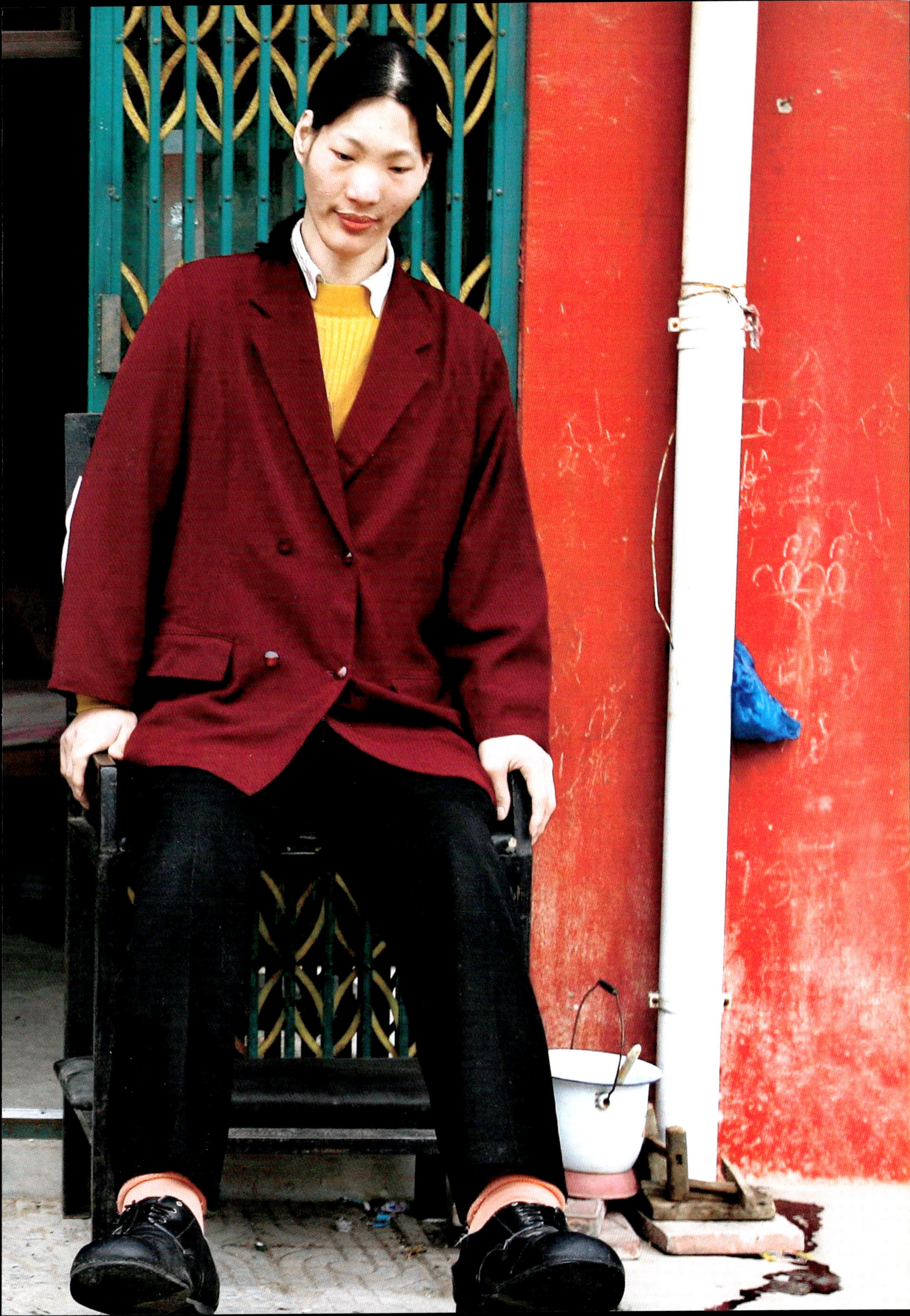

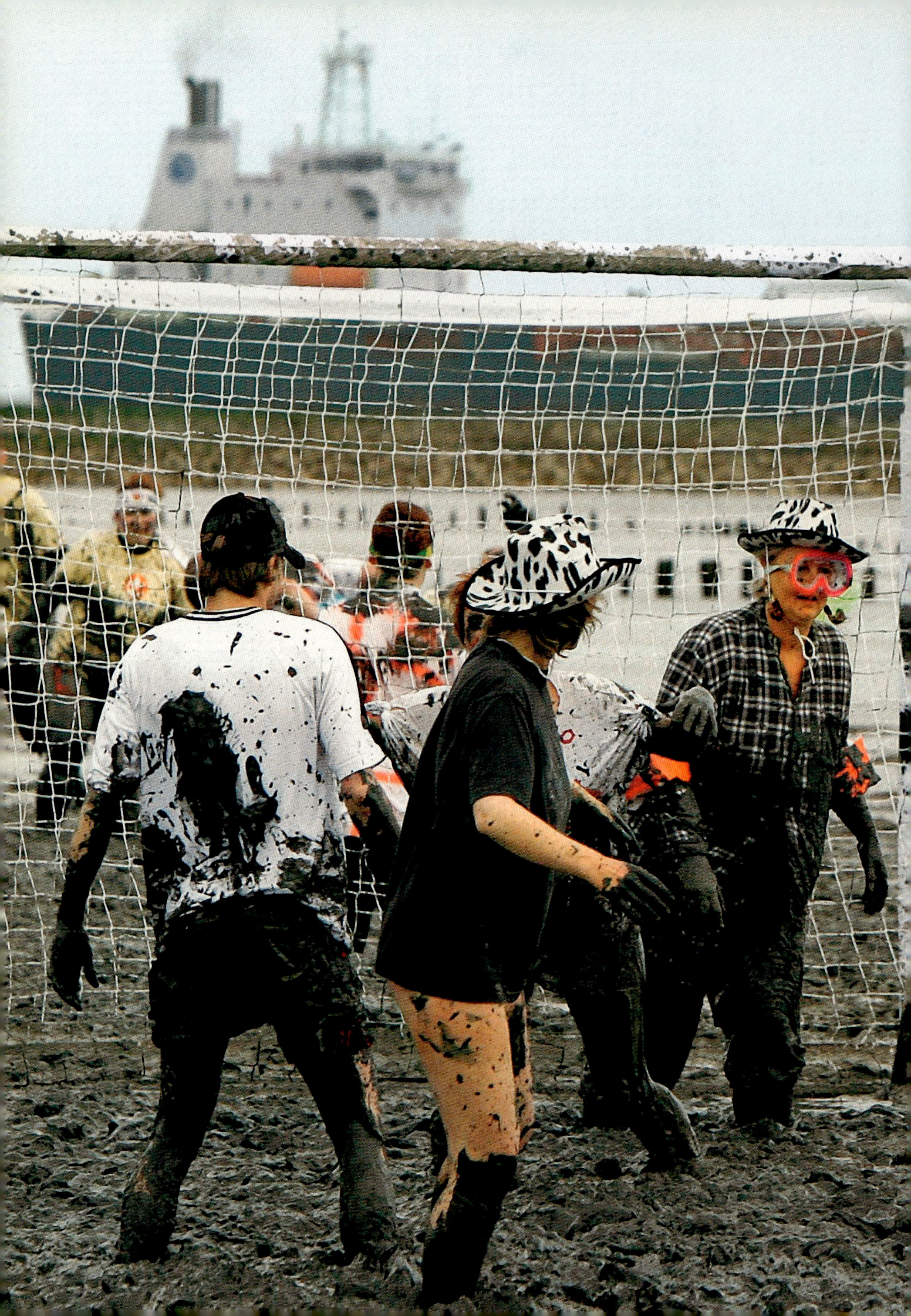

MATCH IM MATSCH

Na gut: Die Fußball-Weltmeisterschaft hatte eindrucksvollere Stadien und auch mehr Publikum – aber dafür haben uns die Trikots bei der ersten Fußball-Wattmeisterschaft deutlich besser gefallen. Am 4. Juni war im Schlick von Brunsbüttel an der Unterelbe Anpfiff zur „dreckigsten WM aller Zeiten", wie die Veranstalter feinsinnig verkündeten; Sieger wurde ein heimisches Team, das – um ein wenig internationales Flair zu vermitteln – für Jamaika antrat

DEUTSCHE POLITIK
DIE MÜHEN MIT DEN HEHREN ZIELEN

Sie tut sich schwer mit dem Regieren, die Große Koalition in Berlin. Und so kam es, dass die Nation etwa in der Wirtschaft 2006 ganz gut abschnitt und die Menschen endlich auch wieder beherzter kauften – aber die Politiker fielen eher dadurch auf, dass sie sich gegenseitig nicht trauten und sich lieber gegenseitig behinderten, als gemeinsam nach Lösungen zu suchen. Dabei hatte doch gerade die derzeitige Mannschaft behauptet, nur sie könne wichtige Projekte meistern. Die missglückte Gesundheitsreform belehrte uns erst mal eines Schlechteren

Partner mit Problemen: Vize Müntefering, Chefin Merkel

DEUTSCHE POLITIK

TEXT_Arne Daniels

Manchmal sind es schlichte Zahlen, die ein Jahr beschreiben. Zum Beispiel die: Hätte es Ende Januar Bundestagswahlen gegeben, hätten 72 Prozent der Wähler für die Regierungsparteien CDU/CSU und SPD gestimmt – Ende Oktober waren es gerade noch 57 Prozent. Jeden fünften Wähler binnen neun Monaten zu verprellen: Das muss man erst einmal schaffen. In ihren besseren Zeiten kamen die sogenannten Volksparteien übrigens gemeinsam auf mehr als 90 Prozent der Stimmen.
Es gibt aber auch andere Zahlen aus diesem Jahr:

GEHT ES VORAN MIT DER REPUBLIK – ODER BERGAB?

Die Wirtschaft wuchs um rund 2,4 Prozent. Die Arbeitslosigkeit sank so schnell wie zuletzt im Boomjahr 2000 und im November unter die Vier-Millionen-Grenze. Die Steuereinnahmen stiegen um mehr als 30 Milliarden Euro, und der Bundesfinanzminister legte zum ersten Mal seit Jahren einen Haushalt vor, der sowohl der deutschen Verfassung als auch europäischem Recht entsprach – wer hätte das noch zu hoffen gewagt. Alles in allem: 2006 war kein schlechtes Jahr für Deutschland. Da waren nicht nur der vierwöchige Taumel der Fußballweltmeisterschaft, ein Jahrhundertsommer und der angeblich wärmste Herbst seit 250 Jahren (der allerdings die Pessimisten nicht erfreute). Nach Jahren der Dauerkrise fasst die Wirtschaft wieder Tritt, die Reformen und der erzwungene Verzicht der vergangenen Jahre scheinen zu greifen. Das Land hat sich verändert dabei, Ungleichheit und Unsicherheit sind gewachsen und mit ihnen das Empfinden, dass es immer ungerechter zugehe in dieser eigentlich konsenssüchtigen Republik. Doch es geht wieder voran, gar von einem neuen „Wirtschaftswunder" sprechen die Enthusiasten, Deutschland sei nicht mehr Schlusslicht in Europa, sondern wieder Lokomotive. In den besseren Regionen und den boomenden Branchen sind bereits die Arbeitskräfte knapp.

Im warmen Licht des Wachstums sieht normalerweise jede Bundesregierung attraktiv aus. Früher ließ sich das Wahlvolk schon von etwas besseren Wirtschaftsdaten bereitwillig milde stimmen – selbst ein nur gefühlter Aufschwung nutzte stets den Regierenden. Doch für die Politiker war 2006 ein Desaster. Bis in den Spätherbst verdüsterte sich die politische Stimmung, je besser die Daten der Ökonomen wurde – erst kurz vor Weihnachten hob sich auch die Laune ein wenig. Sogar von offensichtlichen Fakten ließen sich viele nicht mehr aufmuntern: In den wöchentlichen forsa-Umfragen für den *stern* zeigte sich eine stabile Mehrheit das ganze Jahr hindurch finster überzeugt, die wirtschaftlichen Verhältnisse würden sich verschlechtern.

Es ist offensichtlich einiges gründlich kaputtgegangen, was sich durch eine freundliche Konjunktur so einfach nicht mehr kitten lässt. Die Zuversicht etwa, dass sich auch die eigene Situation bessern werde, wenn sich die Situation des ganzen Landes bessere. Die Gewissheit, in relativer Sicherheit zu leben – stattdessen frisst sich die Angst vor dem Absturz bis weit in die Mittelschichten durch. Und kaputtgegangen ist vor allem das Zutrauen, dass die Politik tatsächlich Entscheidendes beitrage zur Lösung der Probleme.

Nie in den vergangenen Jahren war der Überdruss so zu spüren wie 2006. 2005 war ein Jahr der permanenten Polit-Show gewesen: Nach den Niederlagen der SPD in Schleswig-Holstein und Nordrhein-Westfalen ging es um Machtspiele und Strategien, um die einsame Entscheidung Gerhard Schröders für Neuwahlen, um Wahlkämpfe und Personen, um den letzten Kampf der Schlachtrösser Schröder und Fischer, um die ebenso linkische wie zähe Angela Merkel, um den seltsamen Edmund Stoiber. Inhalte waren nicht so wichtig, 2005 war die Politik mit sich selbst beschäftigt. Danach, 2006, hatte das Publikum dann keine Lust mehr, sich mit Politik zu beschäftigen.

Dabei waren die Bedingungen für die Regierenden lange nicht so gut, Handlungsfähigkeit zu beweisen: Endlich mal haben die Regierungsparteien sowohl im Bundestag als auch im Bundesrat eine satte Mehrheit – und eigentlich also freie Bahn für mutige Gesetze aller Art. Zum ersten Mal seit Jahrzehnten gibt es im Bundestag kein geschlossenes „Oppositionslager", sondern nur drei kleine Parteien, die sich überdies gegenseitig nicht sonderlich leiden können.

In den Talkshows sitzen sich vornehmlich die Vertreter der Regierungsparteien gegenüber, was durchaus bequem ist. Selbst die Medien waren anfangs wohlwollend (schließlich hatte man den Wechsel ja herbeigeschrieben) bis ratlos (weil kritischer Journalismus offenbar nicht so einfach ist, wenn man nicht mehr von der jeweiligen Opposition mit Papieren und Meinungen versorgt wird). Jetzt werde „durchregiert", tönte am Anfang Angela Merkel, die es irgendwie geschafft hatte, als mutige Reformkanzlerin zu gelten. Bange Demokraten sorgten sich schon, ob ein Land ohne Opposition wirklich eine gute Sache sei. Andere hofften insgeheim, dass die große Koalition zumindest ihre Macht nutzen

Bundesfinanzminister Peer Steinbrück konnte dank der günstigen Konjunktur 2006 kräftig sprudelnde Steuern verbuchen

AUS ANGELA MERKEL WURDE ANGELA MUTLOS

würde, um schmerzhafte, aber unter normalen Bedingungen nur schwer durchzusetzende Reformen zu verwirklichen.

Doch aus Angela Merkel, für das amerikanische Magazin „Forbes" die „mächtigste Frau der Welt", wurde in wenigen Monaten Angela Mutlos. Die scheinbar omnipotente Koalition lag bald im Händel mit sich selbst und den Ministerpräsidenten der Union. Land ohne Opposition? Die Bundesregierung machte sich ihr Volk zur Opposition, im Herbst waren noch traurige 16 Prozent mit der Arbeit ihrer Regenten zufrieden. Und der allgemeine Vertrauensverlust wurde aus

DEUTSCHE POLITIK

den ersten Etagen der deutschen Wirtschaft noch befeuert. Der einstige Vorzeigekonzern Siemens ramponierte unter dem neuen Vorstandsvorsitzenden Klaus Kleinfeld sein Image am gründlichsten: Erst ging die frühere Handysparte mitsamt 3000 Arbeitsplätzen pleite, die Münchner ein Jahr zuvor an das taiwanische Unternehmen BenQ verschoben hatte. Dann raubte ein Korruptionsskandal dem Publikum den Atem, bei dem es um schwarze Kassen, geheime Konten und gut 400 Millionen Euro ging, die wohl für Schmiergelder bei der Beschaffung von Aufträgen im Ausland genutzt werden sollten. Beim urdeutschen Autobauer Volkswagen wurden derweil nicht nur neue Details der offensichtlichen Bestechung von Betriebsräten bekannt, es brach auch ein offener Machtkampf zwischen dem Clan der Piëchs und Porsches und dem Land Niedersachsen aus, bei dem Vorstandschef Bernd Pischetsrieder vorzeitig seinen Stuhl räumen musste. Deutsche-Bank-Chef Josef Ackermann und die anderen Angeklagten im Mannesmann-Prozess wiederum konnten sich zwar mit 5,8 Millionen Euro eine Einstellung des Verfahrens erkaufen, doch fast 90 Prozent der Bundesbürger waren über diese Interpretation der Strafprozessordnung hell empört.

Was bleibt hängen von diesem politischen Jahr? Vermutlich das Wort Gesundheitsreform. Gewiss, es wurde das sogenannte Elterngeld verabschiedet, eine Hilfe und Ermutigung für alle, die sich auf das Wagnis Kind einlassen wollen. Und ja, die Föderalismusreform ist bestimmt eine wichtige Sache – aber worum geht es da noch gleich?

Die Gesundheitsreform wurde zum Lehrstück, warum eine große Koalition eben doch nicht die handlungsfähigste aller möglichen Regierungsformen ist. Die zwei Partner nehmen aus ihren Konzepten jeweils das Beste und fügen daraus, zur Einigung verdonnert, ein funktionsfähiges Modell zusammen – das war die Idee.

Dann aber entstand über Monate ein Chaos ohnegleichen: Jeder versuchte seine eigenen Interessen durchzusetzen, jeder wollte sich profilieren – innerhalb der Koalition, innerhalb der eigenen Partei, im ewigen Kampf zwischen Bund und Ländern. Das Ergebnis war ein bürokratisches Monster namens Gesundheitsfonds nebst dazugehöriger Behörde und ein Konzept, das weder sinkende Krankenkassenbeiträge noch mehr Wettbewerb bringt. Am Ende seufzten viele, auch

Während Deutsche-Bank-Chef Josef Ackermann sich über das Ende des Mannesmann-Prozesses und Rekordgewinne seines Geldhauses freuen durfte, gingen Ärzte in Tübingen aus Protest gegen ihre miserablen Arbeitsbedingungen buchstäblich baden

in den Koalitionsparteien, über das wichtigste Reformprojekt dieses Jahres: Lasst es einfach. Nehmt diese Reform zurück, lieber gar keine als diese.

Verkorkste Reformen gab es schon immer. Schlimm ist, dass Desinteresse und Enttäuschung allmählich zu einem tief sitzenden Misstrauen in das politische System sedimentieren, auch das zeigen Umfragen.

Manche raunen nun, es werde bald wieder politische Unruhen geben, die Leute werden auf die Straße gehen, „die Barrikaden werden brennen". Das dürfte ein Missverständnis sein. Heute zeigt sich der Unmut nicht in Massendemonstrationen wie in den frühen 30er Jahren des vergangenen Jahrhunderts, nicht in Sit-ins wie in den späten Sechzigern, nicht in Wasserwerferschlachten wie um Kernkraft und Atomraketen in den Siebzigern und Achtzigern. 2006 zeigte sich die Abkehr von der Politik in zäher, zersetzender Form: in sinkender Wahlbeteiligung (bei den Landtagswahlen in Sachsen-Anhalt verweigerten 56 Prozent der Wähler den Gang zur Urne, in Berlin 42 Prozent, in Mecklenburg-Vorpommern 41 Prozent), im Erstarken der Rechtsradikalen, die so unverhohlen auftreten wie seit Jahrzehnten nicht, in demolierten Fußballstadien der Regionalliga, im Abdriften ganzer Bevölkerungsschichten aus der bürgerlichen Gesellschaft. 16 Jahre nach der Wiedervereinigung, dem historischen Sieg der Demokratie in Deutschland, zeigt das Vertrauen in die Institutionen der Demokratie deutliche Gebrauchsspuren.

In den nächsten Jahren wird sich zeigen, ob das tatsächlich tiefe Risse sind – oder doch nur Dehnungsfugen eines Systems, das ein erfolgverwöhntes und etwas träge gewordenes Land unter schwierigen Bedingungen auf einen neuen Kurs bringen muss. In den Parteien jedenfalls wuchs am Ende des Jahres die Erkenntnis, dass es womöglich keine schlechte Idee sei, hin und wieder an die Bürger zu denken.

Die CDU inszenierte bei ihrem Parteitag im November in Dresden eine mühsame Programmdebatte und ihr nordrhein-westfälischer Landesvorsitzender Jürgen Rüttgers sich selbst als neues soziales Gewissen der Nation. Den

GESUNDHEITSREFORM? LIEBER GAR KEINE ALS DIESE

Umfrageergebnissen der Christenunion hat das dann doch noch ein bisschen aufgeholfen, und die Sozialdemokraten beobachteten irritiert, dass sie von ihrer konservativen Konkurrenz links überholt zu werden drohten.

Und am Ende überschlugen sich viele von jenen, die in den vergangenen Jahren das Maßhalten gepredigt hatten, in mannhaften Bekenntnissen, dass es nun an der Zeit sei, auch die Werktätigen durch stramme Lohnerhöhungen am Aufschwung zu beteiligen.

Gut möglich, dass all dies nur wieder eine neue Spielart des Populismus ist. Im besseren Fall steckt dahinter die Einsicht, dass ein Land nur so lange erfolgreich ist, solange seine Bürger wissen, dass die ganze Veranstaltung auch ihnen dient.

LÄCHELN, IMMER NUR LÄCHELN...

Manchmal hat man kein Glück, und dann kommt auch noch eine riesige Portion Pech hinzu. Da steckt man dann als Regierungschefin wg. Gesundheitsreform und anderer Misshelligkeiten halskrausentief in der Krise, besucht am 31. August die Marine in Warnemünde – und muss zur Freude der feixenden Fotografen in ein U-Boot steigen. Die symbolträchtigen Bilder, die tags darauf republikweit erscheinen, zeigen sozusagen, genau, eine Kanzlerin auf dem absteigenden Ast, bis zur Halskrause in der ... Tja, Pech, das. Dafür aber hält sich Angela Merkel ziemlich tapfer

DEUTSCHE POLITIK 53

DEUTSCHE POLITIK

MÜNTE UND DER MANN AUS MAINZ

Man kam ja eine Zeit lang rasch durcheinander mit der SPD und deren Vorsitzenden, deshalb hier noch mal zur besseren Orientierung: Der ältere Herr auf dem Bild rechts, der mit der kleinen roten Nadel aus dem Willy-wählen-Wahlkampf am Revers und dem lädierten Fuß, das ist Franz Müntefering – aber der ist seit Herbst 2005 nicht mehr Parteichef, sondern Vizekanzler und recht dicke mit der Merkel. Der Herr links hingegen, der mit dem gesegneten Appetit, das ist, nein, nicht Käpt'n Iglo, sondern der erkennbar genussfreudige rheinland-pfälzische Ministerpräsident Kurt Beck – aber der ist mitnichten der Nachfolger Münteferings. Das war nämlich Matthias Platzeck, der aber nach 147 Tagen als SPD-Chef und einem Hörsturz schlappmachte, worauf dann Kurt Beck im April 2006 ... Alles klar so weit? Gut. Jedenfalls führt Beck, der seit März in Mainz mit absoluter Mehrheit regiert, nun die Sozialdemokraten an, ziemlich unangefochten sogar. Und während Ex-Chef Münte, das Amt prägt halt die Person, inzwischen zum Entsetzen vieler Genossen vor allem an die Große Koalition denkt, beschäftigt Beck was anderes: wie die SPD spätestens 2009 stärkste Partei werden kann – und er der Nachfolger von, äh, Merkel

MUND ZU – UND DURCH!

Auch wenn sich die Herrschaften auf diesen Bildern irgendwie ähneln – sie könnten kaum weiter auseinander sein: Denn die Gesundheitsreform, die Ministerin Ulla Schmidt nach langen, quälenden Verhandlungen und viel Geheimnistuerei (daher das Pflaster auf dieser Montage) endlich auf den Weg brachte, stieß bei den Ärzten auf wenig Gegenliebe. Der Demonstrant jedenfalls, der am 22. September in Berlin seinen Besuch bei der Politikerin ankündigte, wird ihr kaum Komplimente gemacht haben

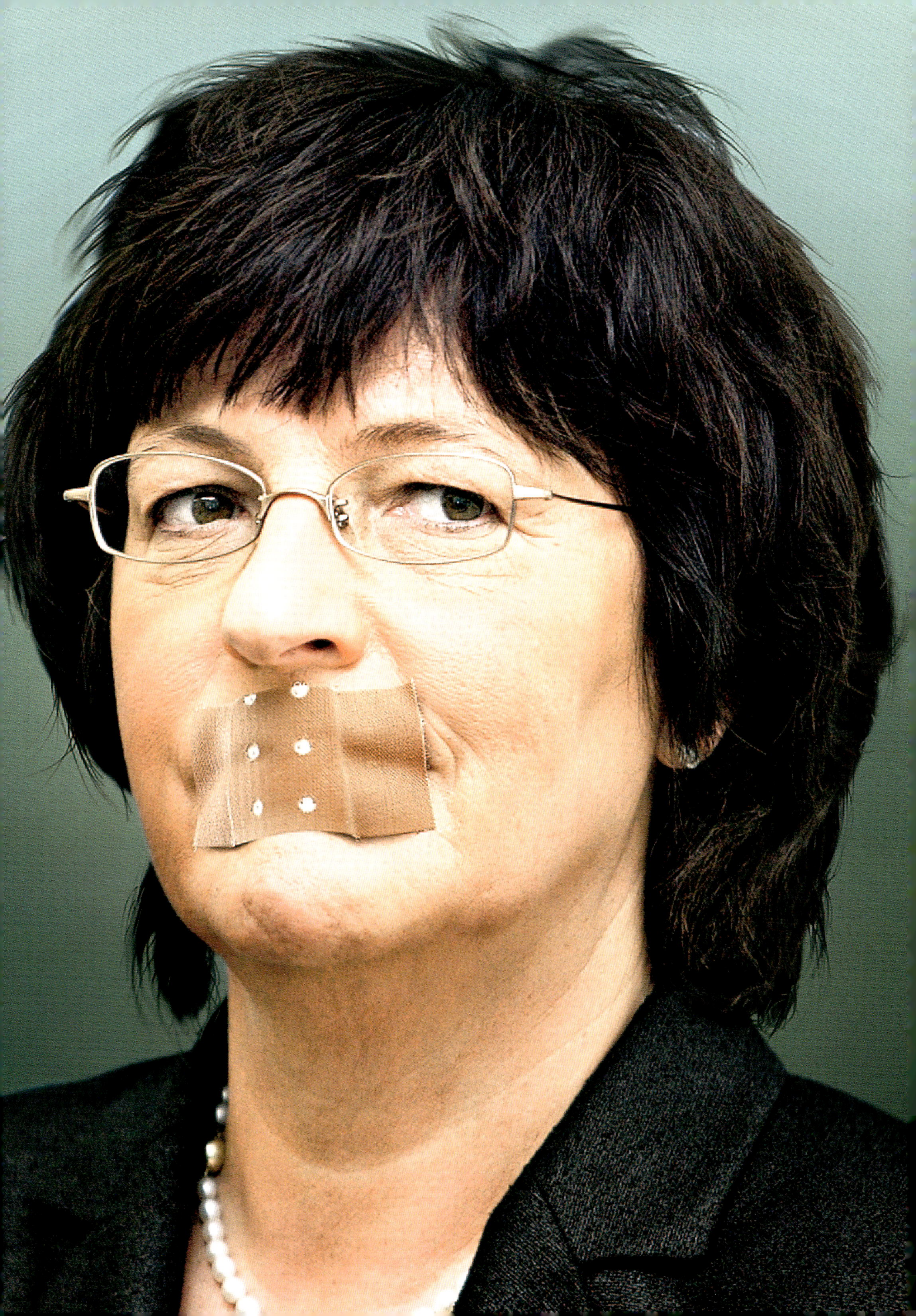

UND WAR'S DENN NETT? NA, GEHT SO

Gut, es soll auch hierzulande Menschen geben, die George W. Bush richtig klasse finden. Doch der Mehrheit der Bürger dürfte das Baby, das dem US-Präsidenten bei seiner Stippvisite im einstigen DDR-Vorzeigedorf Trinwillershagen in die Hände gedrückt wurde, aus der Seele gebrüllt haben: Bäääh! Bush wird von der mangelnden Begeisterung über seinen Besuch allerdings wenig gemerkt haben, denn ein großer Teil Mecklenburg-Vorpommerns, der Heimat der einladenden Kanzlerin, war Mitte Juli von 12 500 Sicherheitskräften weiträumig abgesperrt. Auch beim Wildschweinschmaus vor der „Linde" in Trinwillershagen blieben Merkel, Bush und ihre handverlesenen Mitesser gut abgeschirmt. Über die „teuerste Grillparty der Welt" mokierte sich hernach Meck-Pomms Regierungschef Harald Ringstorff. Aber der ist auch ein Sozi. Bush bedankte sich bei der Gastgeberin mit Küsschen. Das, immerhin, hätte es bei Schröder nicht gegeben

DEUTSCHE POLITIK

DEUTSCHLAND
ES RAST DIE ZEIT – WIR RASTEN MIT

Kommt schon was zusammen, wenn 80 Millionen Landsleute gemeinsam ein Jahr absolvieren: 2006 zum Beispiel konnten wir nicht nur beobachten, wie Braunbär Bruno Bayern heimsuchte und Berlin einen neuen glitzernden Hauptbahnhof bekam, sondern wir reisten auch mit dem Papst durch seine alte Heimat – und mussten entsetzt den kollidierten Transrapid im Emsland betrachten. Doch der Wille der Menschen, sich selbst von Katastrophen nicht entmutigen zu lassen, funktionierte auch 2006. Siehe nebenstehendes Bild

Im Hochwasser zur Hochzeit:
Paar am 3. April im sächsischen Rathen

EINE VERMEIDBARE TRAGÖDIE

Unter Tonnen von schwerem Pappschnee ist am 2. Januar das Dach der Eissporthalle in Bad Reichenhall eingebrochen und hat die Besucher unter sich begraben. 15 Menschen sterben, 34 werden verletzt. Das Desaster ist die Folge von Pfusch am Bau und jahrelanger Schlamperei, stellen Gutachter der TU München später fest. Dazu kam die extreme Wetterlage – lang anhaltender Fall von besonders nassem Schnee. Nach dem Einsturz wurden eiligst alle Flachdächer in der Region freigeräumt – wie auf dem Kreiskrankenhaus von Zwiesel (kleines Foto)

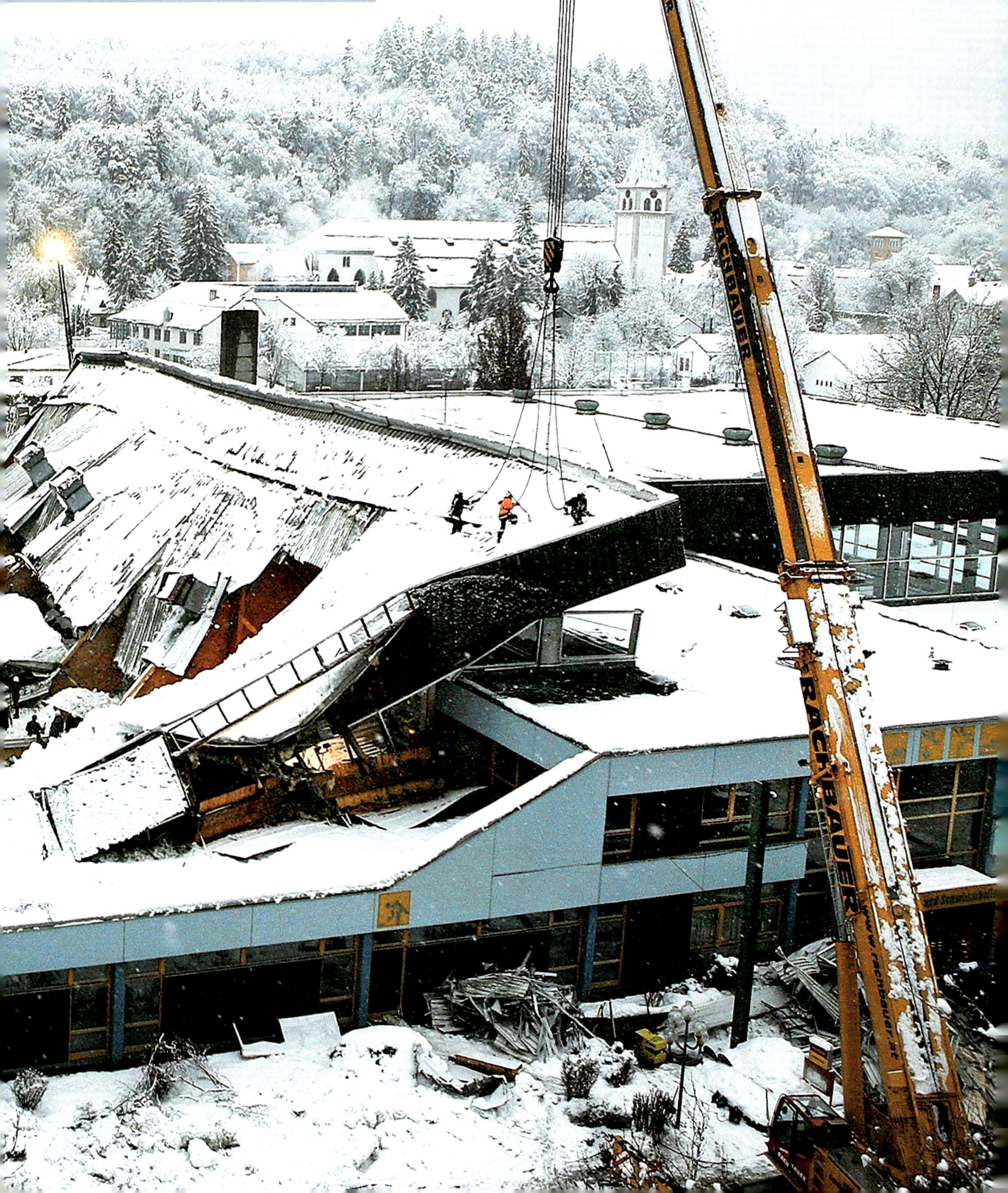
RACHBAUER
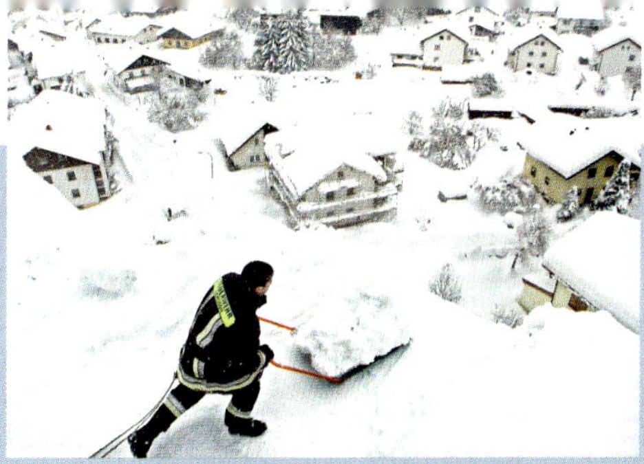

HAPPY END ZUM JAHRESWECHSEL

Für sie begann 2006 eindeutig besser, als sie noch wenige Tage zuvor zu hoffen gewagt hatte: Entspannt steht Susanne Osthoff am 1. Januar vor der Großen Moschee in Bahrain. Erst am 18. Dezember war die Entwicklungshelferin nach gut drei Wochen Geiselhaft im Irak wieder freigekommen und hatte am 27. Dezember verschleiert im ZDF Auskunft über ihre Entführung gegeben. Inzwischen plant sie, ein Buch über ihre Erlebnisse zu schreiben

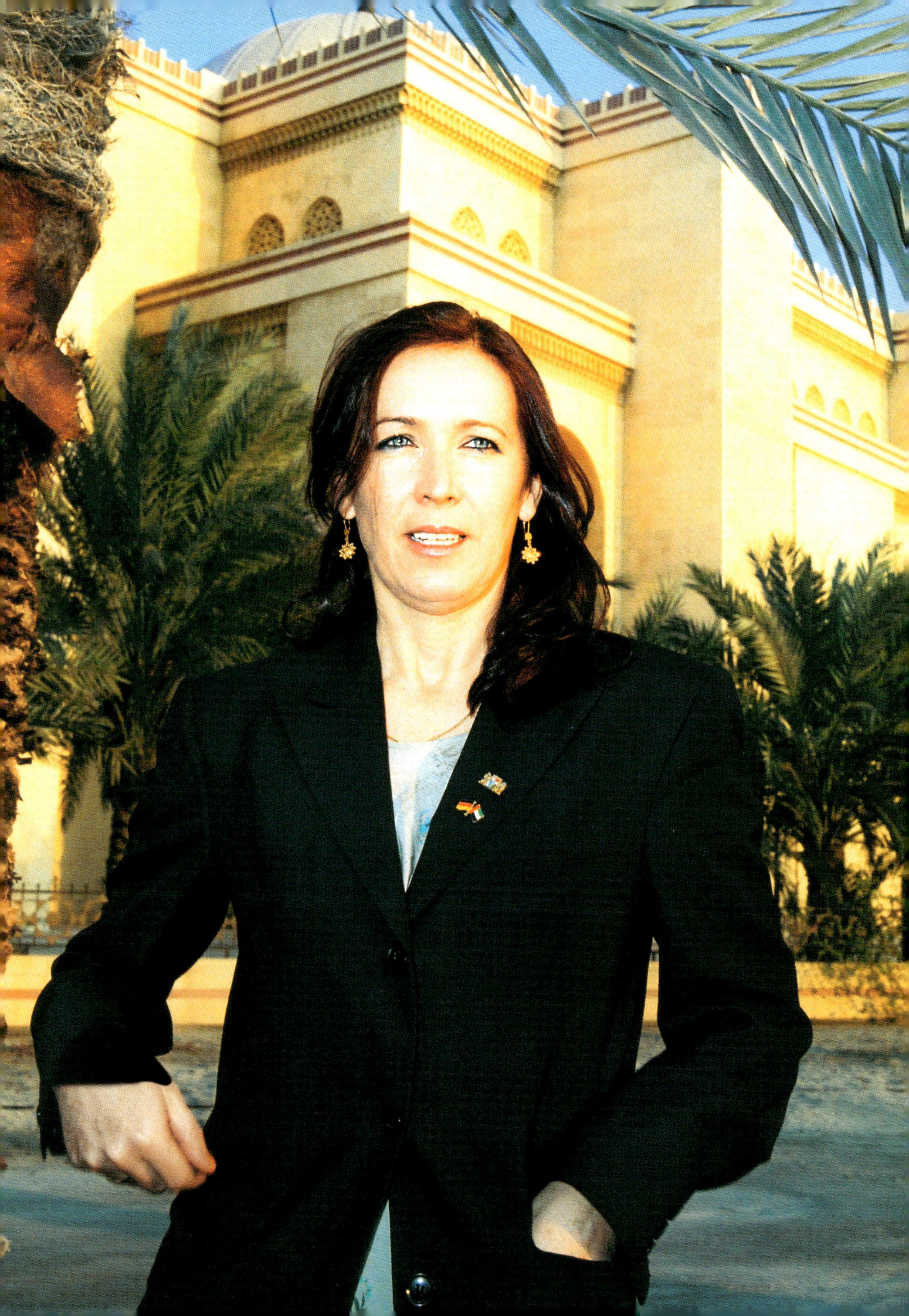

GRÜSS GOTT!

Stroh, umgegrabene Erde, Düngerkalk und blaue Rasenmarkierfarbe – fertig war das überdimensionale Konterfei des Heiligen Vaters samt der Umrisse Bayerns (oben links). Papst Benedikt XVI. konnte das 10 Hektar, rund 14 Fußballfelder, große Kunstwerk am 9. September während des Anflugs auf den Münchner Flughafen bewundern, der ersten Station seiner sechstägigen Reise in seine alte Heimat

DEUTSCHLAND 67

PREMIERE IM LICHTERGLANZ

Eindrucksvoll sieht er aus, der neue Berliner Hauptbahnhof, der sich am 25. Mai, einen Tag vor seiner Eröffnung, hell erleuchtet in seiner ganzen Pracht präsentiert. Zehn Jahre lang ist der alte Lehrter Stadtbahnhof für mehr als 700 Millionen Euro umgebaut worden, um fortan als prominentestes Schmuckstück der Deutschen Bahn Dienst zu tun. Kann allerdings sein, dass der Prestigebau bald wieder zur Baustelle wird. Die von der Bahn eigenmächtig geänderte Dachkonstruktion im Untergeschoss muss nach einem Gerichtsurteil vom November ihre ursprünglich geplante Form erhalten

DEUTSCHLAND 69

MIT DEM KABELCHAOS KAM DIE KRISE

Keine Frage: Der Airbus A380 ist ein Flieger der Superlative. Er transportiert die meisten Passagiere, hat das höchste Gewicht und den geringsten Verbrauch aller Verkehrsflugzeuge. Und er hat die größte Verspätung. Bis zu zwei Jahre länger müssen die Kunden mittlerweile auf den 200-Millionen-Euro-Jet warten. Ein Debakel für den erfolgsverwöhnten Hersteller Airbus. Mindestens eine Airline ist schon abgesprungen, die Schadensersatzforderungen kratzen an der Milliardengrenze. Grund sind die über 500 Kilometer Kabel, die die Kabine des Doppeldeckers (l. o. in einer Version für Flugtests, l. u. bei der Luftfahrtausstellung in Berlin im Mai) durchziehen. Verantwortlich für den Fehler ist auch das Airbus-Werk Hamburg, wo veraltete Software eingesetzt wurde. Inzwischen habe man die Probleme aber im Griff, heißt es. In der Hamburger Lackierhalle (o.) wurde bereits das erste Serienmodell gespritzt.

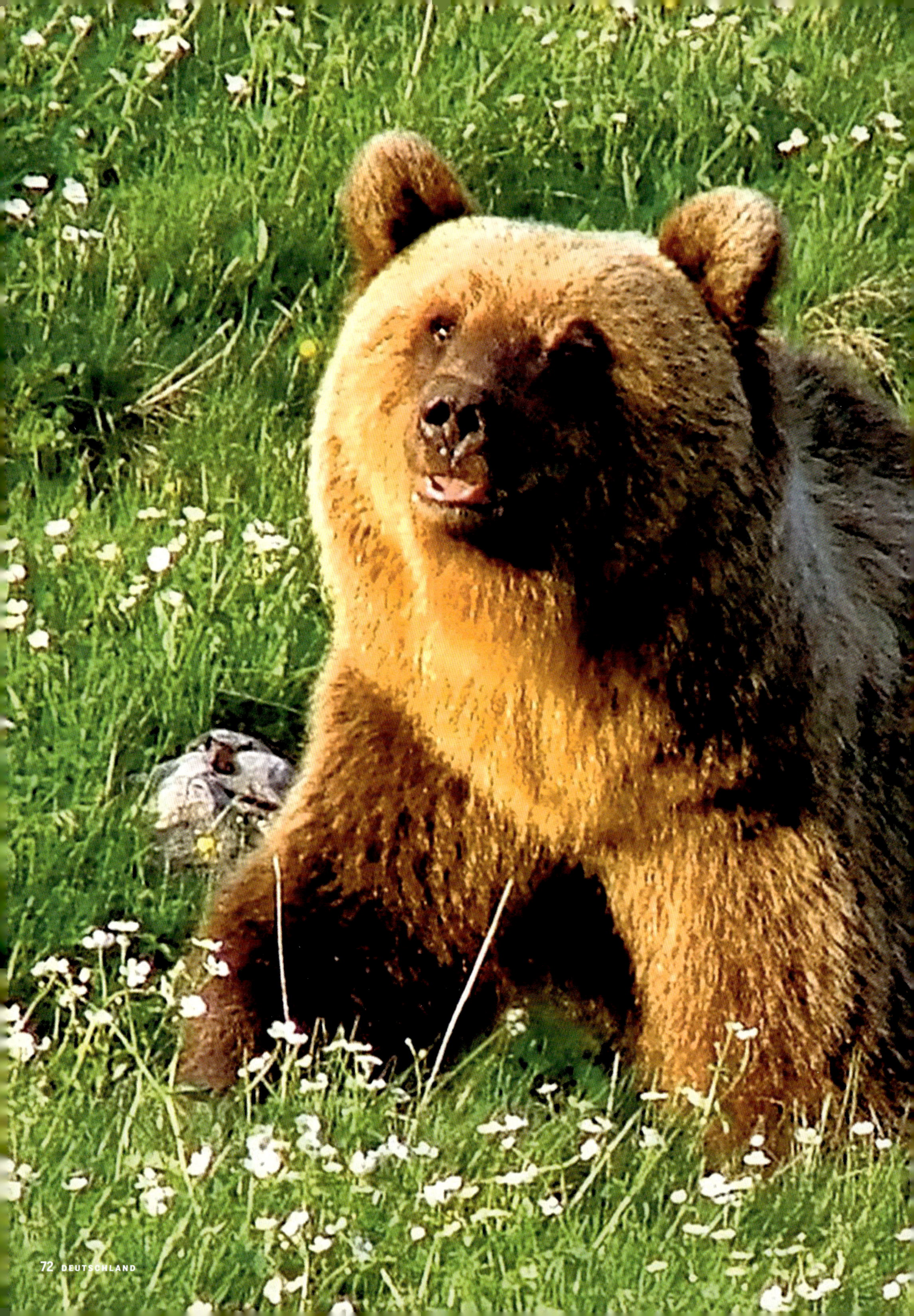

BRUNO – EIN BÄR MACHT PROBLEME

Tja, hier lässt es sich Braunbär Bruno auf einer Wiese am bayerischen Spitzingsee noch gut gehen – doch wenige Stunden später wird er am frühen Morgen des 26. Juni erschossen. Das zwei Jahre alte Tier hat sich auf seiner rund siebenwöchigen Wanderschaft durch Deutschland und Österreich aber auch zu schlecht benommen, es riss Schafe, tötete Hasen und Ziegen, zerstörte Bienenstöcke. Kein Wunder bei seiner italienischen Bärenmutter, die selbst bei Naturschützern als „rabiat" verschrien war. Jetzt liegt Bruno auf Eis, seine Zukunft ist jedoch vermutlich das Münchner Museum „Mensch und Natur". Dort soll er dereinst ausgestopft die Menschen beeindrucken

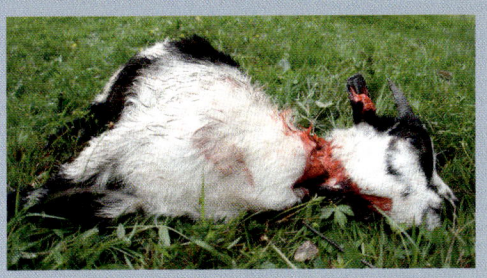

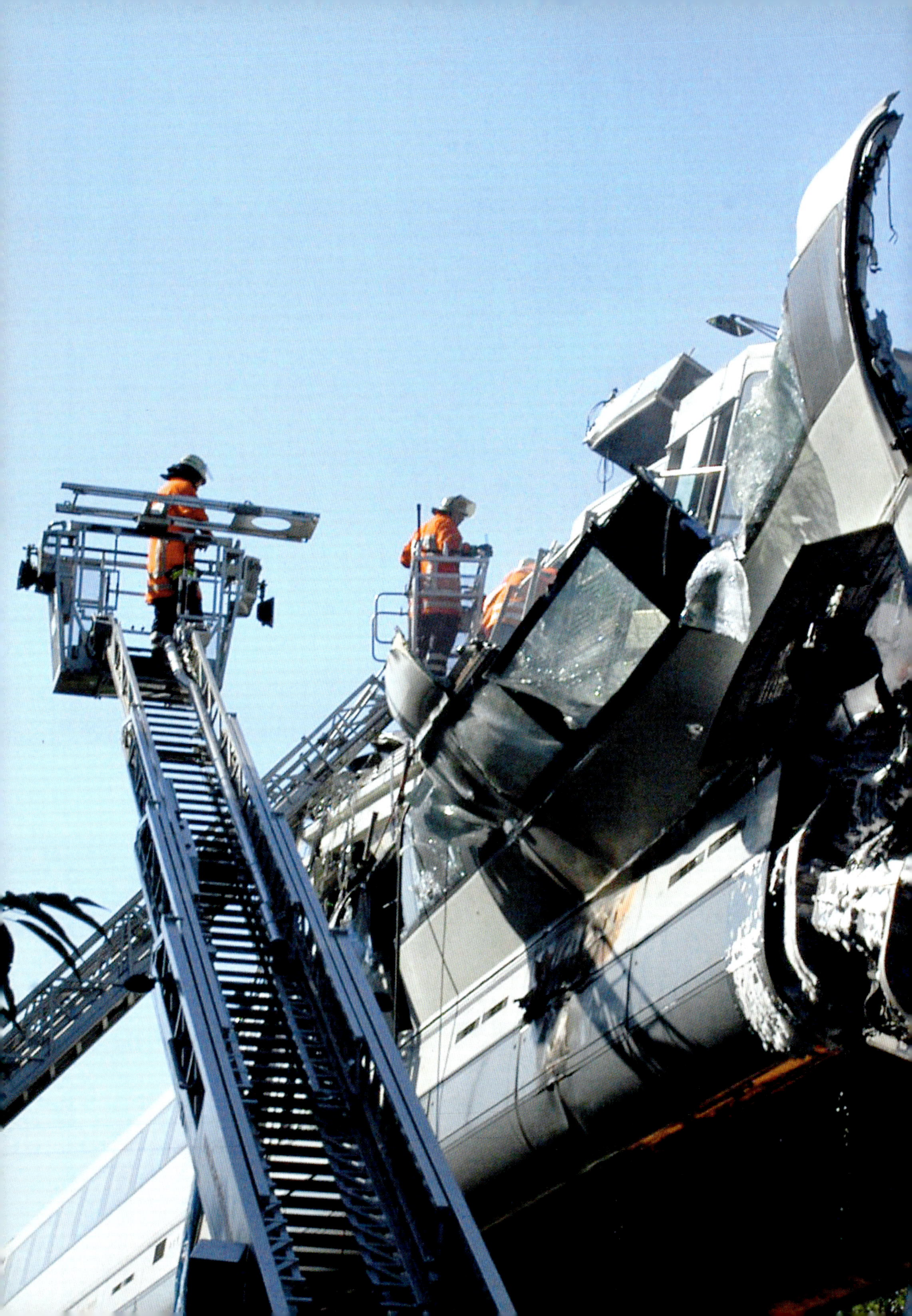

FEHLER MIT FATALEN FOLGEN

Wie Papier ist die Aluminiumhülle des Transrapid zerrissen und zerknüllt, der am Morgen des 22. September auf der Teststrecke im Emsland (r.) einen stehenden Werkstattwagen gerammt hat. In den Trümmern sterben 23 Menschen, 10 werden schwer verletzt. Mitarbeiter in der Leitstelle hatten die Strecke für den Hochgeschwindigkeitszug freigegeben – und sollen den Servicewagen vergessen haben

DEUTSCHLAND 75

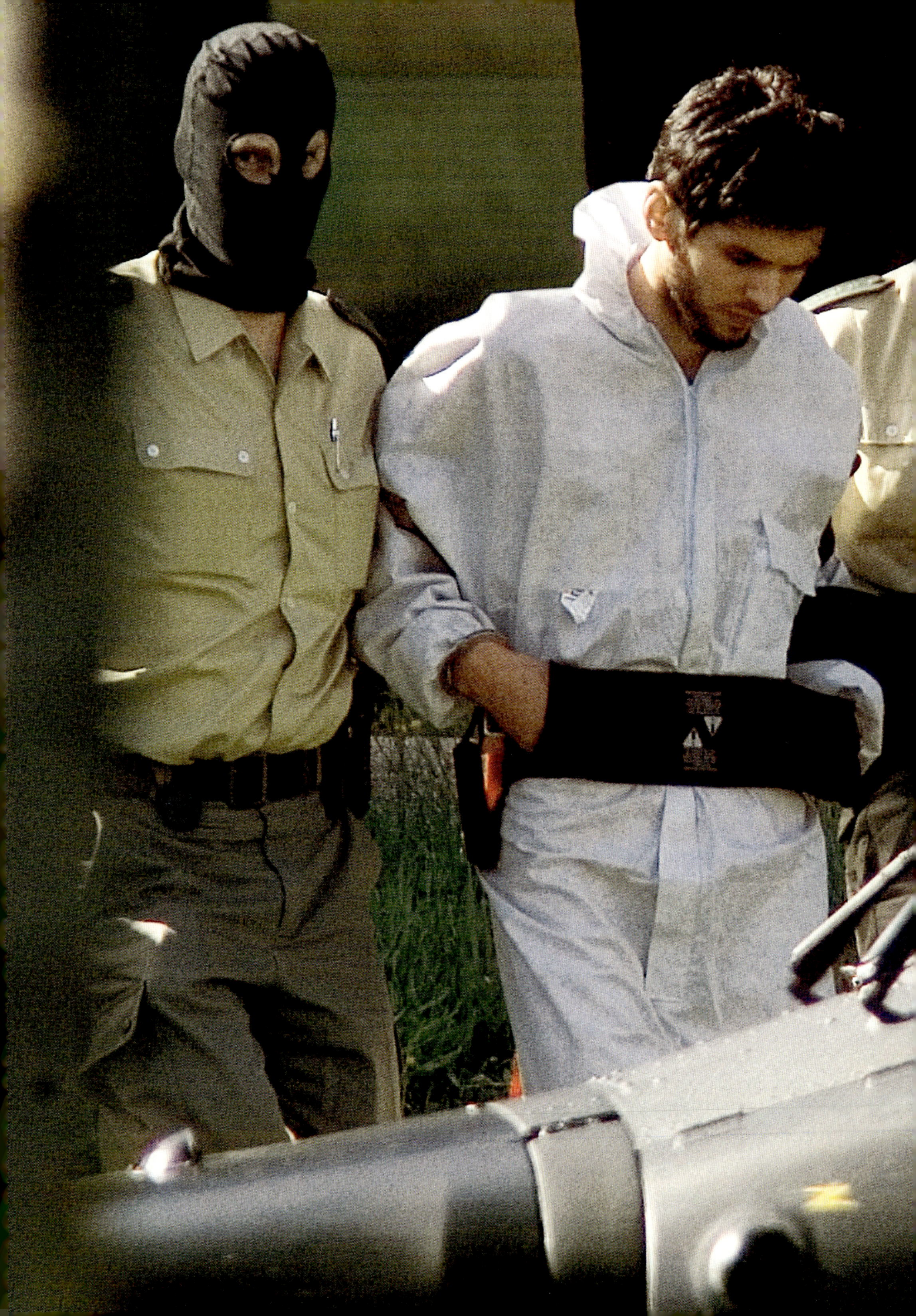

DIE GROSSE WUT DES YOUSSEF EL HAJDIB

Einen Tag nach seiner Verhaftung führen Bundespolizisten den Libanesen Youssef Mohamad el Hajdib aus dem Bundesgerichtshof in Karlsruhe. Der 21-Jährige hatte nach einer Internetanleitung mit seinem Landsmann Dschihad Hamad Bomben gebaut und diese am 31. Juli auf dem Kölner Hauptbahnhof in zwei Regionalzügen abgelegt. Nur ein technischer Fehler verhinderte die Explosion. Zu seiner Festnahme führten Bilder aus einer Überwachungskamera. Sie zeigen Youssef im T-Shirt auf dem Bahnsteig (rechts oben). Seit dem Sommer 2005 bereitete er sich im Kieler Studienkolleg auf das Studium der Mechatronik vor. Fünfmal am Tag betete er im Keller des Wohnheims (Mitte), in dem er auch ein Zimmer hatte (unten). Komplize Hamad sagte dem Ermittlungsrichter im Libanon, wohin er nach der Tat geflohen war, was das Ziel des Anschlags war: möglichst viele Menschen töten. Auslöser sei der Karikaturenstreit gewesen

DEUTSCHLAND 77

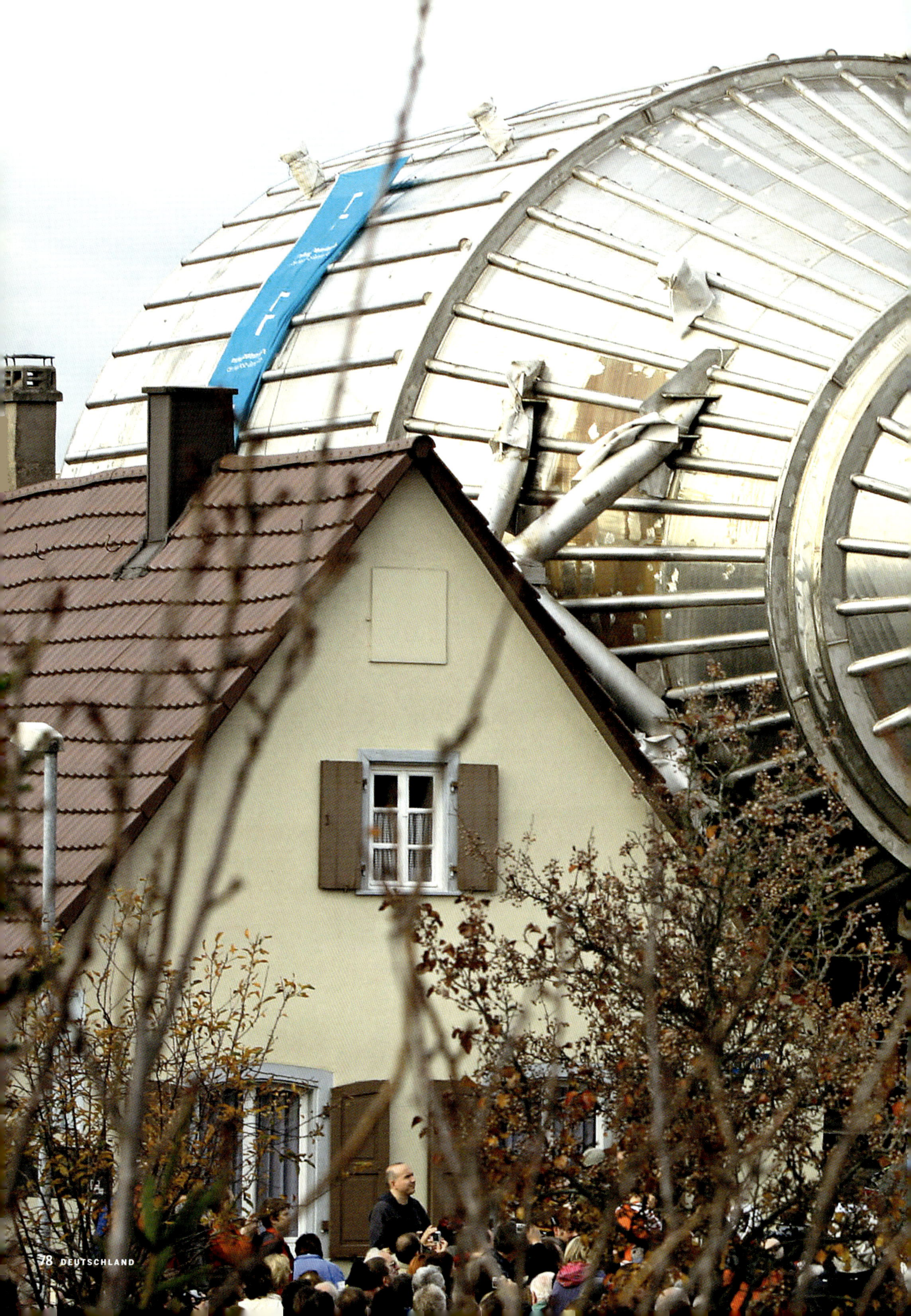

MASSARBEIT MIT EINEM MONSTER

Gaaanz langsam schiebt sich das mächtige Hauptspektrometer „Katrin" am 15. November durch diese Straße im badischen Leopoldshafen. Der 200 Tonnen schwere Trumm, der für neue Erkenntnisse in der Neutrinoforschung sorgen soll, ist immerhin 24 Meter lang und hat einen Durchmesser von 10 Metern. Am 29. November erreicht er sein Ziel und wird durch das eigens dafür geöffnete Dach in die große Experimentierhalle des Forschungszentrums Karlsruhe gehievt

MAKABRE SPÄSSE IN DER WÜSTE

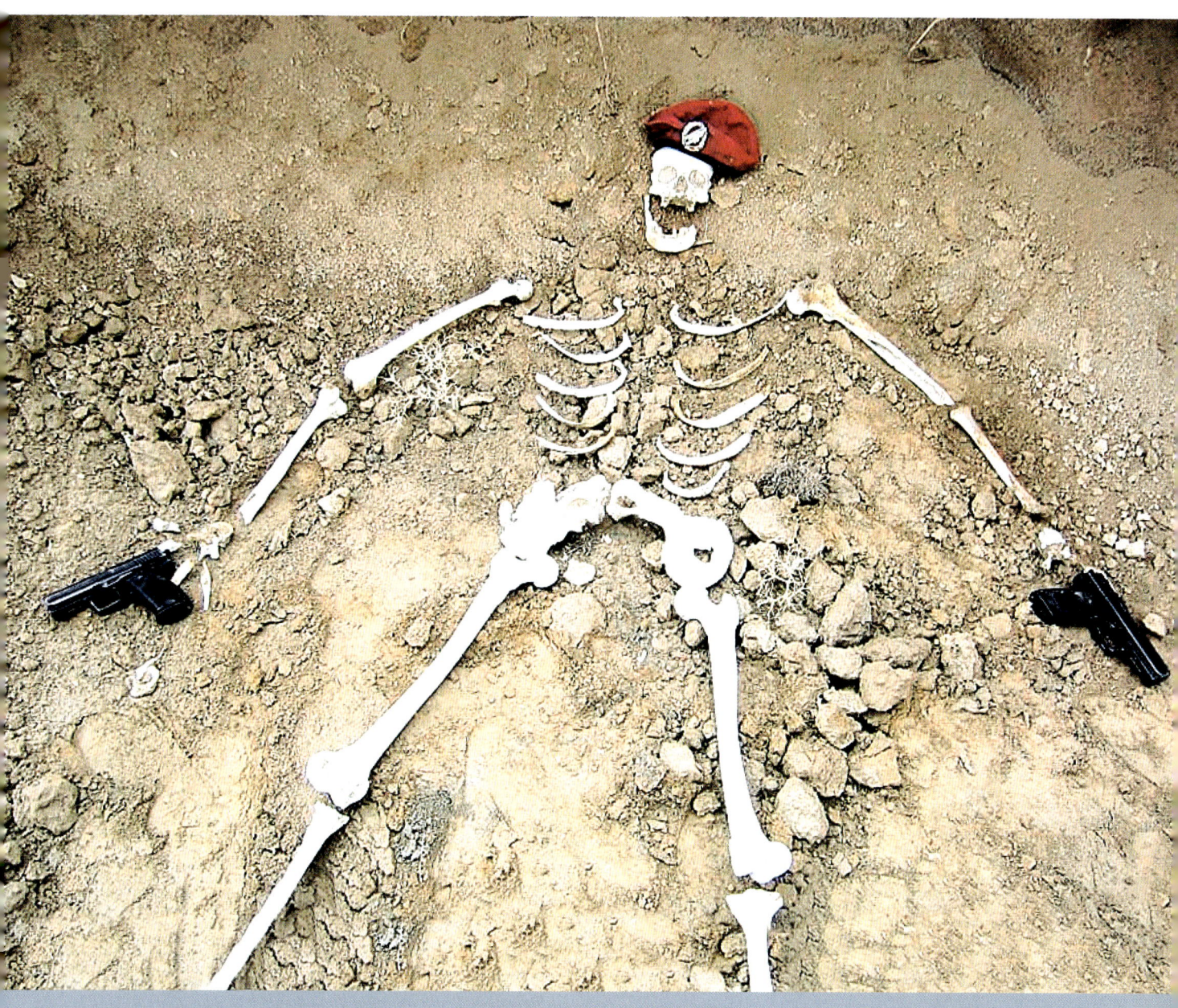

Eigentlich konnte die Bundeswehr mit ihren Auslandseinsätzen 2006 (etwa denen im Kongo oder vor der libanesischen Küste) ganz zufrieden sein – doch dann tauchten im Oktober Skandalfotos aus Afghanistan auf. Junge deutsche Soldaten machten mit Skelettteilen aus alten, heute offen zugänglichen Kriegsgräbern für die Kamera üble Scherze. Mancher General kam da heftig ins Schwitzen. Selbst die Elitesoldaten des „Kommandos Spezialkräfte" (KSK) gerieten ins Zwielicht, mal wegen des Vorwurfs, einen deutschen Gefangenen in Afghanistan misshandelt zu haben, mal wegen der Verwendung eines nur wenig abgewandelten Wehrmachtssymbols (kleines Foto): Die Palme war einst die Insignie von Hitlers Afrikakorps

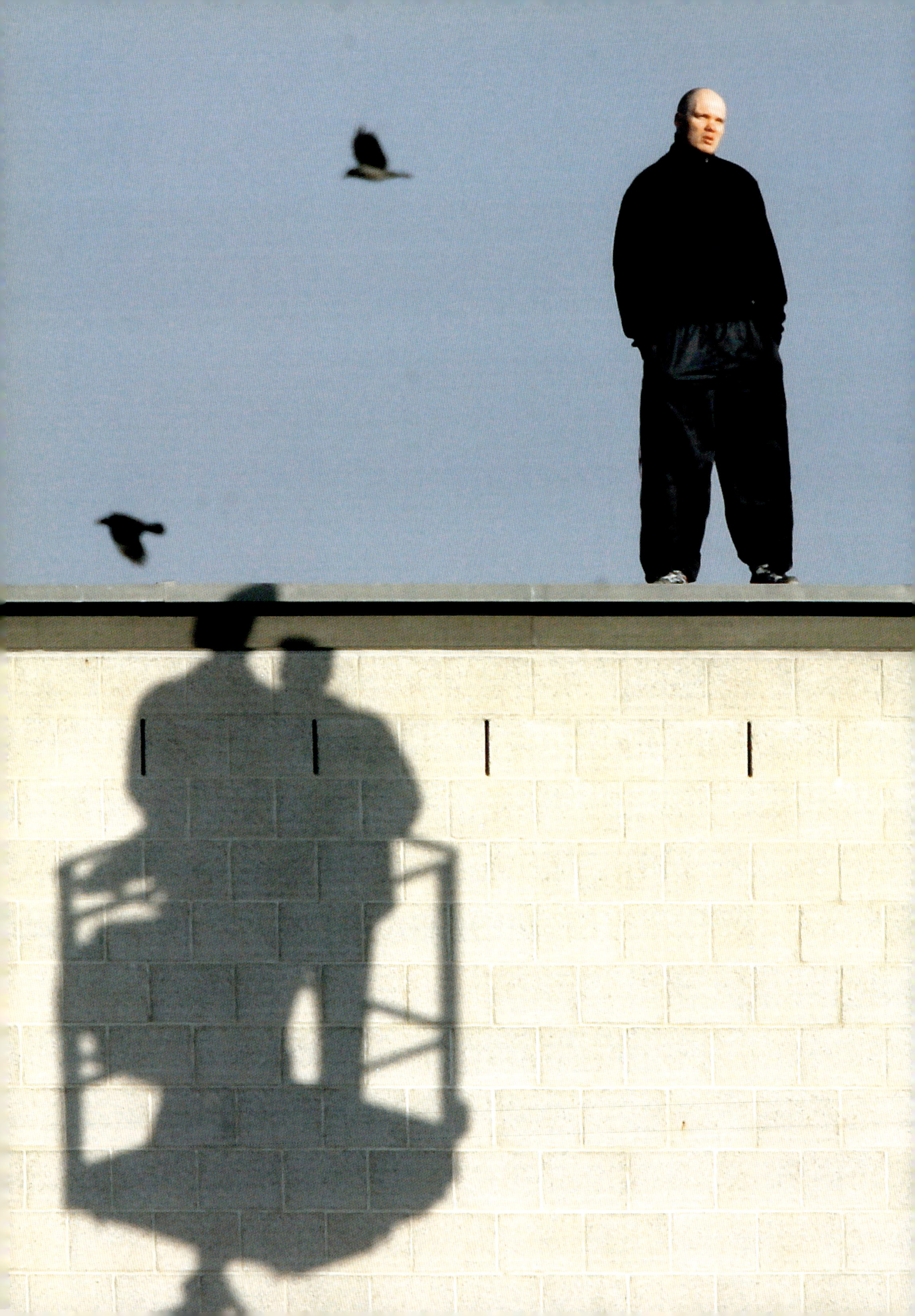

FLUCHT NACH OBEN

Provozierend steht er am 8. November auf dem Dach der Justizvollzugsanstalt Dresden in der Sonne, breitbeinig, die Hände in den Hosentaschen: Mario M., der Mann, der im Januar die damals 13-jährige Stephanie entführte, sie Wochen lang gefangen hielt und sich seit dem 6. November vor Gericht für seine Tat verantworten muss. Beim Hofgang zwei Tage nach Prozessbeginn ist er entkommen und aufs Dach geflohen. Zwei LKA-Beamte reden auf den 36-jährigen Anlagenbauer ein, nach 20 Stunden gibt er auf. Stephanie wurde gerettet, nachdem ein Passant ihren Zettel mit dem Hilferuf (o.) fand, den sie bei einem nächtlichen Spaziergang fallen gelassen hatte. Das Urteil: 15 Jahre Haft und anschließende Sicherungsverwahrung

DEUTSCHLAND 83

AUSLAND
DIE WELT BLEIBT EIN UNSICHERER ORT

Die Nachricht ist fast keine und dazu noch von erschreckender Banalität: Auch 2006 herrschte auf der Welt das seit Jahren übliche Elend. Wohin man blickte – überall galt es Krisen, wenn nicht gar Kriege zu bewältigen. Immer aufs Neue flackerten Regionalkonflikte auf, sorgte der internationale Terrorismus für Furcht und Schrecken, erwies sich, dass selbst die Großmächte kaum mehr als Schadensbegrenzung leisten konnten. Hinzu kam ein wachsendes Flüchtlingsdrama – allein in Afrika verließen Hunderttausende Menschen ihre Heimat, um Hunger, Verfolgung oder Tod zu entkommen

Eine Afghanin blickt nach einem Bombenanschlag in Kabul am 4. Juli durch eine geborstene Fensterscheibe

AUSLAND

TEXT_ **Marc Goergen**

Wer verstehen will, warum sich in diesem Jahr fast 30 000 Afrikaner in kleine Holzboote gezwängt haben, um von der Westküste Afrikas zu den Kanaren zu fahren, wer begreifen will, warum jemand bereit ist, Heimat, Arbeit, Freunde, Frau und Kinder für ein lebensgefährliches Abenteuer zurückzulassen, braucht keine Statistiken über Armut und Elend. Es reicht, einige Tage vor Ort zu sein. Dort, in Westafrika. Etwa im Senegal. Etwa in einem Vorort der Hauptstadt Dakar namens Hann. Hann, das sind Hunderte von kleinen Häusern aus

JEDER KENNT EINEN, DER ES GESCHAFFT HAT – ANGEBLICH

Lehm und Backstein, eng an eng gebaut, hier, wo der feine Sand des Atlantikstrandes in den gröberen der Steppe übergeht. Es gibt keine Straßennamen, die Gassen sind verwinkelt wie ein Labyrinth. Über allem liegt der Gestank von Fisch. Am Strand verkaufen die Männer den Fang der vergangenen Nacht, mehrere Fabriken verarbeiten ihn anschließend weiter.

Hann ist nicht Armut pur. Es gibt Strom, Wasser, keiner hungert. In den Häusern laufen Fernseher, junge Männer posieren mit ihren Handys. Und doch schippern von hier seit Monaten die Boote in Richtung Kanaren. Manchmal drei oder vier pro Nacht. Warum?

„Es hat sich wie ein Virus ausgebreitet", sagt Pape Sanor Dramé, Lokaljournalist der Zeitung „Soleil", „im Frühjahr sind die Ersten losgefahren. Die es geschafft hatten, riefen an, sagten, wie toll alles sei, und dann gab es kein Halten mehr." Tatsächlich scheinen fast alle jungen Männer infiziert. Überall, am Strand, vor den Fabriken, in den Häusern, diskutiert man, wann die eigene Fahrt losgehen kann. Zukunft hier in Hann bedeutet für die meisten ein Leben als Fischer, als Arbeiter in einer Fischfabrik, vielleicht mit einem Nebenjob als Taxifahrer. Doch seit Jahren schon gehen die Erträge der Fischer zurück. Im Senegal arbeiten 15 Prozent der Erwerbstätigen in der Fischerei, das Land erwirtschaftet damit ein Drittel seiner Exporteinnahmen. Aber seit nicht nur die einfachen Fischer mit ihren Holz-Pirogen die Netze in den Fanggründen des Atlantiks auswerfen, sondern auch die industriellen Flotten aus der EU, aus China und auch Russland, kehren die Männer aus Hann häufig mit halbleeren Netzen zurück. Manche der schwimmenden Fischfabriken aus Europa oder Fernost ziehen pro Tag bis zu 400 Tonnen aus dem Wasser. Ein senegalesischer Kleinfischer bräuchte dafür zehn Jahre. Noch reichen die Fänge, um die Familie halbwegs zu ernähren. Aber es ist mehr ein Überleben als wirkliches Leben.

Dagegen Europa! Jeder kennt einen, der es geschafft hat, in Madrid, in Barcelona, in Paris, der übers Handy von seinem besseren Leben in Europa berichtet. Von einem Job, von Freunden, einer guten Wohnung, den hübschen Frauen, die auf Afrikaner stehen.

Es sind fast immer Lügen. Doch in den Köpfen der Männer wird daraus Wahrheit. Und der Traum vom eigenen Glück – wohl auch, weil alles so einfach scheint. Man braucht keine professionellen Schlepperbanden. Zwei, drei Ältere sind die Chefs einer Besatzung. Sie sammeln von jedem der rund 40 Mitfahrer 500 bis 600 Euro ein. Davon besorgen sie die Utensilien für die waghalsige Fahrt. Das 20 Meter lange Holzboot. Die Außenbordmotoren. Die 1200 Liter Diesel. Das GPS-Navigationsgerät. Dazu Essen und Trinken, manchmal auch Schwimmwesten.

Dann, irgendwann nachts, trifft man sich am Strand. Wer clever ist, hat sich eine wasserdichte Jacke besorgt – die Nächte sind kalt auf dem Atlantik. Hinein ins Boot, ein wenig paddeln, bis man außer Hörweite der Patrouillen ist, dann werden die Motoren gestartet. Seitdem die Flucht zu einem Massenexodus geworden ist, versucht die senegalesische Marine, auch auf Druck der Europäischen Union, Boote abzufangen – meist erfolglos.

2000 Kilometer sind es bis Teneriffa, etwa zehn Tage Fahrt. Wenn alles gut geht. Das Rote Kreuz schätzt, dass 3000 Afrikaner in diesem Jahr den Trip nicht überlebt haben. Allein auf den Kanaren wurden 500 Leichen angespült, manchmal gleich neben sonnenden Touristen. Im Juni entdeckten Fischer vor der Karibikinsel Barbados ein Geisterschiff mit elf mumifizierten Schwarzafrikanern. Das Boot war nach einem Sturm abgetrieben worden, und die Männer verdursteten qualvoll. Bei einem von ihnen fand die Küstenwache einen Zettel: „Es sieht sehr schlecht aus. Wer mich findet, den bitte ich darum, dieses Geld meiner Familie zu schicken. Gezeichnet Diaw Sounkar Diemi."

2006 war es die Route zu den Kanaren, auf der die meisten Flüchtlinge kamen. Im Jahr zuvor versuchten sie es über die Zäune der spanischen Exklaven in Marokko, Melilla und Ceuta. Davor von Libyen nach Lampedusa. Die Vereinten Nationen schätzen, dass derzeit etwa 18 Millionen Menschen in Afrika auf der Flucht sind. Es sind nicht die Ärmsten der Armen, sondern die Intelligenten, jene, von denen sich die Familien erhoffen, dass sie Arbeit finden werden und Geld schicken. 2005

Senegalesen warten an der Atlantikküste auf die nächste Fahrt Richtung Europa. Wer Pech hat, wie die Männer oben, wird von der spanischen Küstenwache aufgebracht

EINE FESTE JACKE IST GUT – DIE NÄCHTE AUF DEM MEER SIND KALT

überwiesen die Emigranten 167 Milliarden Dollar in ihre Heimatländer – das Anderthalbfache der offiziellen Entwicklungshilfe.

So werden sich auch weiter Flüchtlinge auf ihren langen und gefährlichen Weg machen. So lange, bis ihnen eine europäische Immigrationspolitik legale Wege eröffnet. Und so lange, bis sich in Vierteln wie Hann herumgesprochen hat, dass ein Leben als Illegaler in Europa hart ist, oft unmenschlich. Und kein Traum.

AUSLAND 87

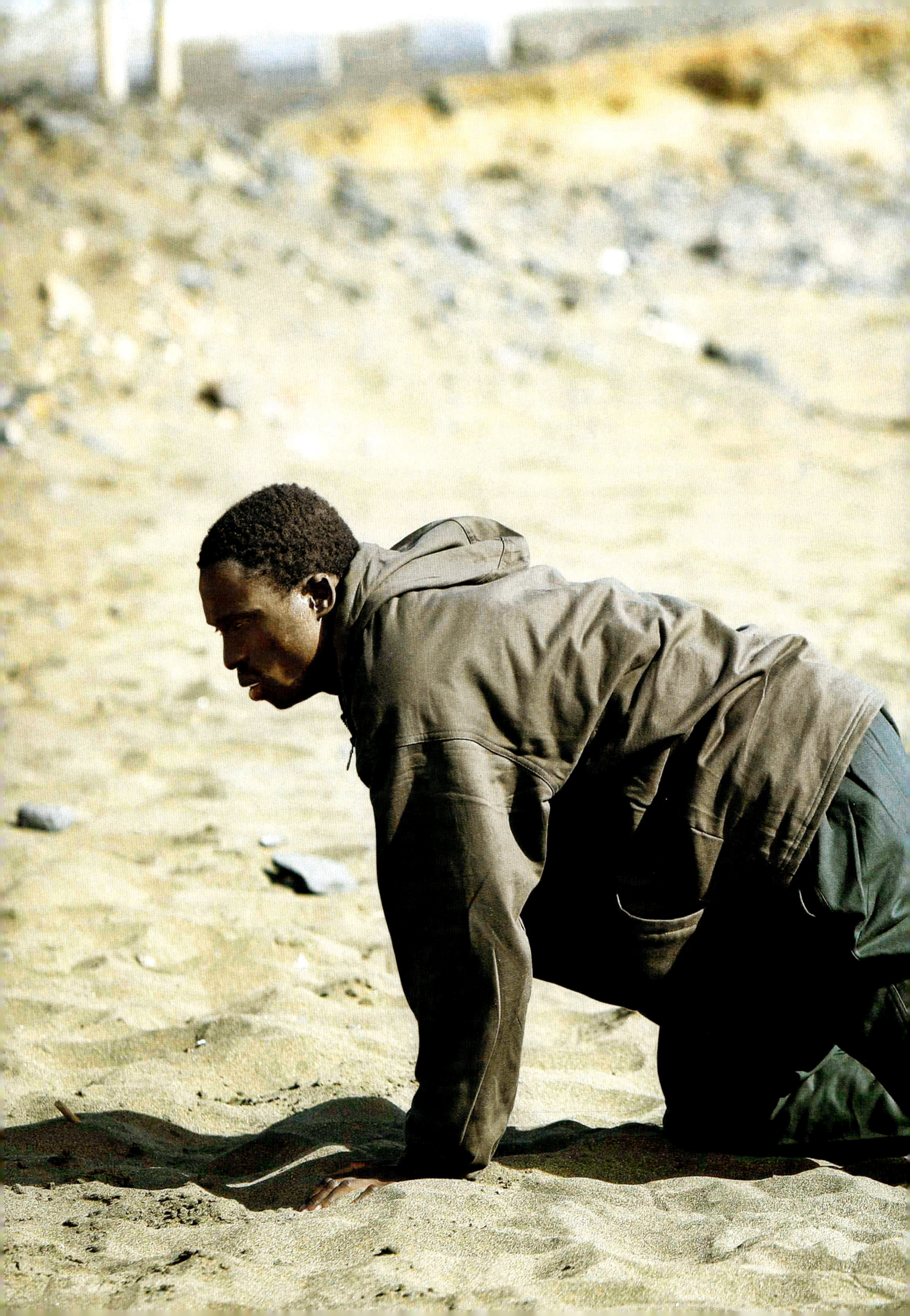

GESTRANDET IM FERIENPARADIES

Direkt neben einigen Urlaubern kriecht ein Flüchtling Anfang Mai über den Gran-Tarajal-Strand auf Fuerteventura. Gemeinsam mit 38 anderen Afrikanern hat er es in einem selbst gebauten Boot auf die Insel geschafft. Seit Anfang des Jahres sind mehr als 30 000 Menschen aus afrikanischen Ländern an den Küsten der Kanarischen Inseln aufgegriffen worden. Die illegalen Immigranten waren manchmal wochenlang auf dem Meer unterwegs, viele überlebten die Strapazen nicht

WEIT UND BREIT KEIN TROPFEN WASSER

Der Boden ist rissig von der Dürre. Um Feuerholz zu holen, müssen die Frauen aus dem indischen Dorf Kharaghodha 15 Kilometer durch die ausgetrocknete Ebene gehen, in der 70 Prozent von Indiens Tafelsalz gewonnen werden. Die Menschen hier haben weder Zugang zu sauberem Trinkwasser noch zu medizinischer Versorgung. In Kenia ist das Wasser ebenfalls knapp. Hinter einem Zaun in dem kleinen Dorf Isinya liegt der Kadaver eines Zebras, nur das Fell bedeckt noch sein Skelett. Hunderte Menschen und Zehntausende Tiere sterben in dieser Region an Hunger und Durst, sie gehört zu den ärmsten und trockensten in Afrika. Kühe fressen sogar die Blumen von einem frischen Grab. Wegen der Dürre haben Bauern ihre Rinder in die Stadt gebracht, auf der Suche nach Nahrung für die Tiere

PROVOKATION MIT DEM ZEICHENSTIFT

"Stopp, die Jungfrauen sind aus." Karikatur des Zeichners Julius aus der „Jyllands Posten", die auf den himmlischen Lohn für Selbstmordattentäter anspielt.

Der vermummte Demonstrant trägt eine Flagge in der Farbe des Islam, sein Gesicht hat blutige Spuren vom Kampf mit libanesischen Sicherheitskräften. Hinter ihm brennt das dänische Konsulat in Beirut. Zu den Ausschreitungen Anfang Februar kommt es, weil die Zeitung „Jyllands-Posten" in Dänemark Karikaturen veröffentlicht hat, die nach Ansicht vieler strenggläubiger Muslime den Islam-Gründer Mohammed verunglimpfen. Hunderttausende gehen daraufhin in islamischen Ländern auf die Straße, immer wieder sterben Menschen bei den gewaltsamen Protesten

AUSLAND 93

يَا أَيُّهَا الَّذِينَ آمَنُوا أَطِيعُوا اللَّهَ وَأَطِيعُوا الرَّسُولَ وَأُولِي الْأَمْرِ مِنكُمْ

EIN HARDLINER GIBT SICH SANFT

Auf einem riesigen Wandgemälde in Maschad halten Tauben am 11. April eine Flagge mit dem Emblem der Internationalen Atomenergiebehörde und den Farben der iranischen Republik: poetischer Hintergrund für Präsident Mahmud Ahmadinedschad, der ein friedliches Bild seines Landes vermitteln möchte. Dabei erklärt er den Iran gerade zur Atommacht, die nicht mehr daran denke, Uran unter Aufsicht der IAEO zu versiegeln (r.), sondern das Schwermetall inzwischen erfolgreich angereichert habe. Das solle aber, so der Präsident, nur der Energiegewinnung dienen

MIT DER SPRITZE GEGEN DAS TEUFELSZEUG

Ein Arbeiter besprüht in Teheran einen Haufen sichergestellter Drogen mit Benzin, das riesige Wandgemälde dahinter soll deren Konsum verteufeln. Am 26. Juni, dem internationalen Tag gegen Drogenmissbrauch, verbrennt die iranische Polizei insgesamt mehr als 60 Tonnen Rauschgift. Durch den Iran führt eine der Hauptrouten des Drogenschmuggels von Afghanistan nach Europa

AUSLAND 97

HITLERGRUSS VORM CAPITOL

Überm Hemd das Hakenkreuz, den rechten Arm ausgestreckt: Was diese beiden Männer hier tun, steht in Deutschland unter Strafe. Die Mitglieder der „American Nazi Party" protestieren am 8. Februar in Washington gegen den Plan, den etwa sieben Millionen illegalen Einwanderern, die bereits mehr als fünf Jahre in den USA leben, ein dauerhaftes Aufenthaltsrecht zu gewähren

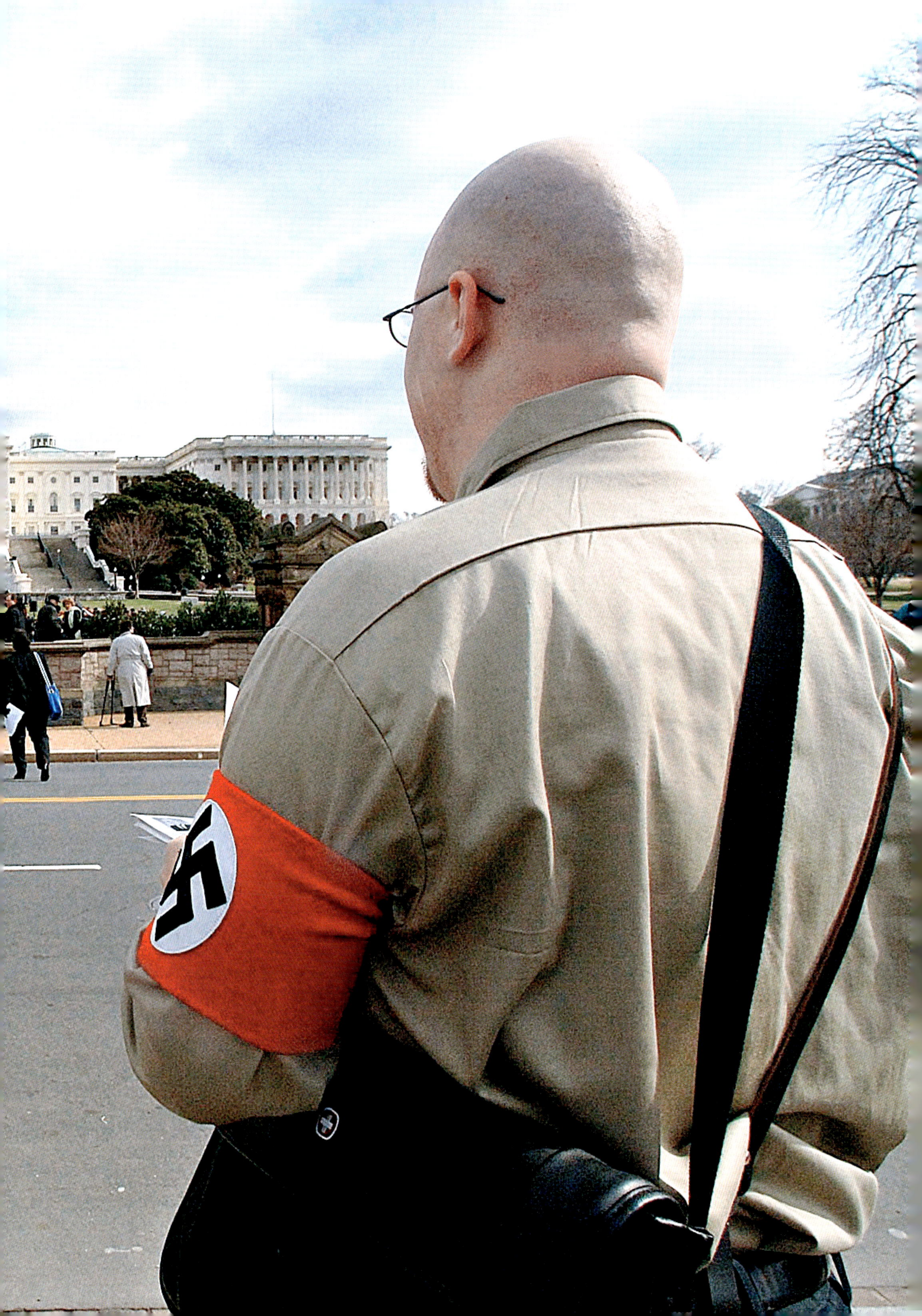

WILL MICH JEMAND AUFHALTEN?

Der Blick ist entschlossen und auch ein wenig furchteinflößend, die geschminkten Lippen energisch geschürzt. Dabei begrüßt Hillary Clinton am 31. Januar nur ein paar Besucher, während sie sich auf den Weg macht zu Präsident George W. Bushs jährlicher Rede vor dem Kongress. Das erste Amt im Staat reizt die frühere Präsidentengattin selbst, sie gilt als mögliche Kandidatin der Demokraten. Im November kann sie erst mal ihren Senatorenposten in New York verteidigen

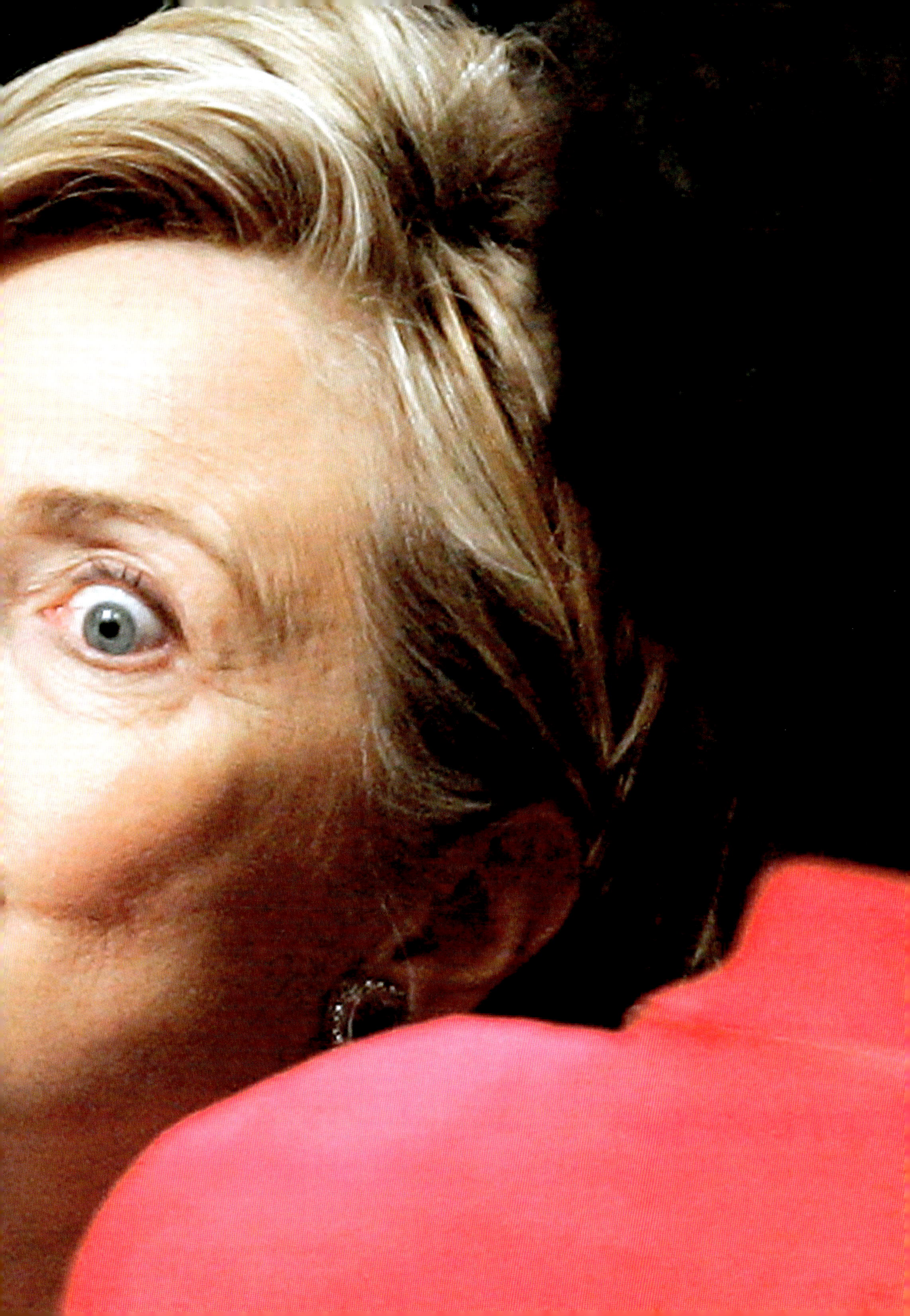

DEM FEIND NUR KNAPP ENTKOMMEN

Erschöpft liegen drei amerikanische Soldaten am 27. August im Bergland der ostafghanischen Provinz Nuristan auf einem Wagen der Armee und warten darauf, von einem Hubschrauber evakuiert zu werden. Sie sind in einem Feuergefecht mit den Taliban verwundet worden, die seit einiger Zeit die ausländischen Truppen wieder häufiger angreifen

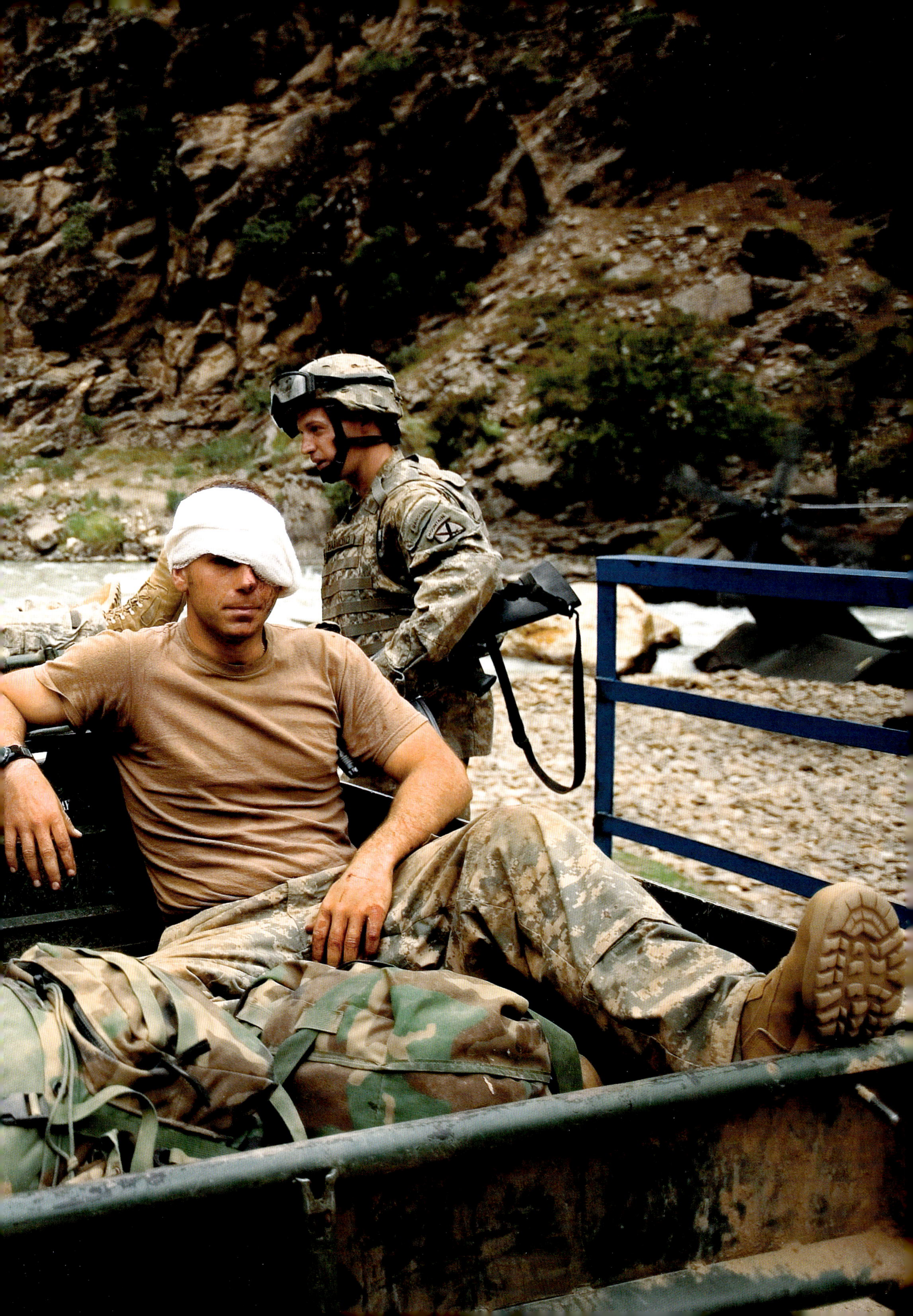

EIN KILLER WIRD VERNICHTET

Auf einer Pressekonferenz in Bagdad steht das Foto vom Kopf einer Leiche neben der US-Flagge – als Beweis dafür, dass amerikanische Soldaten Abu Mussab al-Zarqawi auch wirklich getötet haben. Mit einem gezielten Luftangriff auf sein Versteck in der Nähe der Stadt Hibhib am 7. Juni endet das Leben des Anführers der al Qaeda im Irak, der nach zahlreichen Anschlägen, Entführungen und Morden der meistgesuchte Terrorist des Landes war. Anhand seiner Fingerabdrücke und Narben wird der gebürtige Jordanier identifiziert. Nicht nur viele Iraker, sondern auch Politiker aus anderen Ländern reagieren erleichtert auf die Meldung vom Tod des 39-Jährigen: Noch kurz vorher hatte al-Zarqawi in einem Video (l.) mit neuen Gewalttaten gegen den Westen gedroht

106 AUSLAND

DER ALLTÄGLICHE TERROR

Vor einem lodernden Flammenmeer versucht am 14. Juni ein Iraker mit letzter Kraft, den Zeitungsständer zu greifen, den ihm ein anderer Mann hinhält. Fast täglich kommt es in Bagdad zu Bombenattentaten, Tausende Menschen sterben. Auch für den bereits verkohlten Mann links vor dem explodierten Wagen kommt jede Hilfe zu spät

BAGDAD, 30. DEZEMBER, AM FRÜHEN MORGEN

Der Mann, für den es hier ans Sterben geht, war einer der schlimmsten Diktatoren des 20. Jahrhunderts. Über 20 Jahre lang regierte Saddam Hussein mit brutaler Hand den Irak, ließ Hunderttausende ermorden, vergiftete Tausende Kurden mit Gas, führte einen blutigen Krieg gegen den Nachbarn Iran, überfiel das Scheichtum Kuwait. 2003 stürzten die Amerikaner den Tyrannen, 2006 machten ihm seine Landsleute den Prozess und verurteilten ihn zum Tode durch den Strang. Nun wird er mit gefesselten Händen zum Galgen geführt, bekommt von vermummten Henkern den Strick um den Hals, unter seinen Füßen öffnet sich eine Falltür. Gegen 6 Uhr ist der 69-Jährige tot. Der Leichnam wird in einen Holzsarg gelegt und abtransportiert

AUSLAND 109

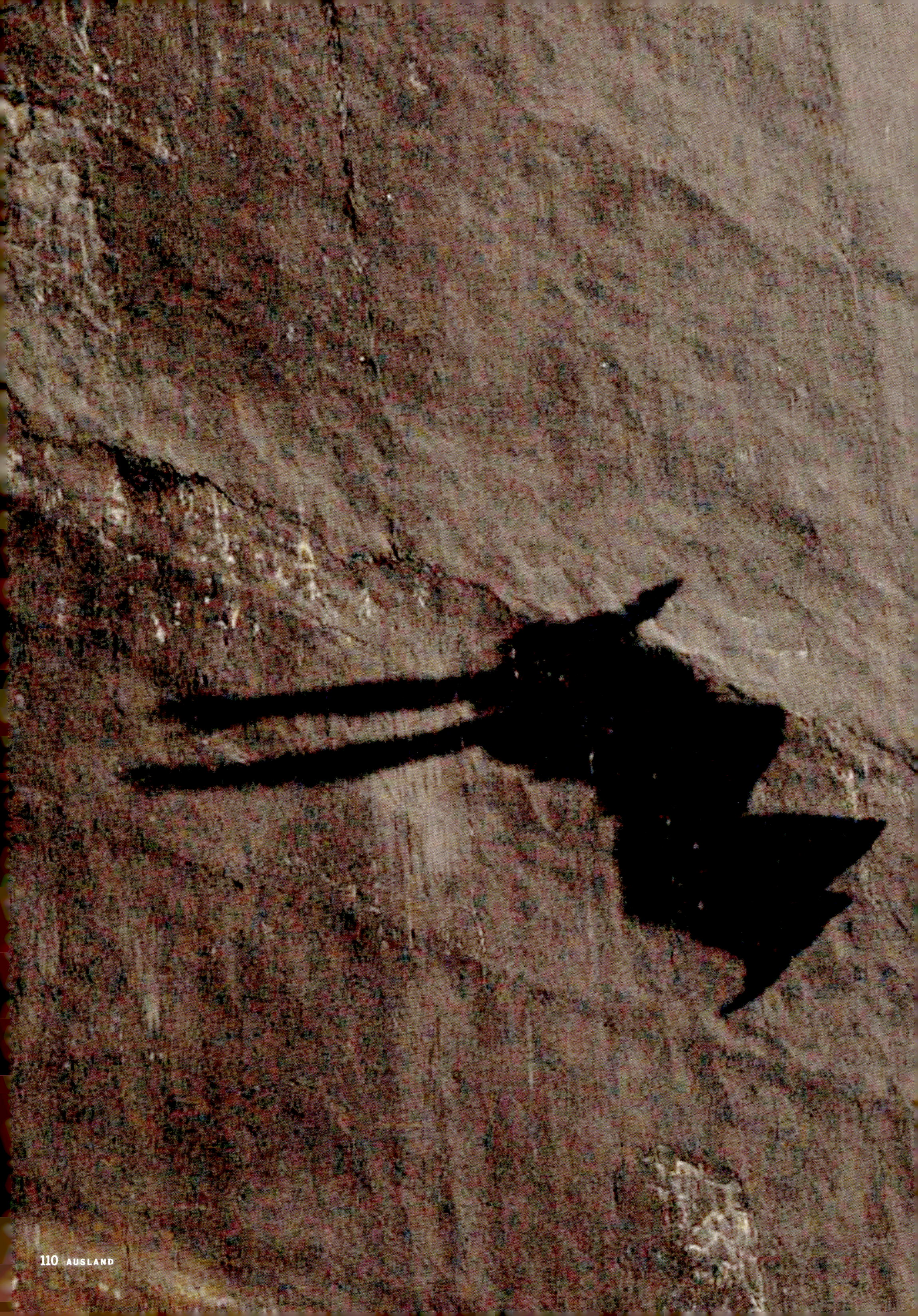

WENN DAS LEBEN ZUR LAST WIRD

Mit hoch erhobenen Händen lässt sich eine junge Frau am 29. März vom Dach eines fünfstöckigen Gebäudes in der westtürkischen Stadt Edirne fallen. An der Hauswand sieht man ihren gespenstischen Schatten. Die Frau schaut nicht in die Tiefe, sie blickt zum Himmel auf. Alles erscheint ihr besser, als weiterzuleben. „Familiäre Probleme", so teilt die Polizei später mit, seien der Grund für ihren Selbstmord. Doch der misslingt, sie überlebt mit schweren Verletzungen

WIDERSTAND GEGEN DIE STAATSGEWALT

Eine Frau stemmt sich gegen die Übermacht, als israelische Soldaten mit Schilden, Äxten und Feuerlöschern anrücken, um am 1. Februar jüdische Siedlungen in Ramallah im Westjordanland zu räumen. Einige Siedler verschanzen sich und zünden Barrikaden an, andere werden buchstäblich aus ihren Häusern geworfen. Die Zuschauer verfolgen die Aktion tatenlos. Die Gegenwehr bricht bald zusammen

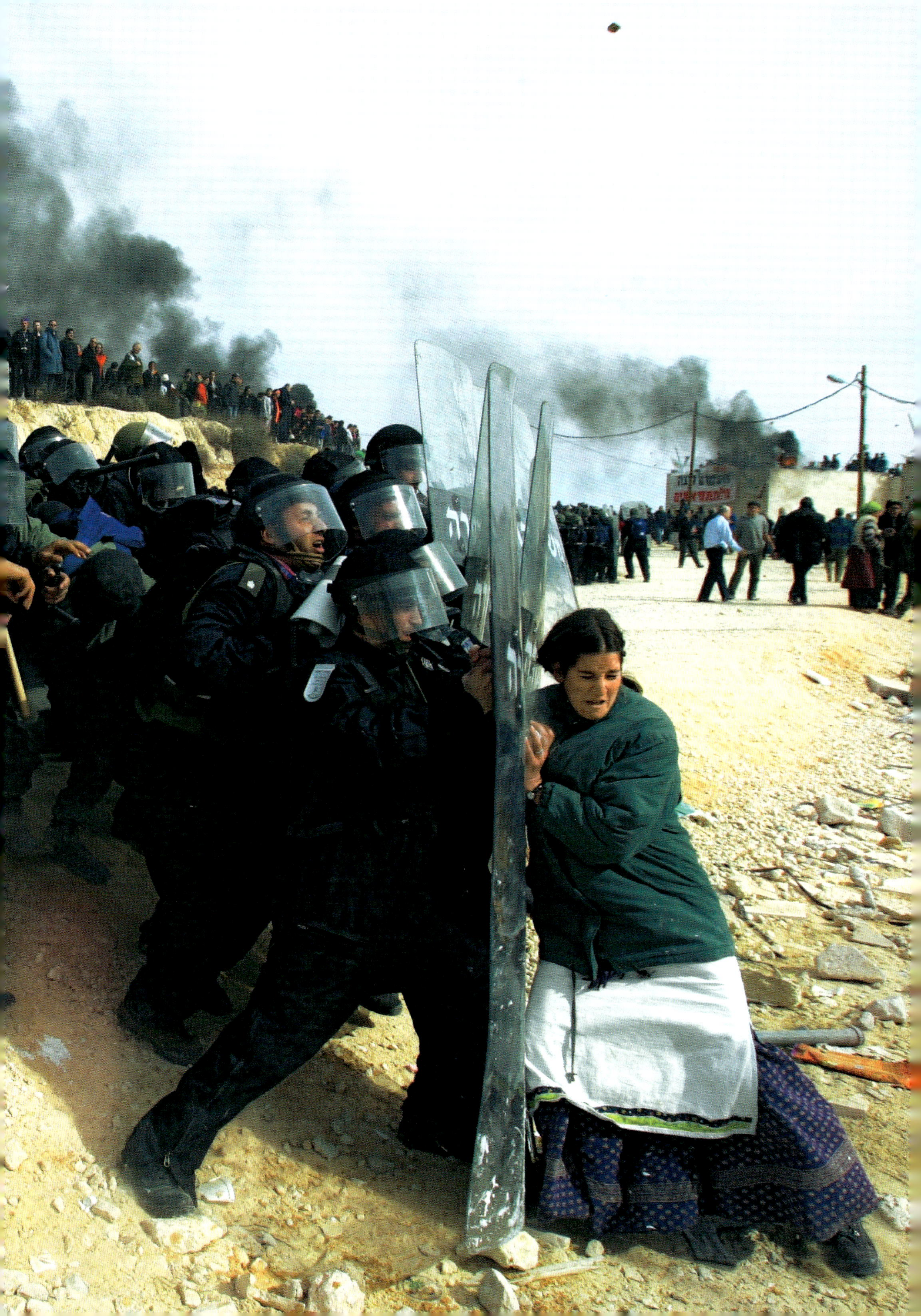

ALMOSEN FÜR DIE AUSGEGRENZTEN

Eine alte Russin hat an einer Versorgungsstation für Obdachlose einen Kanten Brot und einen Teller Eintopf bekommen. Die Suppe wird nicht lange warm bleiben. Im kältesten Winter seit 27 Jahren sinken die Temperaturen in Moskau bis auf minus 38 Grad. Wer kann, rettet sich in seine Wohnung, der Stromverbrauch erreicht Rekordhöhen. Aber für Obdachlose bedeuten die eisigen Temperaturen oft den Tod. Im Januar erfrieren allein in der russischen Hauptstadt mehr als hundert Menschen

AUSLAND 115

EINZELGÄNGER AUF REISEN

Nein, ein Kumpeltyp ist der russische Präsident wirklich nicht: Einsam schreitet Wladimir Putin am 7. September durch den Gang seines Flugzeugs, das mit viel Golddekor und edlen Tapeten ausgestattet ist. Er ist auf dem Weg nach Casablanca, wo er den Marokkanern das Angebot unterbreitet, das erste Atomkraftwerk des Landes zu bauen, und damit den Einfluss seines Landes in Afrika ausbauen will. Auch beim Staatsbesuch in Deutschland gibt sich Putin in einer Dresdener Bäckerei am 11. Oktober eher eigenbrötlerisch. Am Stehtisch schlürft er eine Tasse Kaffee, gönnt sich eine Walnussschnecke – und wirkt wie verloren neben den Arbeitern am Nachbartisch. Dresden kennt Putin noch aus seiner Zeit als KGB-Agent. Zwischen 1985 und 1990 war er hier stationiert

EIN MORD WIE IN ZEITEN DES KALTEN KRIEGES

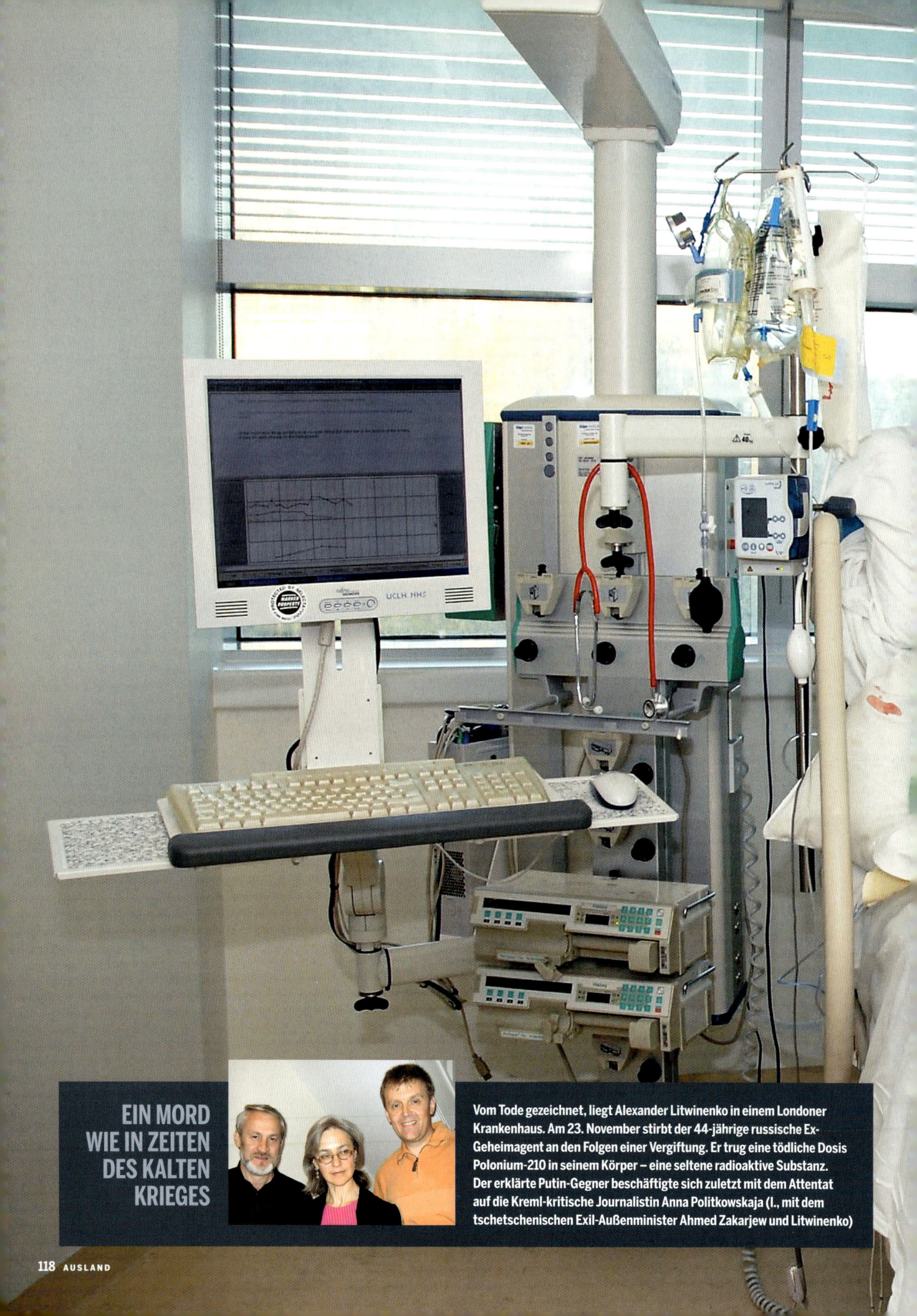

Vom Tode gezeichnet, liegt Alexander Litwinenko in einem Londoner Krankenhaus. Am 23. November stirbt der 44-jährige russische Ex-Geheimagent an den Folgen einer Vergiftung. Er trug eine tödliche Dosis Polonium-210 in seinem Körper – eine seltene radioaktive Substanz. Der erklärte Putin-Gegner beschäftigte sich zuletzt mit dem Attentat auf die Kreml-kritische Journalistin Anna Politkowskaja (l., mit dem tschetschenischen Exil-Außenminister Ahmed Zakarjew und Litwinenko)

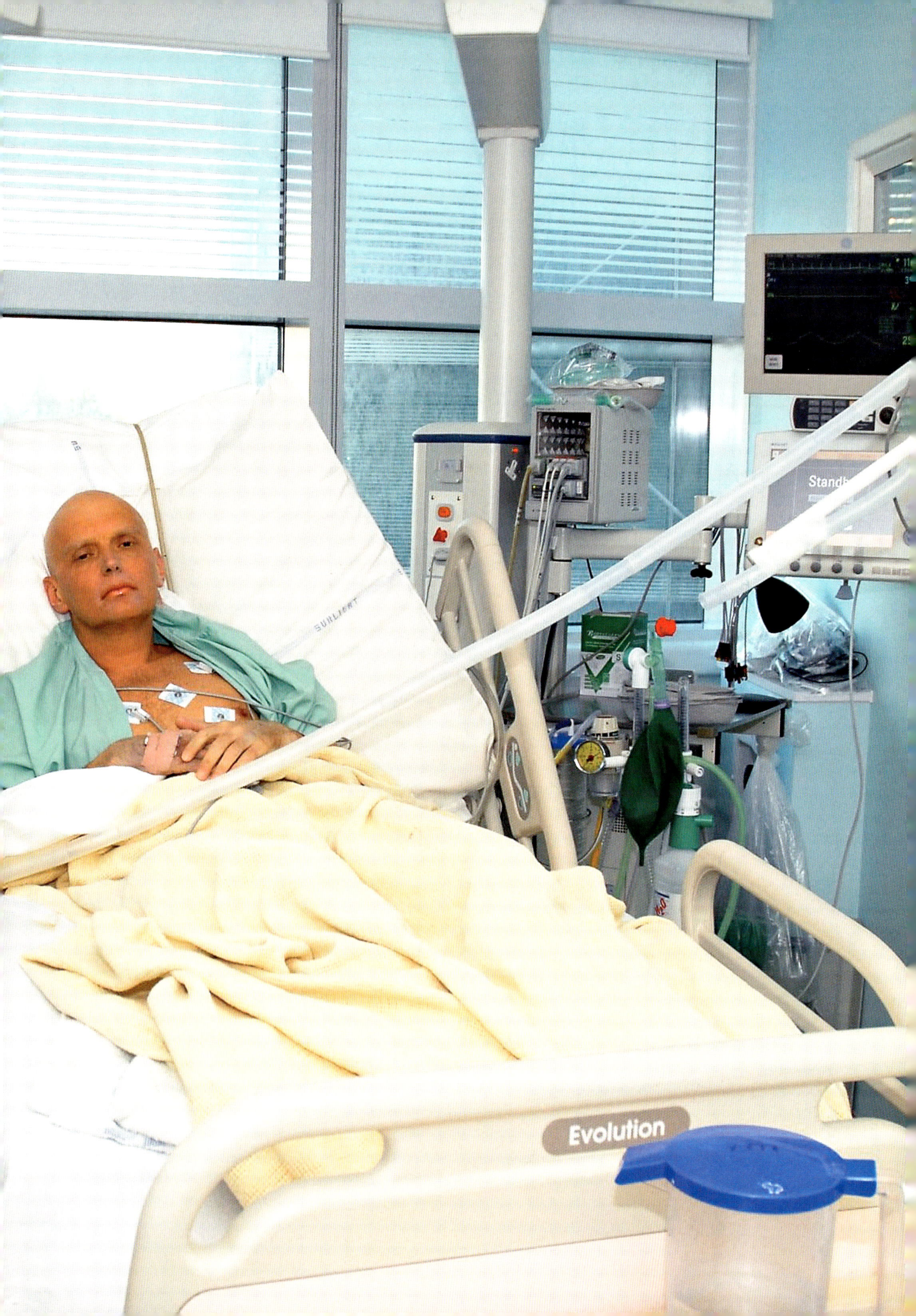
Evolution

WIR SIND SO FREI

Obwohl der Boden im März noch mit Schnee bedeckt ist, haben sich ein paar Russen schon aus ihrer Winterkleidung geschält und lehnen gemütlich an der Mauer der Peter-und-Paul-Festung in Sankt Petersburg. Sie genießen die Morgensonne. Eine Frau joggt vorbei. Sie hält nicht viel von angemessener Sportbekleidung und hat auf Schuhe verzichtet. Aber Hut, ganz Dame, muss sein

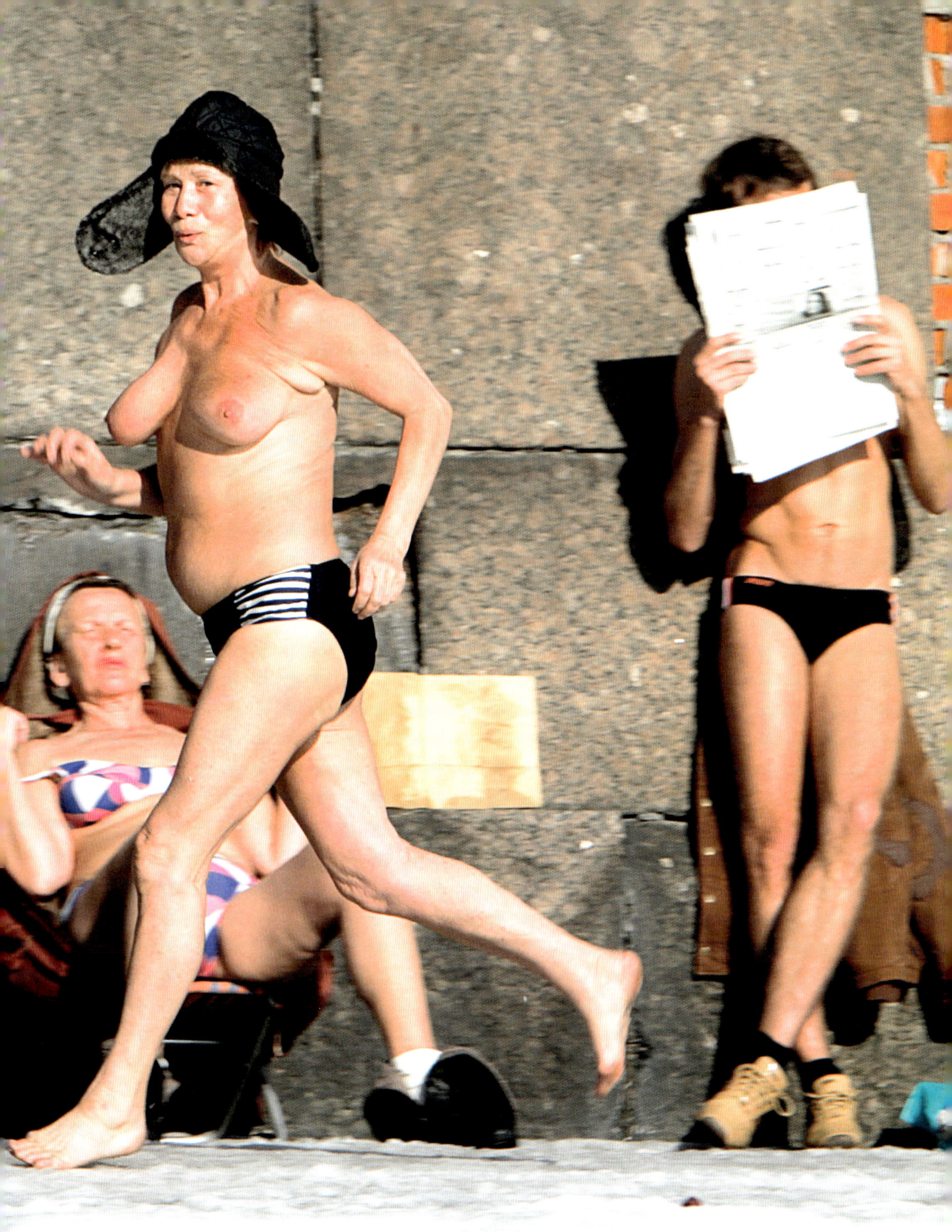

NIEDERLAGE EINER HOFFNUNGSTRÄGERIN

Mädchen winken durch ein Busfenster, werfen den Passanten Kusshändchen zu. An der Scheibe hängt das Bild von Julija Timoschenko. Auf dem Kalenderblatt steht „Der Frühling siegt". Aber die frühere Premierministerin der Ukraine siegt nicht. Bei den Parlamentswahlen im März holt ihre Partei zwar die zweitmeisten Stimmen, doch eine Neuauflage der prowestlichen Koalition der orangefarbenen Revolution scheitert. Jetzt führt Timoschenko die Opposition an

2006 ♥

STÜRMISCHER BESUCH

Die Dächer sind weggefegt, die Überreste liegen auf dem Rasen verstreut. Schränke sind aufgerissen, Kleidung und Wäsche liegen auf dem Boden. Einige Bewohner haben schon mit dem Aufräumen begonnen. Mit 290 Stundenkilometern ist Wirbelsturm Larry im März die Nordostküste Australiens entlanggerast, die Häuser in Innisfail hat er besonders hart getroffen. Rund 7000 Menschen werden obdachlos

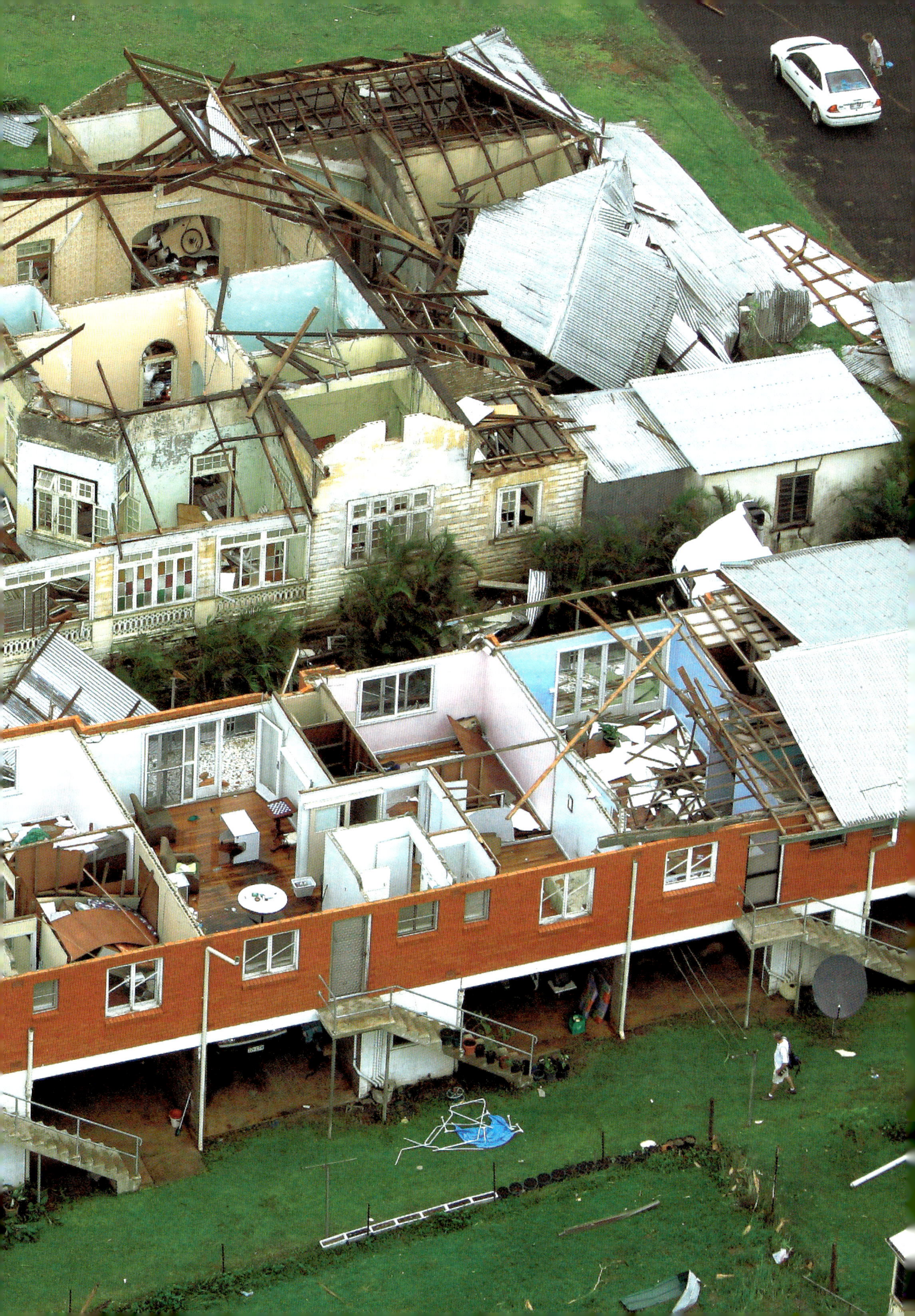

KNIEFALL FÜR DIE DEMOKRATIE

Pappstücke sind zu notdürftigen Trennwänden zusammengesteckt; die Menschen in Basplaton müssen auf der Erde kauern, um am 7. Februar ihre Stimme bei der Präsidentschaftswahl in Haiti abzugeben. Für richtige Wahllokale fehlt das Geld im ärmsten Land der westlichen Welt. Seit dem gewaltsamen Sturz von Präsident Aristide zwei Jahre zuvor sind 10 000 UN-Soldaten auf der Karibikinsel im Einsatz. Aber auch die Blauhelme können nicht verhindern, dass volle Wahlurnen auf dem Müll landen

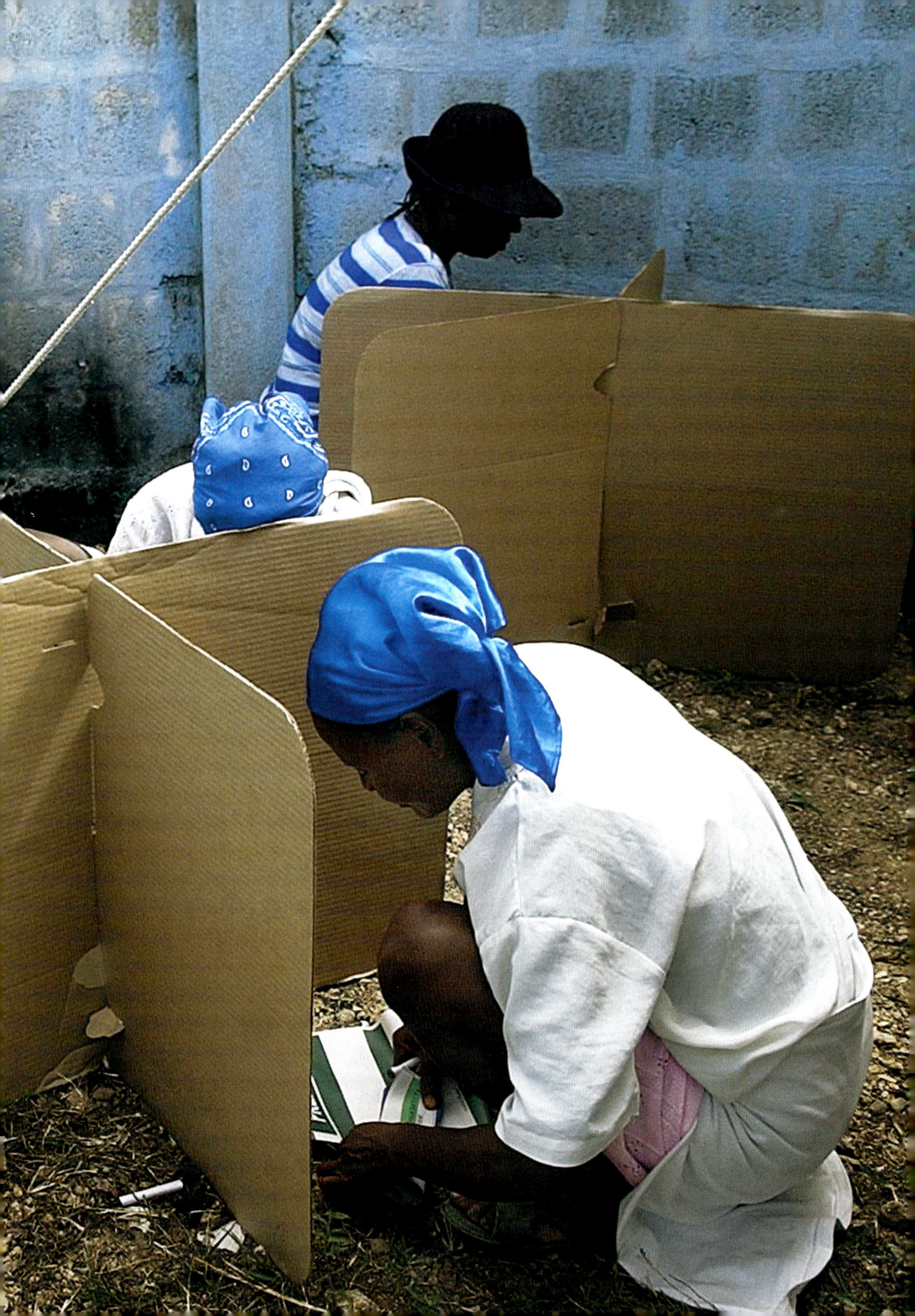

BHOTAHITY
DEPARTMENTAL STORE

AUFSTAND GEGEN DEN DESPOTEN

Hunderte Menschen sind am 22. April in Nepals Hauptstadt Kathmandu auf die Straße gegangen, um eine demokratische Verfassung zu fordern – jetzt fliehen sie vor der Polizei, die sie mit Tränengas beschießt. Viele Demonstranten haben ihre Schuhe verloren, andere stürzen im Gedränge übereinander. Neben dem Gas setzen die Polizisten auch ihre Bambusstöcke ein. Mindestens 14 Menschen verlieren bei den Massenprotesten ihr Leben. Nach drei Wochen Generalstreik gibt König Gyanendra seine einjährige Alleinherrschaft auf. Über die Zukunft der Monarchie soll eine verfassunggebende Versammlung im Sommer 2007 entscheiden

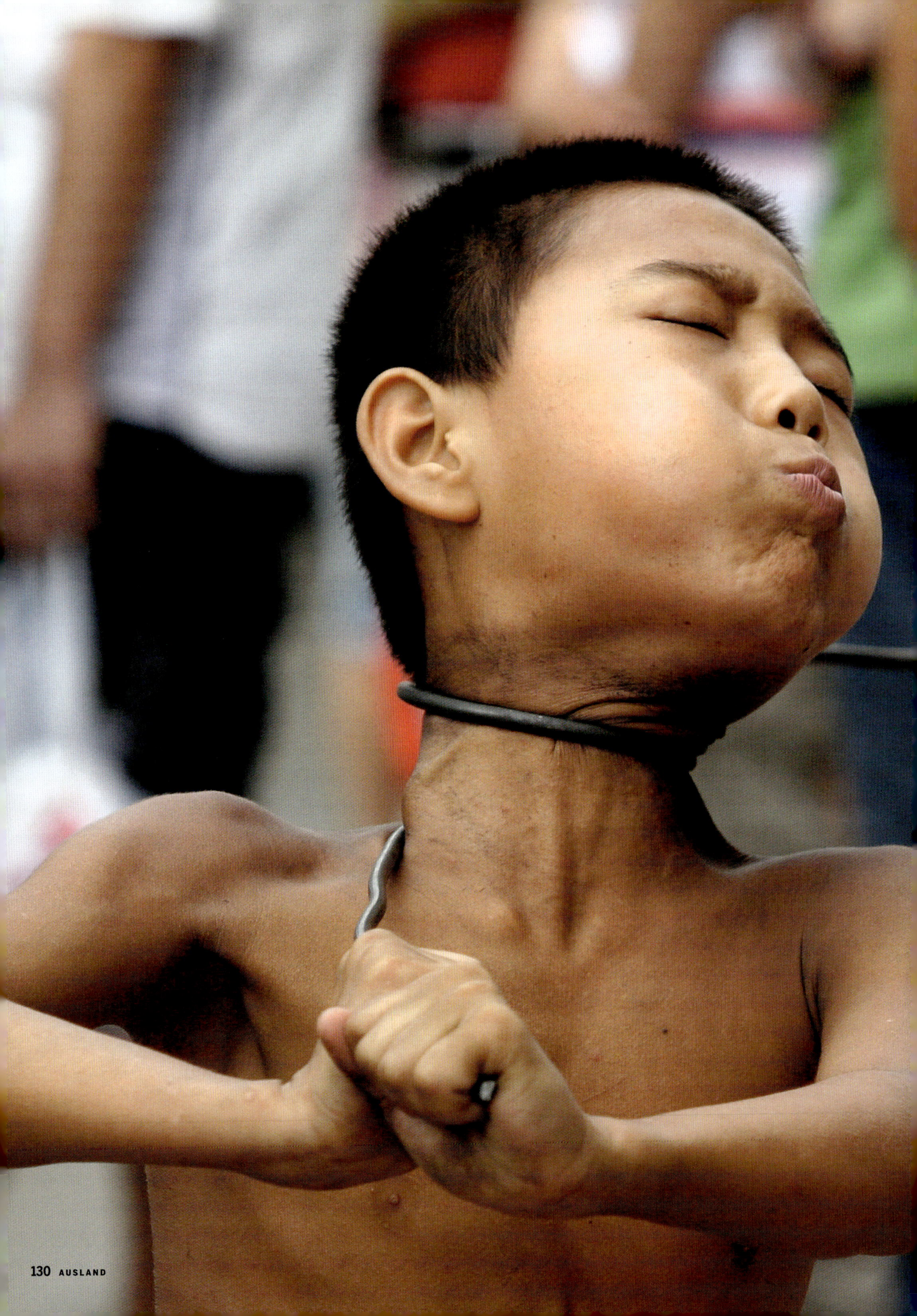

ALLES FÜR EIN PAAR MÜNZEN

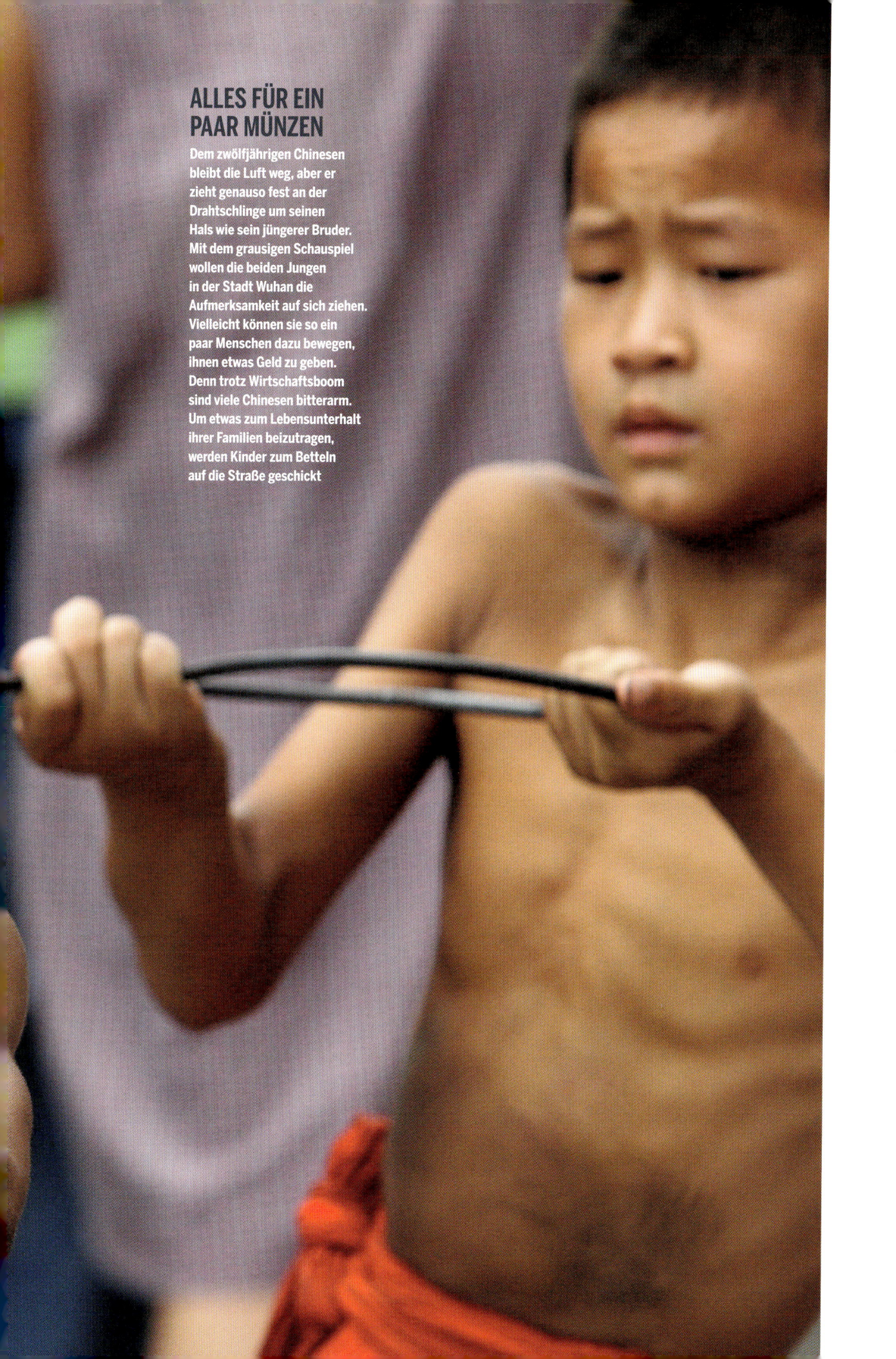

Dem zwölfjährigen Chinesen bleibt die Luft weg, aber er zieht genauso fest an der Drahtschlinge um seinen Hals wie sein jüngerer Bruder. Mit dem grausigen Schauspiel wollen die beiden Jungen in der Stadt Wuhan die Aufmerksamkeit auf sich ziehen. Vielleicht können sie so ein paar Menschen dazu bewegen, ihnen etwas Geld zu geben. Denn trotz Wirtschaftsboom sind viele Chinesen bitterarm. Um etwas zum Lebensunterhalt ihrer Familien beizutragen, werden Kinder zum Betteln auf die Straße geschickt

SOLL DER BERG DOCH FEUER SPEIEN

Gemächlich schleppt eine Frau im Mai auf der indonesischen Insel Java Futter für ihr Vieh nach Hause. Dabei rumort es im nahe gelegenen Vulkan Merapi gewaltig: Glühende Lava strömt die Hänge herab, Glutwolken sind selbst im Tal noch bis zu 400 Grad Celsius heiß, Asche liegt wie Schnee auf Bäumen und Wegen. Aber die evakuierten Bewohner des Feuerbergs kehren zu Tausenden in die verbotene Zone zurück. Sie glauben an ihre Unverwundbarkeit durch einen Schutzheiligen und wollen ihr zurückgelassenes Vieh nicht verhungern lassen

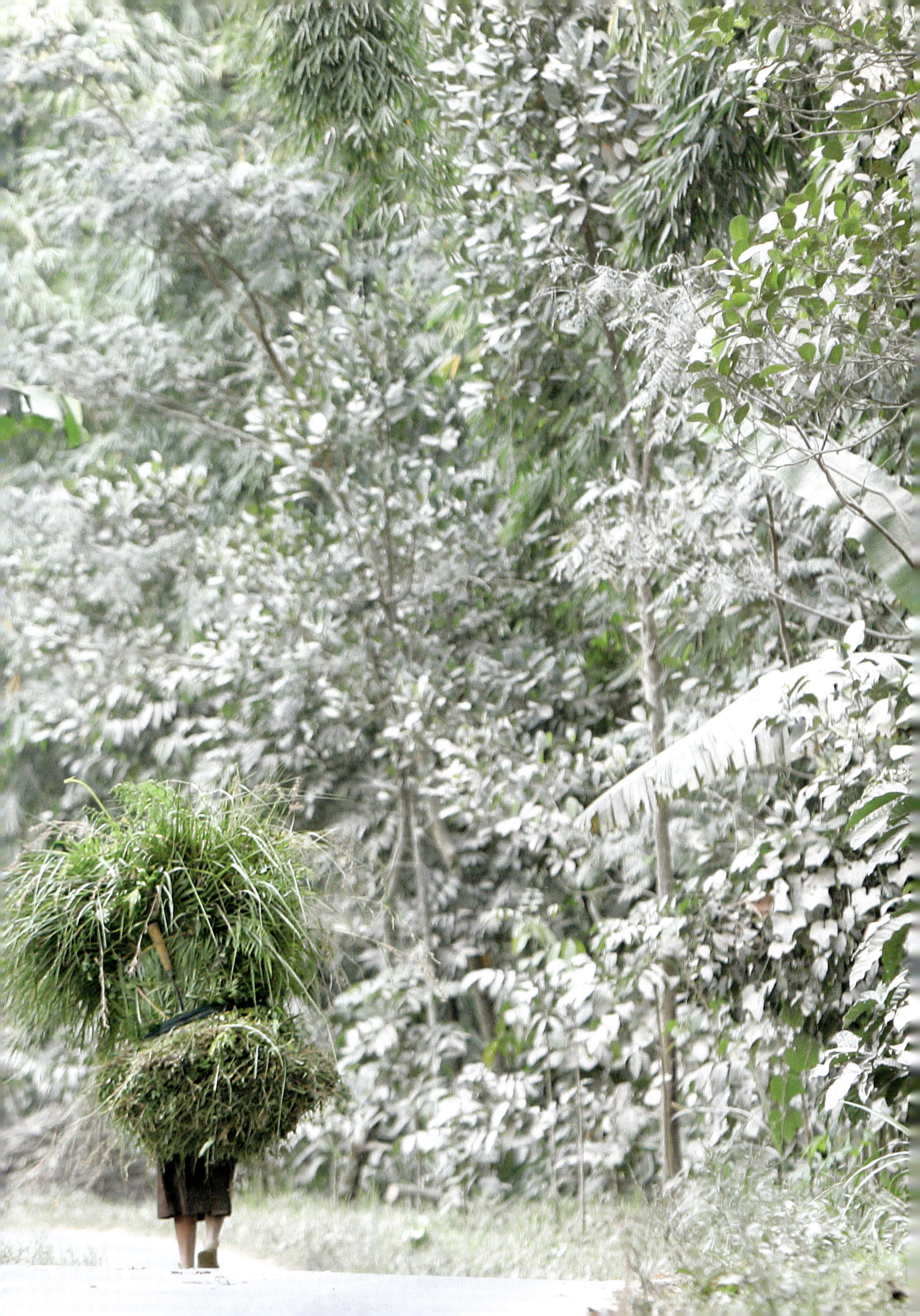

NACKTE GEWALT IM KNAST

Zusammengedrängt wie in einer Galeere sitzen die Häftlinge im Gefängnis von Jaboticabal. Damit sie keine Waffen bei sich tragen können, sind sie entkleidet bis auf die Unterhosen. Sie haben sich an den Aufständen beteiligt, die Mitte Mai in rund 60 Gefängnissen des brasilianischen Bundesstaats São Paulo ausbrechen. Der Boss der Mafia-Organisation PCC, des „Ersten Hauptstadtkommandos", das die meisten der Haftanstalten kontrolliert, hat die Rebellion angeordnet – aus seiner Zelle heraus. Die Insassen nehmen Mitgefangene und Besucher als Geiseln, töten Wärter. Auch draußen schlagen die Banden in mehreren Städten brutal zu. Polizeistationen werden mit Maschinenpistolen und Granaten beschossen, Dutzende Busse angezündet, der Nahverkehr wird lahmgelegt. Die größte Offensive der Drogenmafia in Brasiliens Geschichte gilt als Rache für die Verlegung von 765 Häftlingen – unter ihnen acht ranghohe Bandenführer – in ein Hochsicherheitsgefängnis. Nach vier Tagen sind die Ausschreitungen beendet: Mehr als 130 Menschen starben

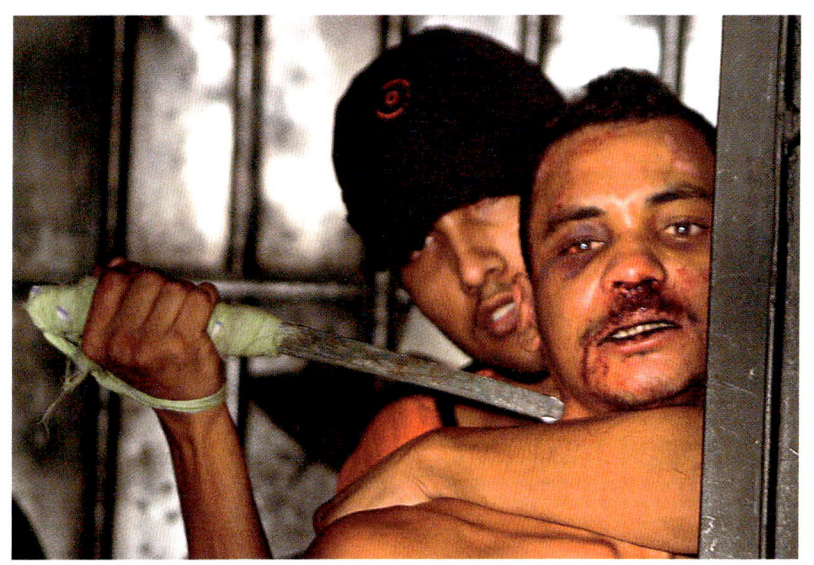

EINE STADT, ZWEI WELTEN

Paraisópolis, Paradiesstadt, heißt die Barackensiedlung aus Backstein und Blech nahe der brasilianischen Metropole São Paulo. Sie grenzt, nur durch eine schmale Mauer getrennt, an einen reichen Stadtteil mit Apartmenthäusern, Swimmingpools und Tennisplätzen. Paraisópolis ist eine der gefährlichsten Gegenden der Zehnmillionenstadt. Mord und Entführungen gehören zum Alltag. Die Reichen von São Paulo trauen sich oft nur im gepanzerten Wagen auf die Straße. Im September kamen in einer Woche 492 Menschen durch Schussverletzungen ums Leben

AUSLAND 137

AUSLAND

DEN TOD VOR AUGEN

Einen Zug aus der Zigarette noch, dann stirbt Quan Xiuli. Die junge Frau wird am 26. Juni in Nanning per Genickschuss hingerichtet, weil sie wegen vorsätzlichen Mordes verurteilt wurde. Bis heute werden in China alljährlich mehrere Tausend Menschen öffentlich exekutiert. Erst in jüngster Zeit hat das oberste Gericht des Landes erklärt, alle Todesurteile genau überprüfen zu wollen

FORZA ITALIA – DER CAVALIERE MUSS GEHEN

Stolz reckt Romano Prodi den Kopf, um ihn herum fliegen bunte Sterne und Konfetti. Er hat gut lachen, denn das Parteienbündnis L'Unione des früheren Präsidenten der EU-Kommission gewinnt im April die Mehrheit in Parlament und Senat, Prodi wird Italiens neuer Ministerpräsident. Vorgänger Silvio Berlusconi dagegen gibt sich eher mürrisch. Nach fünf Jahren muss er das Amt – widerwillig – abgeben

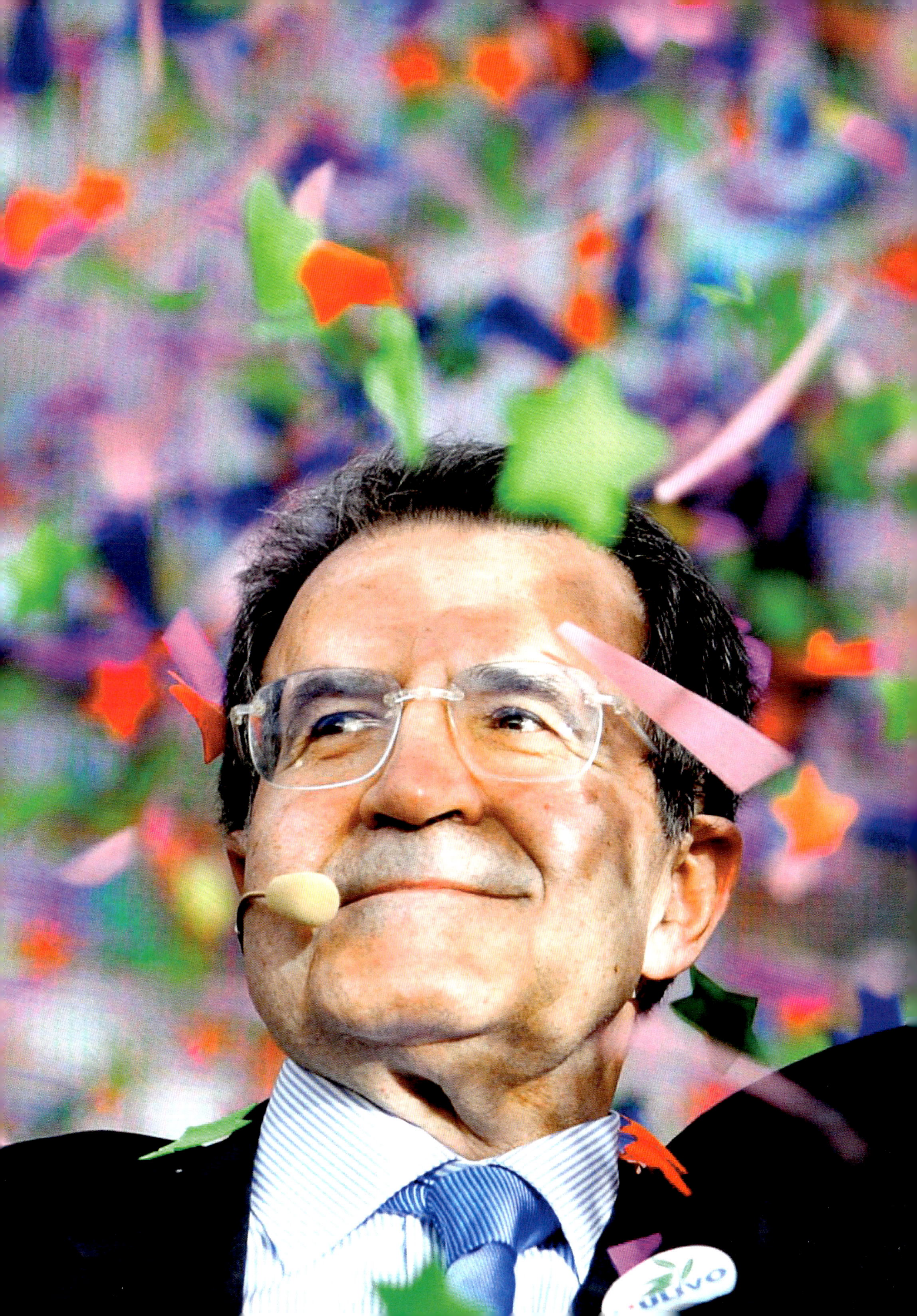
ULIVO

**DIE MACHT –
UND IHR PREIS**

Nicht gerade eine Luxusherberge, die italienische Polizisten im April im sizilianischen Corleone bewachen. Innen sieht das heruntergekommene Anwesen noch wüster aus. In der ehemaligen Käserei stehen Eimer und Tüten herum. Dabei ist die Bruchbude der Unterschlupf des meistgefürchteten Mafiachefs Italiens gewesen. 43 Jahre lang hatte sich Bernardo Provenzano verstecken können, dann kam ihm die Polizei auf die Spur und nahm ihn fest. Die Verhaftung des 73-Jährigen ist der größte Erfolg im Kampf gegen das organisierte Verbrechen seit 1993, als Provenzanos Vorgänger Toto Riina gefangen wurde. Und die Behörden schlagen weiter zu: 45 Mafiosi gehen ihnen die nächsten Tage noch ins Netz, 16 davon gelten als Bosse verschiedener Clans

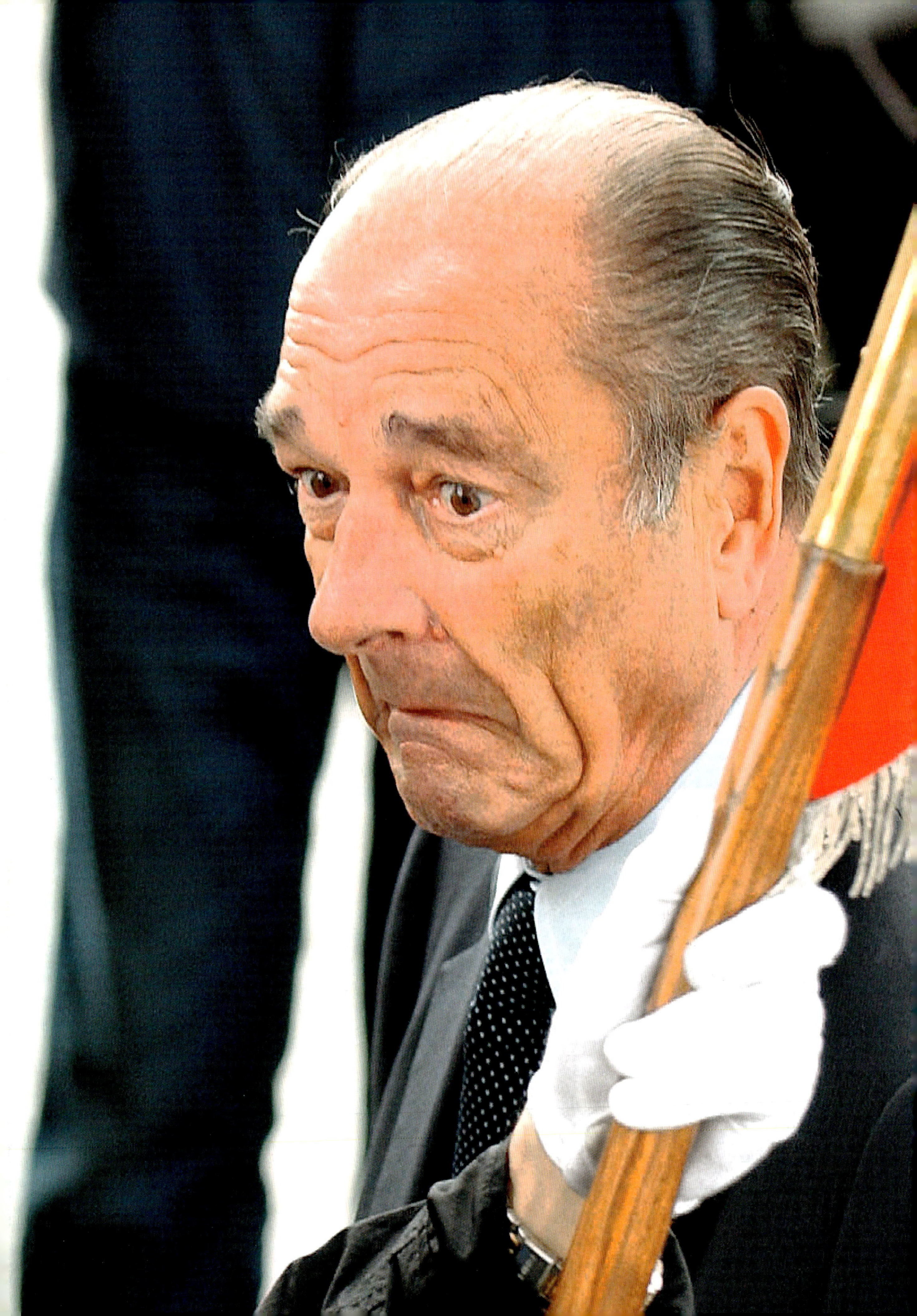

MÜRRISCHER ZEREMONIENMEISTER

Eigentlich hätte Frankreichs Präsident Jacques Chirac allen Grund zur Freude, denn vor dem Arc de Triomphe in Paris feiert sein Land am 8. Mai das Ende des Zweiten Weltkriegs 1945. Doch der 73-Jährige verzieht das Gesicht, als hätte er Erschreckendes gesehen. Vielleicht das Ende seiner Karriere? 2007 wählen seine Landsleute ein neues Staatsoberhaupt

VIVE LA REVOLTE

Ein Demonstrant sprintet am 18. März in Paris über die Straße und wirft einen Pflasterstein auf Polizisten, neben ihm steht ein umgestürztes Auto in Flammen. Auch 2006 kommt es – nach den wochenlangen Ausschreitungen des Vorjahres – in Frankreich wieder zu heftigen Protesten gegen die Regierung und ihre Pläne zum Abbau des Kündigungsschutzes. Schließlich gibt die Regierung auf und ändert ihren Gesetzentwurf

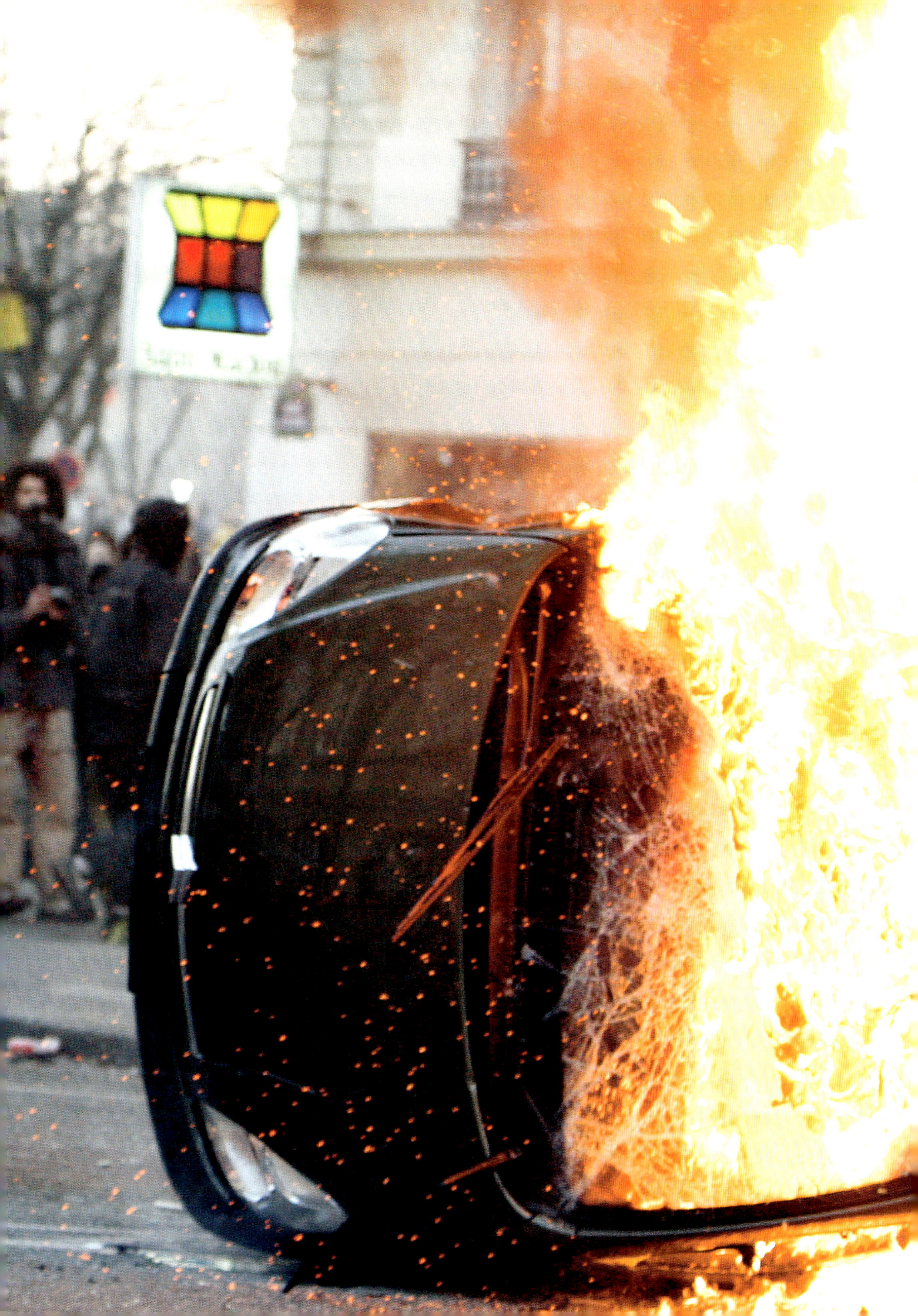

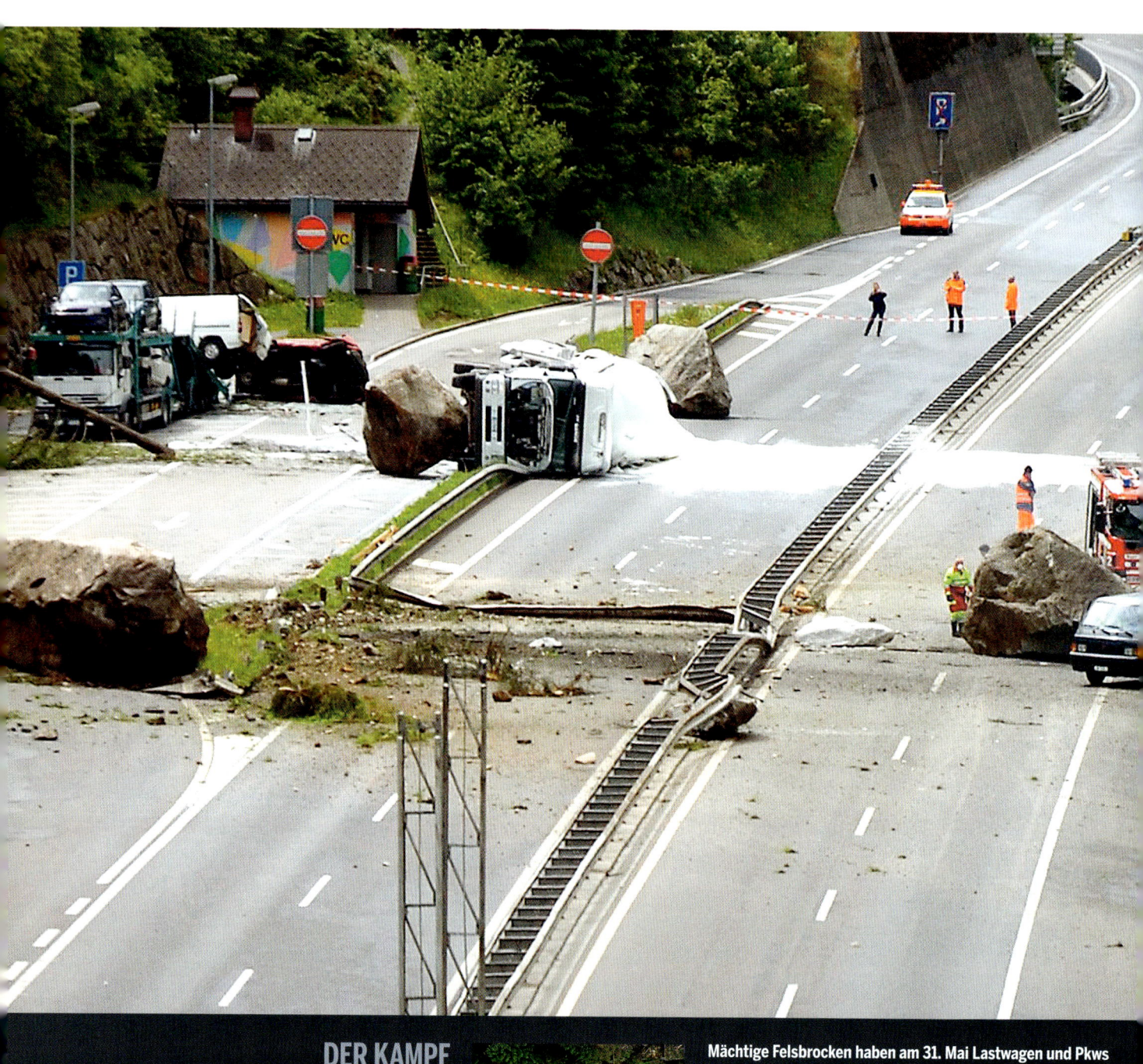

DER KAMPF MIT DEM BERG

Mächtige Felsbrocken haben am 31. Mai Lastwagen und Pkws auf der Schweizer Gotthard-Autobahn mit voller Wucht erwischt und die Mittelleitplanke eingebeult. Die Fahrer des umgestürzten Lkws, die auf dem Parkplatz in ihrem Fahrzeug geschlafen haben, kommen mit dem Schrecken davon. Ein deutsches Ehepaar jedoch, das auf dem Weg in den Urlaub ist, wird in seinem Wagen zu Tode gequetscht. Risse in einer

Felsformation sind schuld an dem Steinrutsch auf die wichtigste Nord-Süd-Verbindung durch die Alpen. Im Laufe der nächsten Tage brechen immer wieder kleinere Felsstücke ab, die Straße nördlich des Gotthard-Tunnels wird gesperrt. Reisende müssen Hunderte Kilometer Umweg fahren. Drei Wochen später donnert eine noch gewaltigere Geröllawine ins Tal. Mit anderthalb Tonnen Sprengstoff zertrümmern Schweizer Bergexperten einen weiteren gefährlichen Steinvorsprung – 5500 Kubikmeter Fels. Nach rund einem Monat wird die Strecke wieder freigegeben. Fast 80 Prozent des Transitverkehrs laufen über die Straße im Kanton Uri, in Ferienzeiten fahren hier täglich 40 000 Autos. Nun soll ein Wall an die Bergwand gebaut werden, der vor weiteren Steinschlägen schützt

KINDHEIT IM KERKER

Acht Jahre musste Natascha Kampusch in dem Kellerverlies zubringen, in dem der Nachrichtentechniker Wolfgang Priklopil sie seit der Entführung im März 1998 festgehalten hatte, ehe sie am 23. August fliehen konnte. Die dramatische Geschichte der heute 18-Jährigen war der Kriminalfall und die Mediensensation des Jahres in Österreich. Millionen waren beeindruckt davon, wie selbstsicher die junge Frau sich vor den Kameras gab. In dem winzigen Raum unter der Garage seines Hauses in der Nähe von Wien, in dem Priklopil sie eingeschlossen hatte, lebte sie zwischen Kleidungsstücken, die ihr Entführer ausgesucht hatte. Sie stapelte in ihrem Gefängnis Bücher und andere Lektüre: „Ich habe alles gelesen, was mir in die Hände gefallen ist, von Verpackungstexten bis zur Aufschrift auf der Zahnpastatube." Ihr Entführer beging nach der Flucht seines Opfers Selbstmord

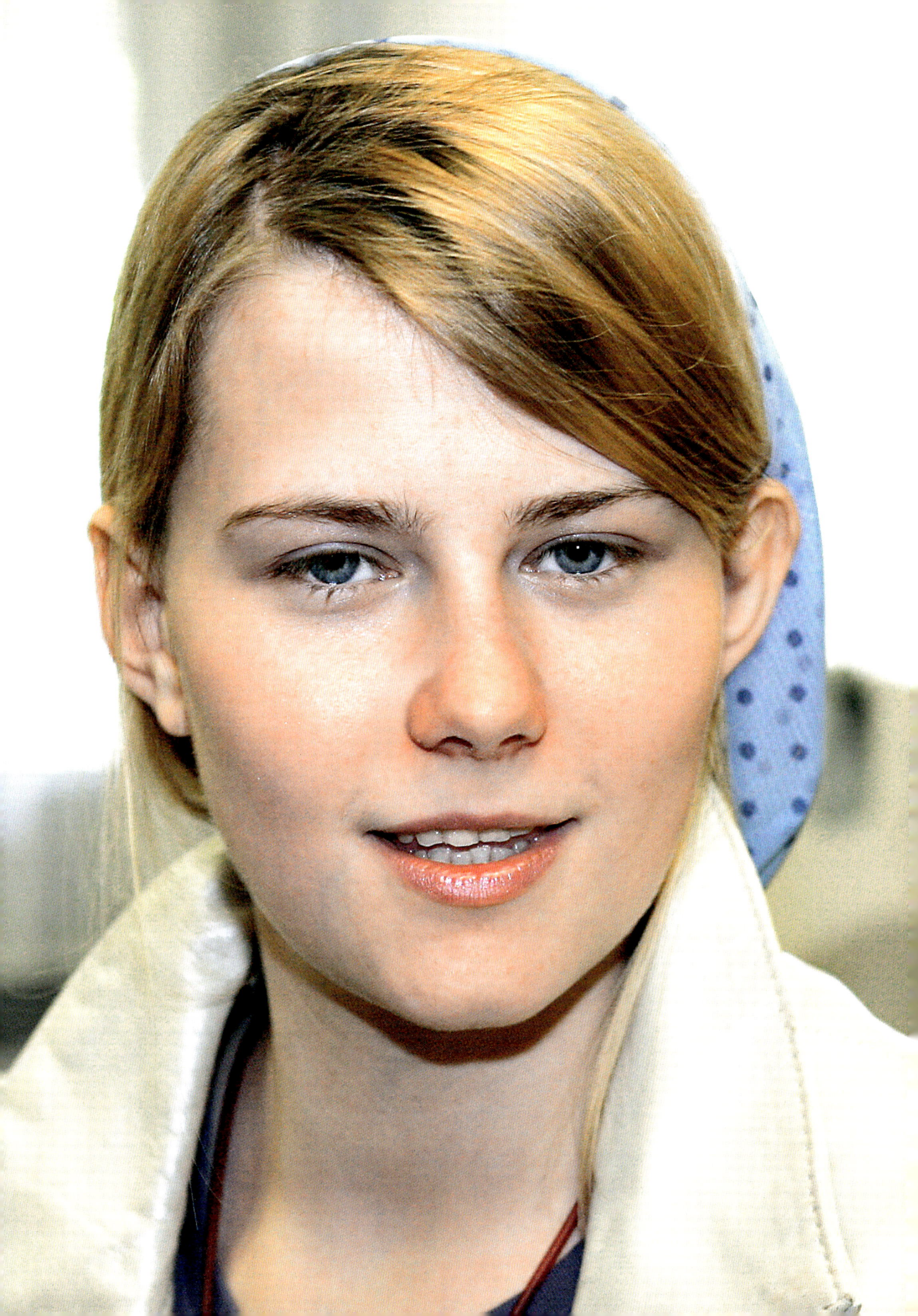

DAS KOMMT DAVON, WENN MAN DIE WAHRHEIT SAGT Mit Tränengas hält die Polizei im September Demonstranten vom Gebäude des ungarischen Staatsfernsehens fern, als Hunderttausende in Budapest auf die Straße gehen, Autos umstürzen und sie in Brand setzen. Der Protest richtet sich gegen die Regierung, vor allem gegen Premierminister Ferenc Gyurcsany. Der ist zwar erst fünf Monate zuvor gewählt worden, hat sich aber eines für

Politiker ungewohnten Verhaltens schuldig gemacht: Er hat die Wahrheit gesagt. Allerdings indem er zugab, sein Volk vor der Wahl belogen zu haben, und zwar „am Morgen, am Abend und in der Nacht". Er habe die prekäre Wirtschaftslage absichtlich schöngeredet, um wiedergewählt zu werden. Das Geständnis ist eigentlich nur für seine Parteigenossen gedacht; eine Tonbandaufzeichnung der internen Sitzung wird jedoch im Radio gesendet. Daraufhin kommt es zum größten Gewaltausbruch in Ungarn seit 1956, als der Volksaufstand gegen die Kommunisten blutig niedergeschlagen wurde. Gyurcsany wehrt sich beharrlich gegen alle Rücktrittsforderungen. Drei Wochen nach Bekanntwerden seiner Lüge stellt er die Vertrauensfrage. Das Parlament bestätigt ihn in seinem Amt

NAHOST

WIE BOMBEN EINEN TRAUM BEGRUBEN

Der Krieg kam in den Sommerferien. Und er traf den Libanon ins Mark. Nach Jahren des Bürgerkriegs hatten seine Bürger einen zähen Überlebenswillen gezeigt. Hatten ihren Staat zu einer Insel der Prosperität und Demokratie gemacht, trotz Gewalt ringsumher an ihren Traum von einem neuen Libanon geglaubt, als wollten sie beweisen: Frieden und Stabilität sind auch in ihrer Region möglich. Doch nach viereinhalb Wochen Krieg im Juli und August bleibt die alte Erkenntnis: Solange die großen Staaten dort ihre Konflikte nicht lösen, können auch die kleinen nicht in Frieden leben

Tod auf der Straße: ein Opfer des jüngsten Krieges

NAHOST

TEXT_ **Steffen Gassel**

Ein neuer Krieg im Nahen Osten – dieses bedrohliche Szenario wurde Anfang des Jahres von Monat zu Monat realistischer. Trotz aller europäischen Bemühungen um Vermittlung im Atomstreit ging der Iran unter seinem im Juni 2005 neu gewählten Präsidenten Mahmud Ahmadinedschad 2006 immer deutlicher auf Konfrontationskurs. Mitte Januar ließ Teheran die Siegel der Internationalen Atomenergiebehörde an den Zentrifugen der Nuklearanlage von Natans entfernen. Mitte Februar begannen Wissenschaftler dort mit neuen Experimenten zur Urananreicherung. Zwei Monate darauf verkündete Ahmadinedschad ebenso lakonisch wie triumphierend: Wir haben angereichert.

So eitel der Stolz des notorischen Israel-Hassers und Holocaust-Leugners über ein paar 100 Gramm niedrig angereichertes, nicht waffenfähiges Uran war – so groß war die Besorgnis, die diese Nachricht im Westen und in Israel auslöste. Immer mehr Experten fragten nicht mehr, ob, sondern nur noch, wann der Iran die Atombombe bauen könne. In Washington und Tel Aviv mehrten sich die Stimmen, die auf einen militärischen Angriff gegen die iranischen Atomanlagen drangen. Amerikanische und israelische Ex-Militärs skizzierten derweil bereits detailgenau einen kommenden Hightech-Luftkrieg. Beginn: noch vor den Mid-Term-Wahlen in den USA im November. Dauer: etwa fünf bis zehn Tage.

Ein neuer Krieg kam tatsächlich – doch sonst kam nichts wie erwartet. Nachdem die vom Iran trainierte und ausgerüstete radikal-islamische Schiitenmiliz Hisbollah im Morgengrauen des 12. Juli eine israelische Patrouille überfallen und zwei Soldaten entführt hatte, wurden statt der Hochebenen des Iran die Dörfer und Städte des Libanon und Nordisraels zum Schlachtfeld. An die Stelle chirurgischer Schläge traten flächendeckendes Artillerie- und Raketenfeuer, Panzerkrieg und Häuserkampf. 33 Tage vergingen, bis die Waffen wieder schwiegen. Gut 1000 Zivilisten kamen ums Leben (96 Prozent davon Libanesen), über 4000 wurden verletzt (die meisten Libanesen), über eine Million vertrieben (die meisten aus dem Südlibanon).

DIE ENTSCHEIDUNG FÜR DEN KRIEG FIEL IN WENIGEN STUNDEN

Im Kabinett von Israels neuem Ministerpräsidenten Ehud Olmert, der nach dem Schlaganfall von Vorgänger Ariel Sharon am 4. Januar 2006 zunächst nur übergangsweise die Geschäfte führte, ehe er am 14. April im Amt bestätigt wurde, war die Entscheidung für den Krieg binnen weniger Stunden gefallen – und die US-Regierung von George W. Bush tat nichts, um den langjährigen Verbündeten von seinem Entschluss abzuhalten. In Jerusalem und Washington hatte man die Entführung von Anfang an als willkommene Gelegenheit betrachtet, Teheran das Fürchten zu lehren. „Indem wir den Israelis im Libanon zusehen, können wir lernen, wie wir es im Iran anstellen müssen", sagte US-Vizepräsident Dick Cheney Mitte Juli. Es wurde eine bittere Lehre. Während sich Israel durch massive Vergeltungsschläge gegen zivile Ziele international diskreditierte, düpierte die Hisbollah die einst legendäre Armee des Judenstaates ein ums andere Mal. Die Miliz feuerte Tausende von Raketen in den Süden ab, ohne dass Israels Militärs den Geschosshagel unterbinden konnte. Schiitenführer Hassan Nasrallah stieg zum Helden der Massen in der islamischen Welt auf – Premier Olmert dagegen, sein Verteidigungsminister Amir Peretz und Armeechef Dan Halutz wurden zum Gespött im eigenen Land. Schließlich blieb ihnen nichts anderes übrig, als – zumindest vorerst – klein beizugeben. War der europäische Ruf nach einem Waffenstillstand zu Beginn des Krieges in Jerusalem und Washington noch auf taube Ohren gestoßen, so überboten sich Israelis und Amerikaner im August mit Bitten um Entsendung europäischer Blauhelme. Als die Unifil-Truppen Wochen nach dem Krieg endlich in den Libanon einrückten, bereitete sich die gedemütigte israelische Armee nach israelischen Zeitungsberichten allerdings schon auf einen neuen Waffengang gegen Hisbollah und Syrien im Sommer 2007 vor.

Der größte Verlierer der jüngsten blutigen Auseinandersetzungen aber war wieder einmal der Libanon. Die empfindliche und schon in Friedenszeiten gefährdete Balance der Ethnien und Konfessionen im Zedernstaat ging mit dem neuen Krieg verloren. Drei Monate nach Kriegsende wurde im November erneut mit dem christlichen Industrieminister Pierre Gemayel ein prominenter Politiker ermordet, drohte die einzige arabische Demokratie in weitem Umkreis, noch dazu mit einer prowestlichen Regierung, dauerhaft zum Hisbollah-Staat zu mutieren. Wochenlang demonstrierten die Anhänger der Schiitenmiliz vor dem libanesischen Parlament und forderten lautstark den Rücktritt von Ministerpräsident Fuad Siniora. Der kämpfte derweil weiter für die Einrichtung eines Tribunals, das die syrischen und libanesischen Hintermänner des Attentats auf seinen Vorgänger Rafik Hariri im Februar 2005 anklagen sollte. Und

Eine Frau blickt von ihrem Balkon auf ihr zerbombtes Viertel im Süden Beiruts; über eine schwer getroffene Brücke kehren Libanesen am 14. August in ihre Heimat zurück

DER SIEGER STEHT FEST: DIE MULLAHS IN TEHERAN

gefährdete so zusätzlich sein politisches Überleben. Die islamischen Hardliner in Teheran indes konnten sich Ende 2006 zufrieden die Bärte streicheln. Die Zentrifugen zur Urananreicherung rotierten weiter. Ernsthafte Sanktionen musste das Regime trotzdem nicht befürchten. Und ein Krieg gegen den Iran? Von dieser Idee schien selbst US-Vize Cheney nach dem Fiasko im Libanon und den verlorenen Mid-Term-Wahlen fürs Erste abgekommen zu sein.

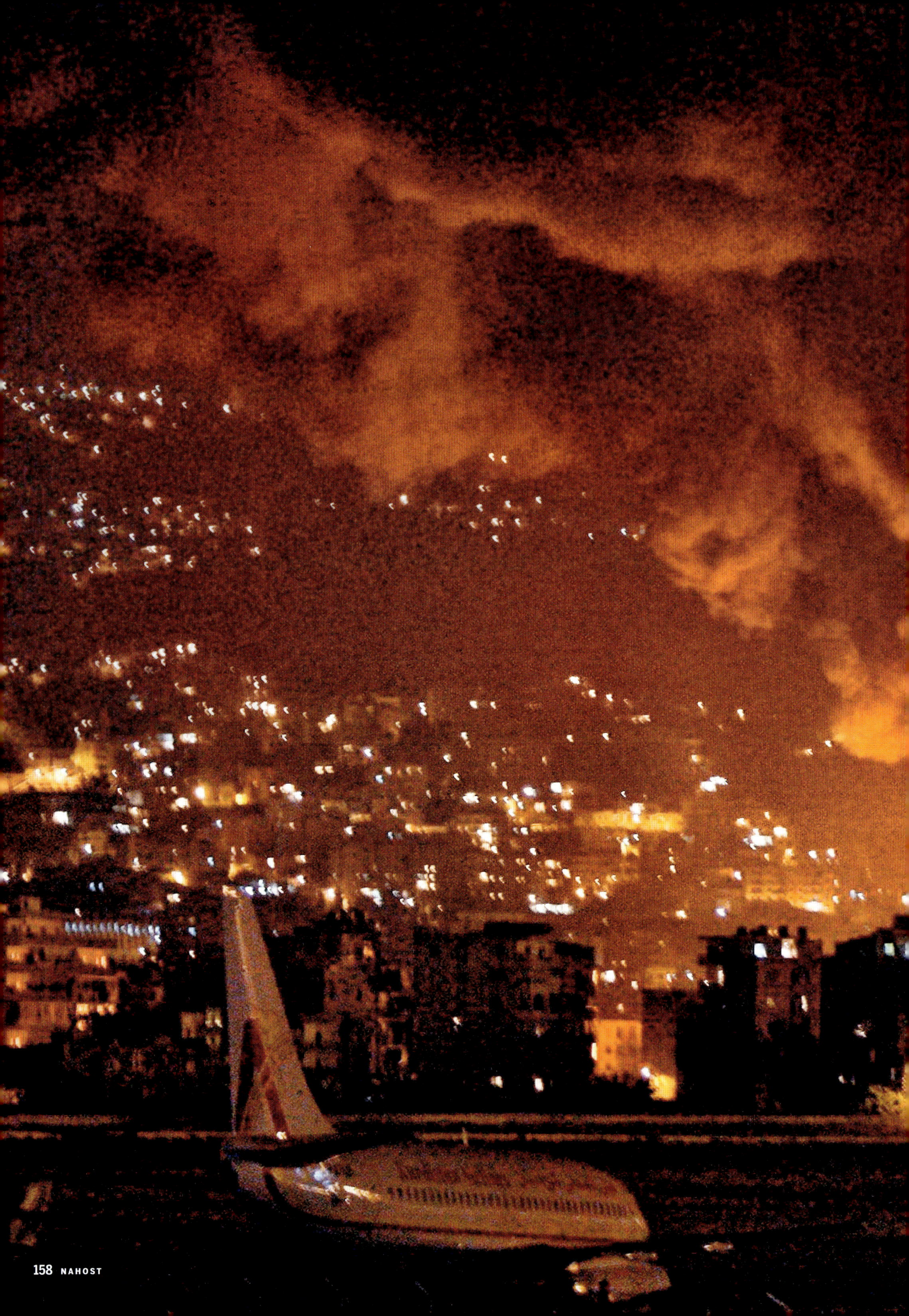

ALS DIE ERSTEN BOMBEN FIELEN

Dicker Rauch steigt am 13. Juli über dem internationalen Flughafen von Beirut auf, das Feuer färbt den Himmel rot-orange. Das Flugzeug der Kurdistan Airlines im Vordergrund kann nicht mehr starten. Kerosintanks stehen in Flammen, in Brand geschossen von der israelischen Luftwaffe. Die Angriffe sind Vergeltungsmaßnahmen, weil die Hisbollah zwei israelische Soldaten gefangen genommen und acht getötet hat. Bei weiteren Bombardements im Süden des Libanon sterben 22 Zivilisten

TRÜMMER UND TRÄNEN UND MARKIGE SPRÜCHE

Bizarr mutet das Bild einer fröhlichen Frau beim Spiel mit einem Drachen auf einer umgestürzten Mauer an. Das Gebäude stand im dicht besiedelten Süden von Beirut, der in dem 33-Tage-Krieg immer wieder von Israel bombardiert wird. Mit einer gewaltigen Explosion fliegt die Zahrani-Brücke im Südlibanon am 14. Juli in die Luft. Israelische Raketen haben sie getroffen – die Schilder und Plakate daneben bleiben heil.

Zwei Libanesen sitzen auf ihrer Dachterrasse in Beirut und verfolgen am 16. Juli im Fernsehen eine Ansprache von Hisbollah-Chef Nasrallah. Im Hintergrund steigt über bombardierten Häusern Rauch auf.
Eine Israelin steht verzweifelt in ihrem Haus in Karmiel, das am 15. Juli von einer Katjuscharakete beschädigt worden ist. Auf der Außenwand sind Dutzende von Einschlägen zu sehen

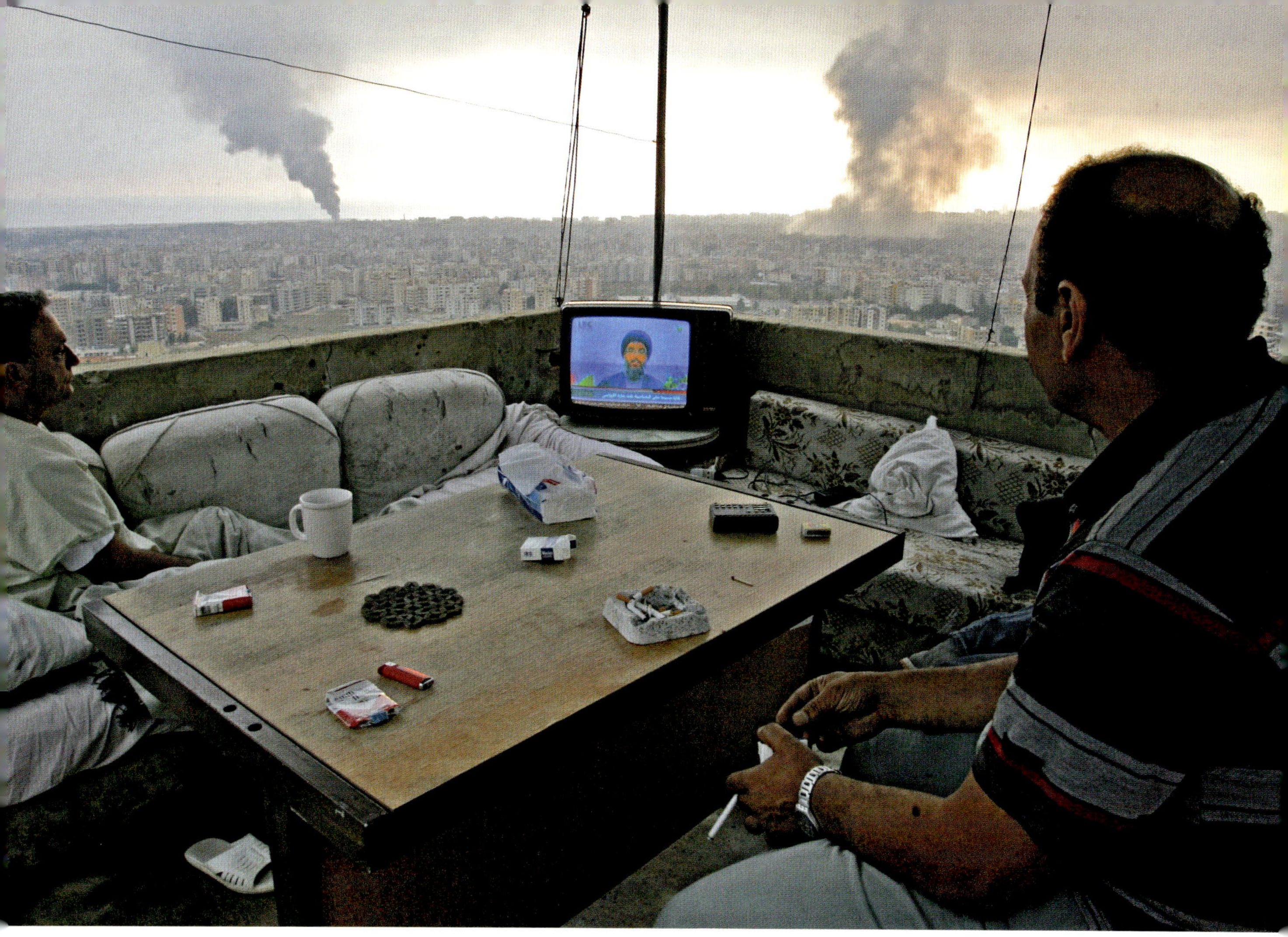

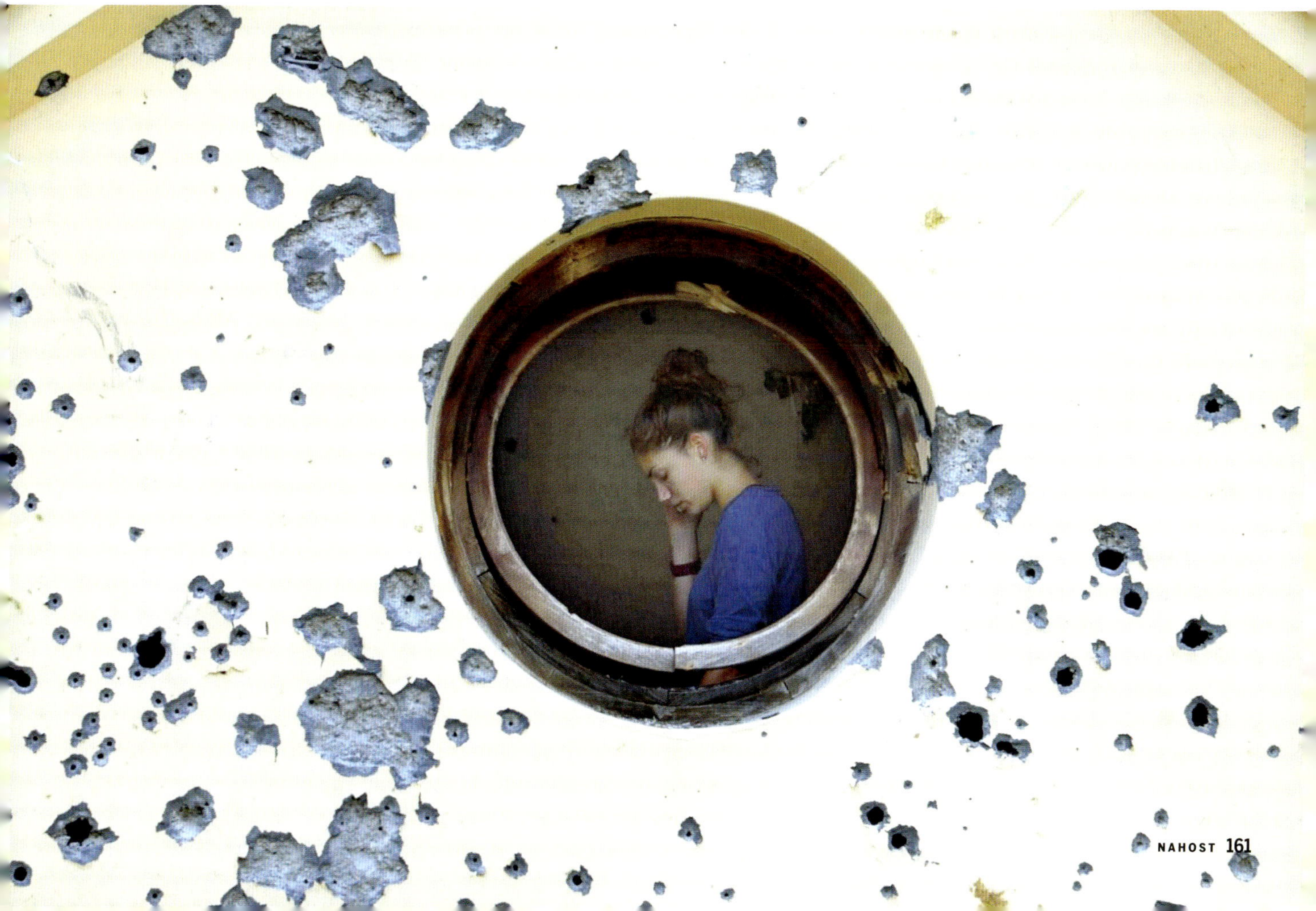

TRÜGERISCHES REFUGIUM

Die zerschossene Scheibe gibt den Blick frei auf eine Israelin, die am Strand von Naharija ein Sonnenbad nimmt. Die nordisraelische Stadt ist an diesem 21. Juli von der Hisbollah mit Raketen beschossen worden, doch die Frau findet zumindest für kurze Zeit ein bisschen Ruhe und Frieden inmitten des Krieges. Badeanzug und Liegestuhl tragen die israelischen Farben

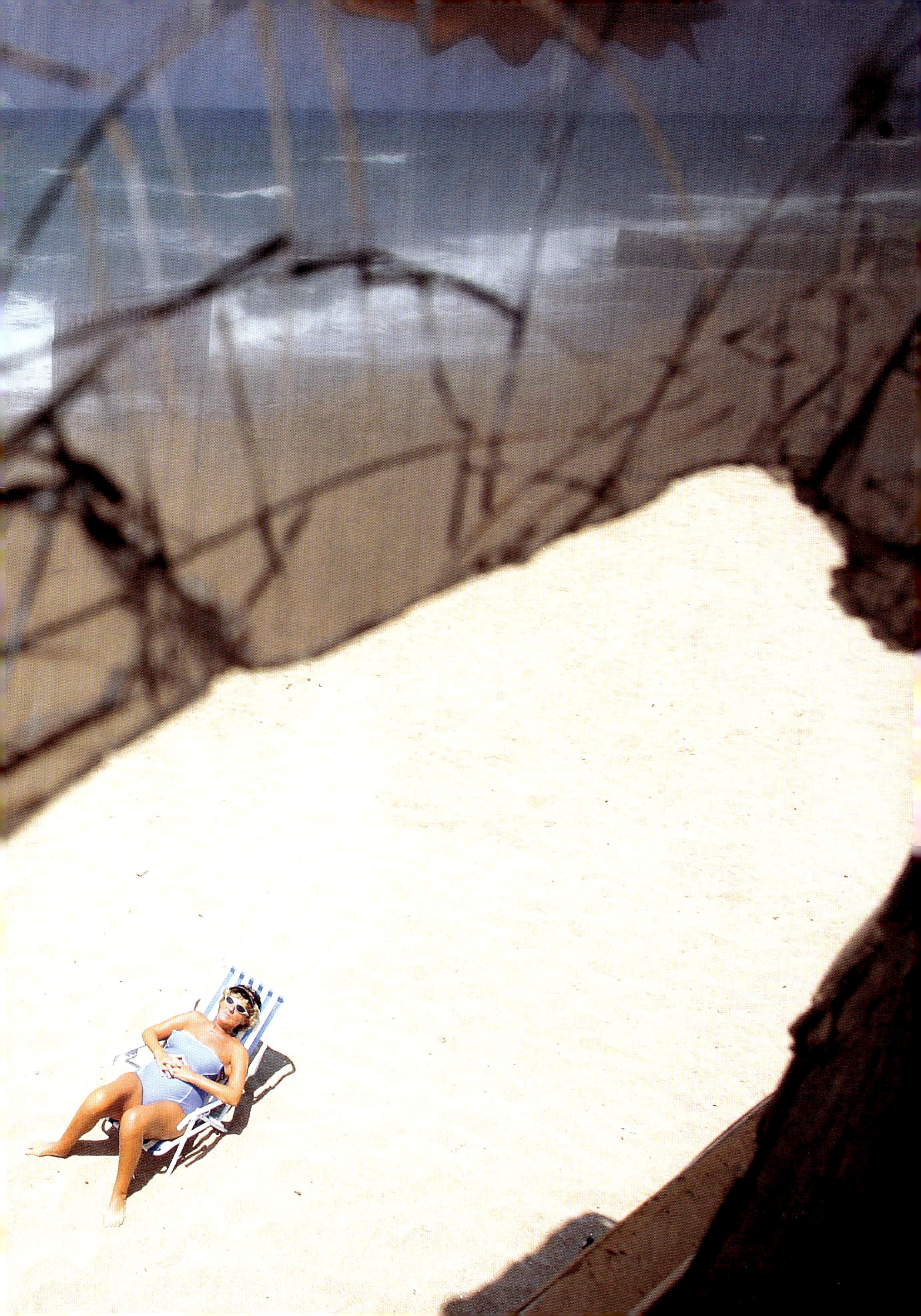

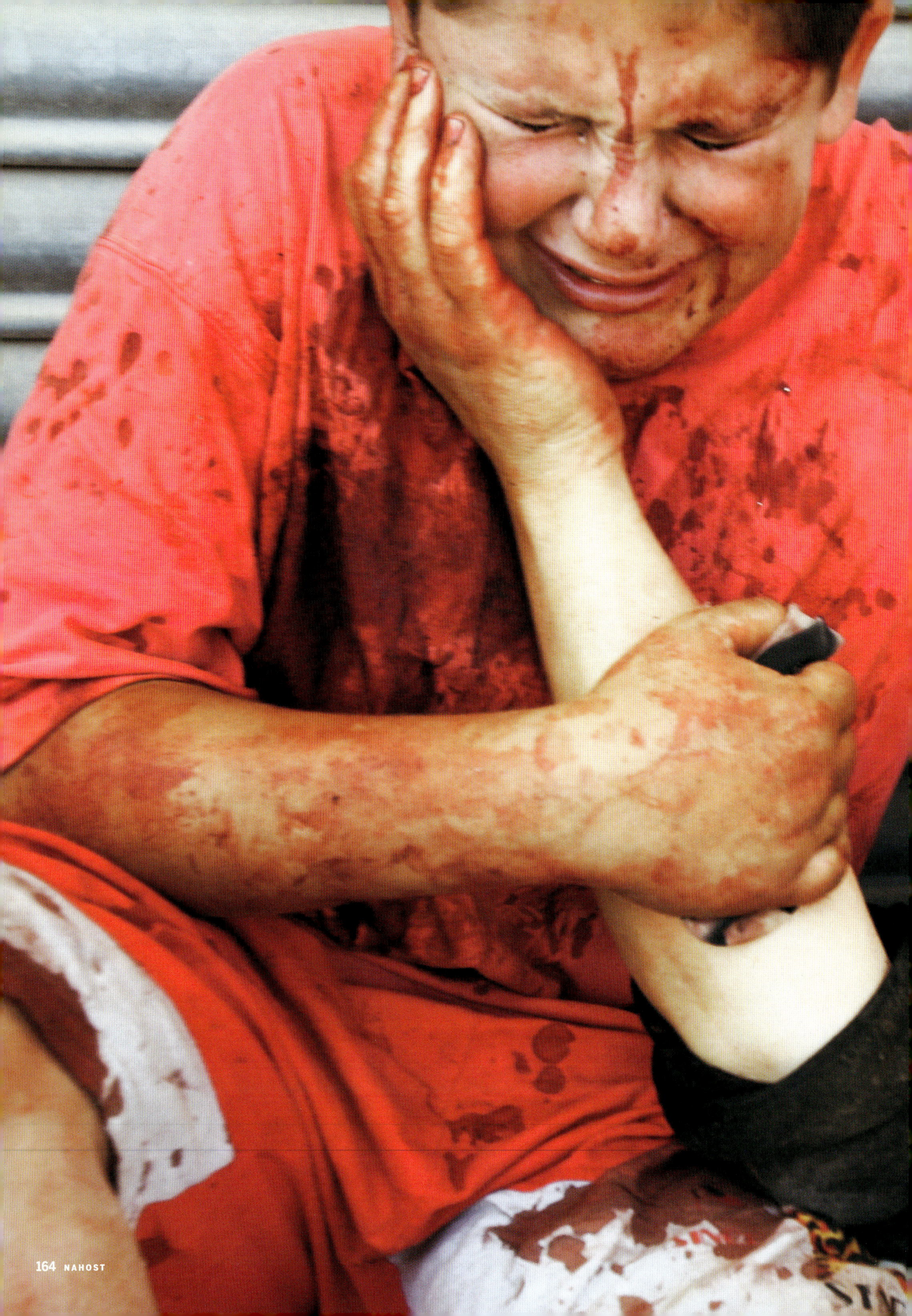

DER TROST EINER MUTTER

Das T-Shirt und die Hose des libanesischen Jungen sind mit Blut verschmiert, er weint vor Schmerz und Angst. Seine Mutter liegt neben ihm. Auch sie wurde verletzt, als ein israelischer Bomber am 23. Juli ihren Wagen traf. Doch trotz ihrer Wunden streichelt sie ihrem Sohn die Wange und versucht, ihn zu trösten. Die beiden wollten aus Sur (Tyros) fliehen. In den ersten zehn Tagen des Krieges sind in der Hafenstadt mehr als 130 Menschen ums Leben gekommen

166 NAHOST

LEBEN ZWISCHEN DEN FRONTEN

Israelische Soldaten haben Gebetbücher in der Hand und weiße Tücher, Tallit, angelegt. Sie tragen Kippot auf dem Kopf und Gebetsriemen. Zwischen ihren Raketenköpfen nahe der libanesischen Grenze sprechen sie das Morgengebet. Konzentriert schreibt ein Mädchen an einem Sammelpunkt des Militärs in Nordisrael eine Nachricht auf die Granate. Die Artillerie wird sie im Südlibanon verschießen.

Eine libanesische Frau umklammert den Sarg vor der Nummer 15, Angehörige stehen ihr bei. Ehemann, Kinder, Enkel – zwölf Familienmitglieder hat sie verloren, als Israelis einen Kleinbus in Marwahin bombardierten. Zum Schutz ihrer Trommelfelle halten sich israelische Soldaten die Ohren zu, während ein Geschütz in Richtung Südlibanon abgefeuert wird. Die Raketenangriffe der Hisbollah gingen dennoch weiter

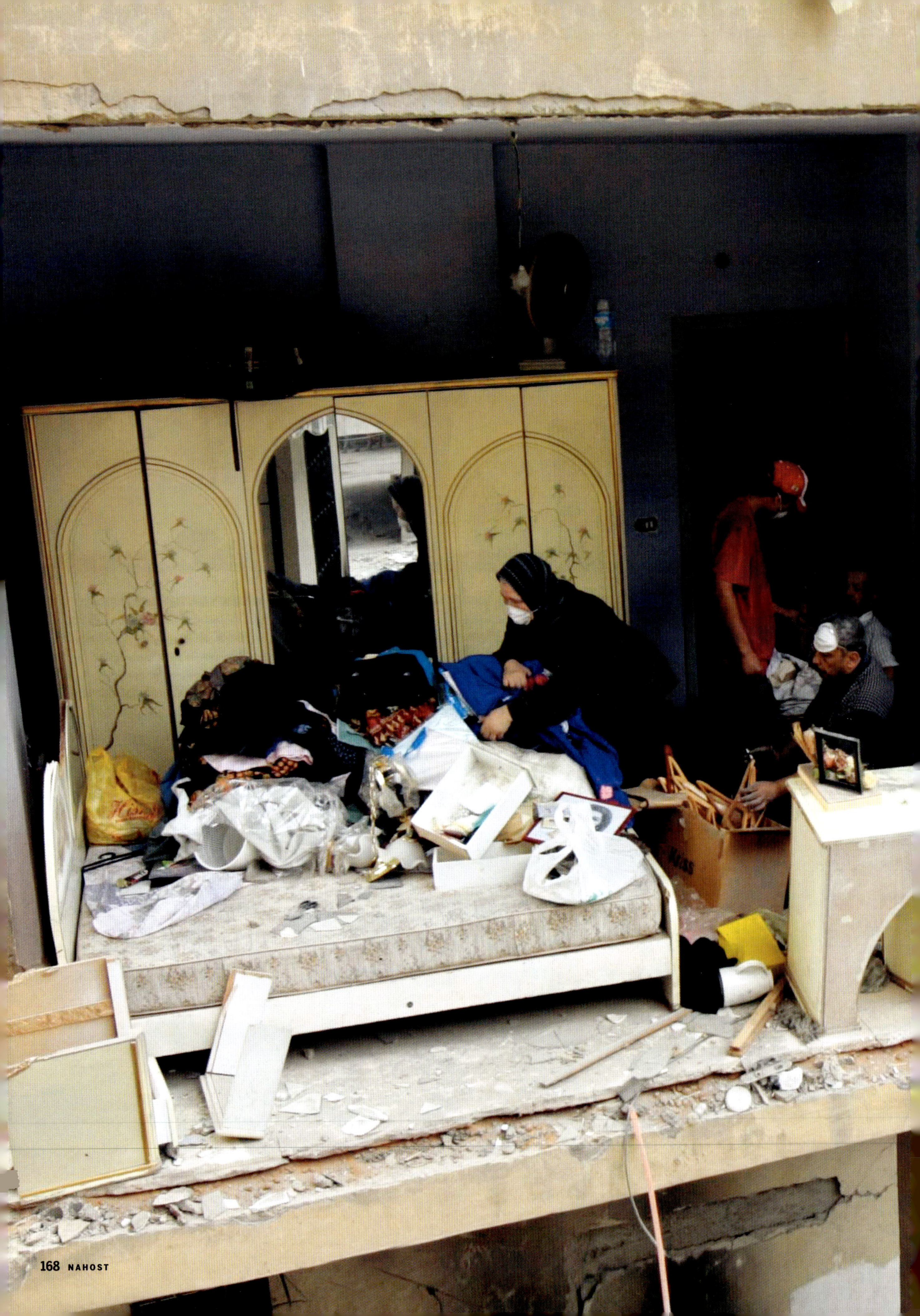

PLÖTZLICH WAR DIE WAND WEG

Schrank, Bett und Kommode stehen noch an ihrem Platz, doch die Fensterfront ist verschwunden, zerstört von einem Bombenangriff auf Beirut Mitte August. Nun sucht eine Familie in ihrem ehemaligen Schlafzimmer nach Gegenständen, die noch brauchbar sind. Die Kleider stapeln sich auf dem Bett, alles andere wird in Kartons gepackt. Die Menschen tragen Masken, die ihre Lungen vor dem feinen Staub in der Ruine schützen sollen

DER FLÄCHENBRAND IST KAUM ZU STOPPEN

Die kleine Maschine der israelischen Feuerwehr fliegt gegen den Wind und zieht einen Schweif aus Löschmittel hinter sich her, das sie über dem brennenden Feld abwirft. Rauchschwaden steigen in den Himmel, nachdem Katjuscha-Raketen der Hisbollah am 5. August die Stadt Kiryat Shmona getroffen haben. Eine Reaktion auf das bis dahin stärkste israelische Bombardement des Südlibanons: 250 Luftangriffe an einem Tag

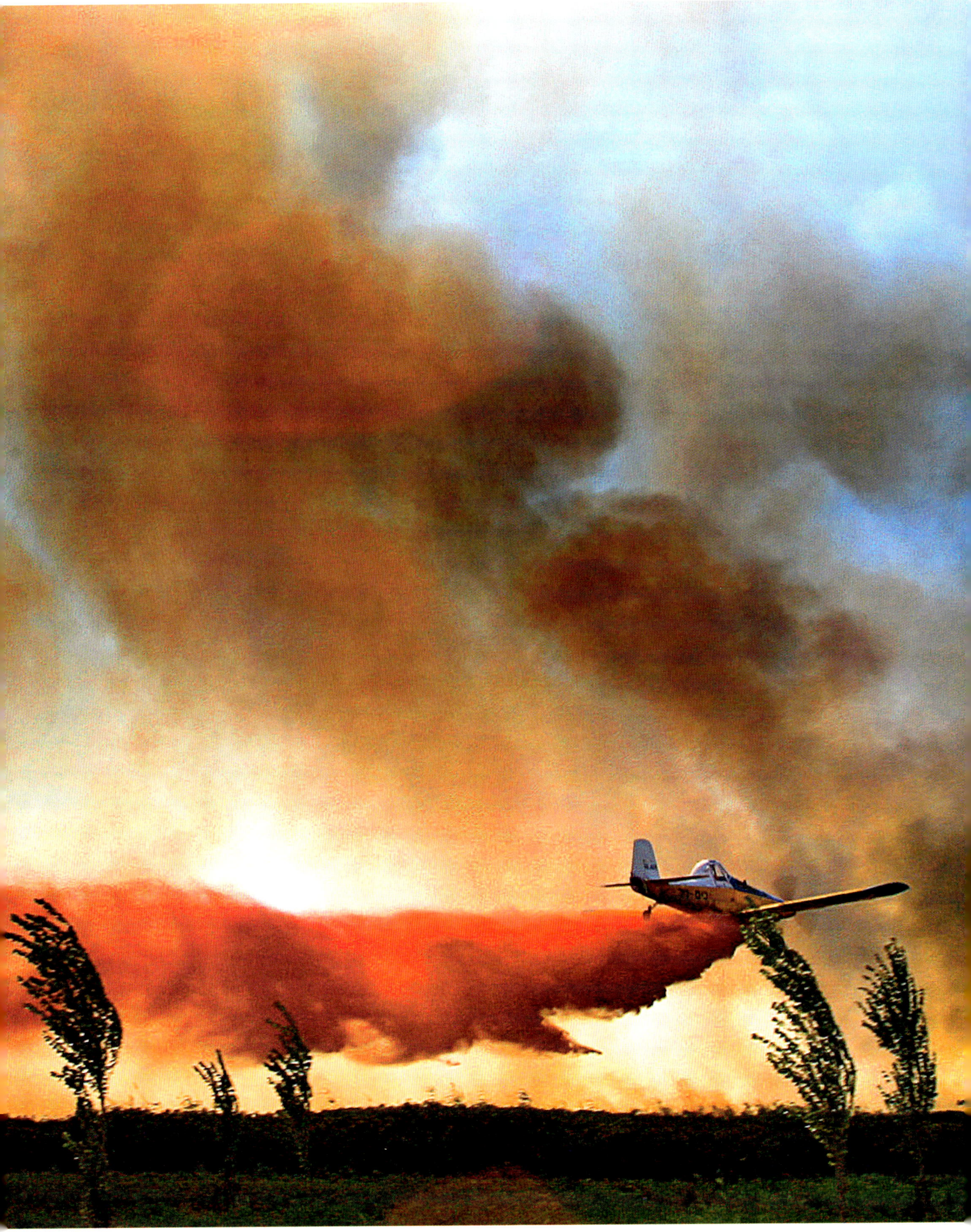

DAS LEID TRIFFT ALLE GENERATIONEN

Flehend streckt eine alte Libanesin am 21. Juli ihre Hände in den Himmel über Beirut. Die Häuser hinter ihr sind zerstört, die Wohnungen ausgebrannt, nur drei Bäume stehen noch am Straßenrand. Eine Woche lang hat die israelische Armee immer wieder Luftangriffe auf das von der Hisbollah kontrollierte Viertel geflogen. Viele Menschen haben hier gewohnt, nur wenige Zivilisten sind jetzt noch geblieben

Salam Daher trägt ein totes libanesisches Kind aus den Trümmern. Mit verzerrtem Gesicht hält der Rettungshelfer den mit Staub überzogenen Leichnam anklagend in die Höhe. Durch den israelischen Luftangriff auf das Dorf Kana am 30. Juli sterben 28 Menschen, viele davon sind Kinder. Die schrecklichen Bilder (die in den Verdacht gerieten, inszeniert zu sein) sorgen dafür, dass sich die Stimmung in der Welt gegen Israel wendet

WAS VOM KRIEGE ÜBRIG BLIEB

Ein Lkw reiht sich an den anderen, in einer großen Karawane ziehen die voll beladenen Wagen am 31. August die Küstenstraße südlich von Beirut entlang, um dort Schutt abzuladen. Es sind die Reste von Häusern und Wohnungen, die durch israelische Luftangriffe zerstört worden sind. Bagger stehen schon bereit, um Beton und Stahl am Meeresrand zu verteilen

عزمنا صلب كالصخر
إفتتاح فرع جديد في منطقة الروشة
البنك اللبناني الكندي

SCHÖNER GRUSEL IM ELENDSVIERTEL

Im BMW Mini-Cabrio kurven junge Libanesen nach dem Waffenstillstand durch Beirut. Schick aufgestylt, bestaunen sie die zerstörten Häuser, fotografieren mit dem Handy, ekeln sich vor dem Geruch der Verwesung. Dass israelische Flieger 33 Tage lang die schiitischen Armenquartiere Beiruts bombardierten, bekamen viele aus der libanesischen Oberschicht höchstens durch den Donner der Einschläge mit

NAHOST 177

AUF DER FLUCHT IM EIGENEN LAND

Auch nach dem Krieg herrschen in der Region Furcht und Schrecken: Gebückt läuft diese Palästinenserin durch eine Lücke in Israels Grenzwall in Ramallah. Um sie herum sind Stacheldraht und hohe Wände aus Beton. Ein junger Mann hat ihr geholfen und den Draht etwas zur Seite gebogen. Während des jüdischen Neujahrstags hat Israel das Westjordanland am 22. September komplett abgeriegelt

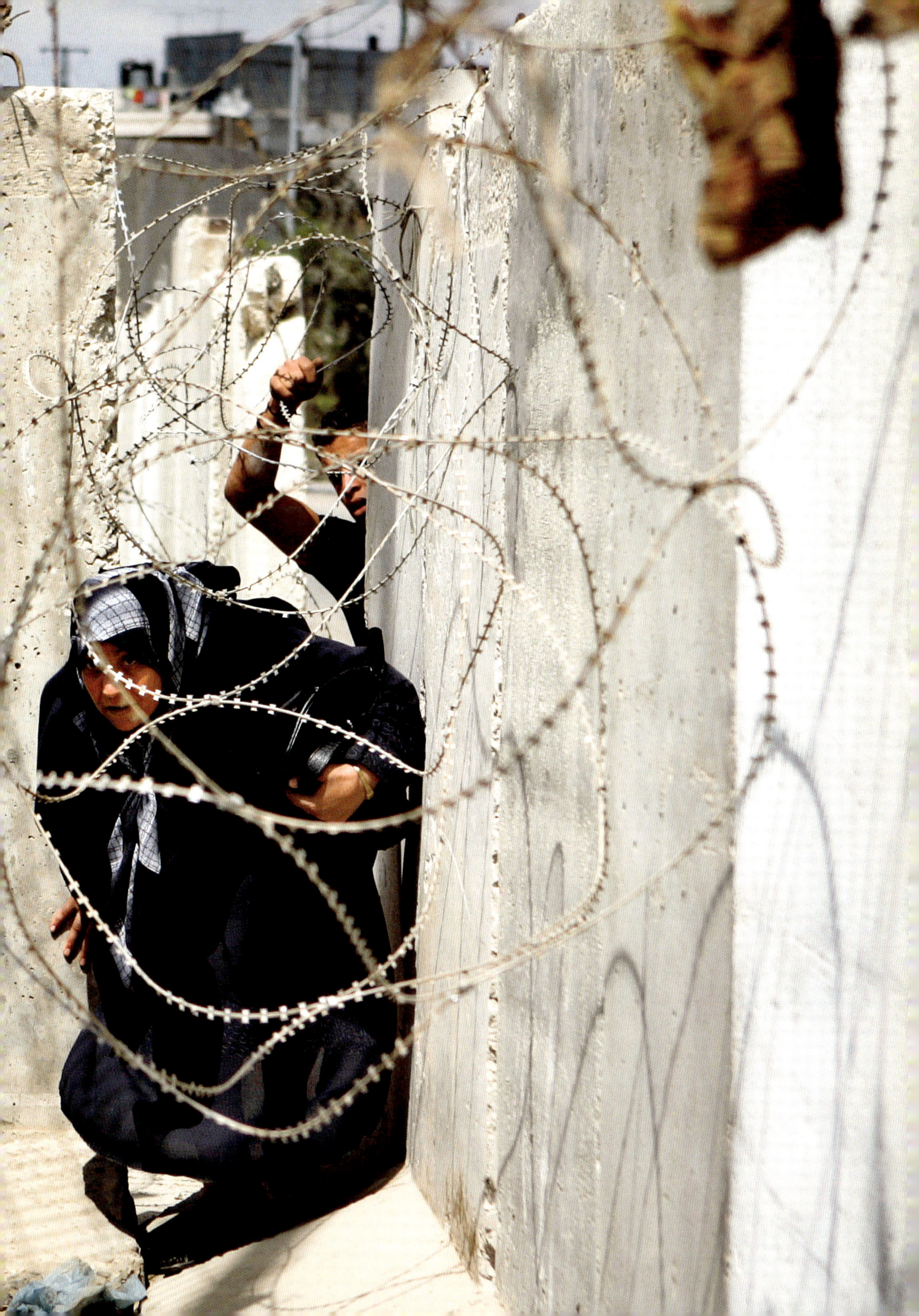

WISSENSCHAFT
ZU RISIKEN UND NEBEN-WIRKUNGEN...

Der Fortschritt ist nicht aufzuhalten: ob Medizin oder Raumfahrt, Genforschung oder Nanotechnik, ständig gibt es neue Ergebnisse, werden Grenzen weiter hinausgeschoben, Fähigkeiten erweitert. Doch die Sache hat zwei Seiten: Die Gefahren wachsen beharrlich mit. So endete ein Pharmatest in diesem Jahr mit fürchterlichen Erkrankungen, und was etwa die Folgen der Erderwärmung angeht, sind immer mehr Experten ziemlich pessimistisch. Und so stellt sich mancher Fortschritt früher oder später als Irrweg heraus

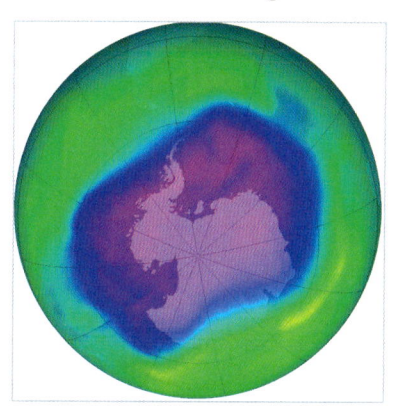

Schlechte Aussichten: Das Ozonloch über der Antarktis (blaue Fläche) wird immer größer

182 WISSENSCHAFT

TRAURIGES ENDE EINES STOLZEN VOGELS

Im österreichischen Mellach wird am 15. Februar ein toter Schwan aus dem Wasser der Mur geborgen. Das Tier ist dem tödlichen Grippevirus H5N1 erlegen. Drei Tage zuvor hat man an gleicher Stelle schon zwei verendete Schwäne gefunden, die ebenfalls infiziert waren. Da das aus Asien kommende Virus auch beim Menschen schwere Erkrankungen hervorrufen kann, verhängt Brüssel strikte Importverbote für Geflügel

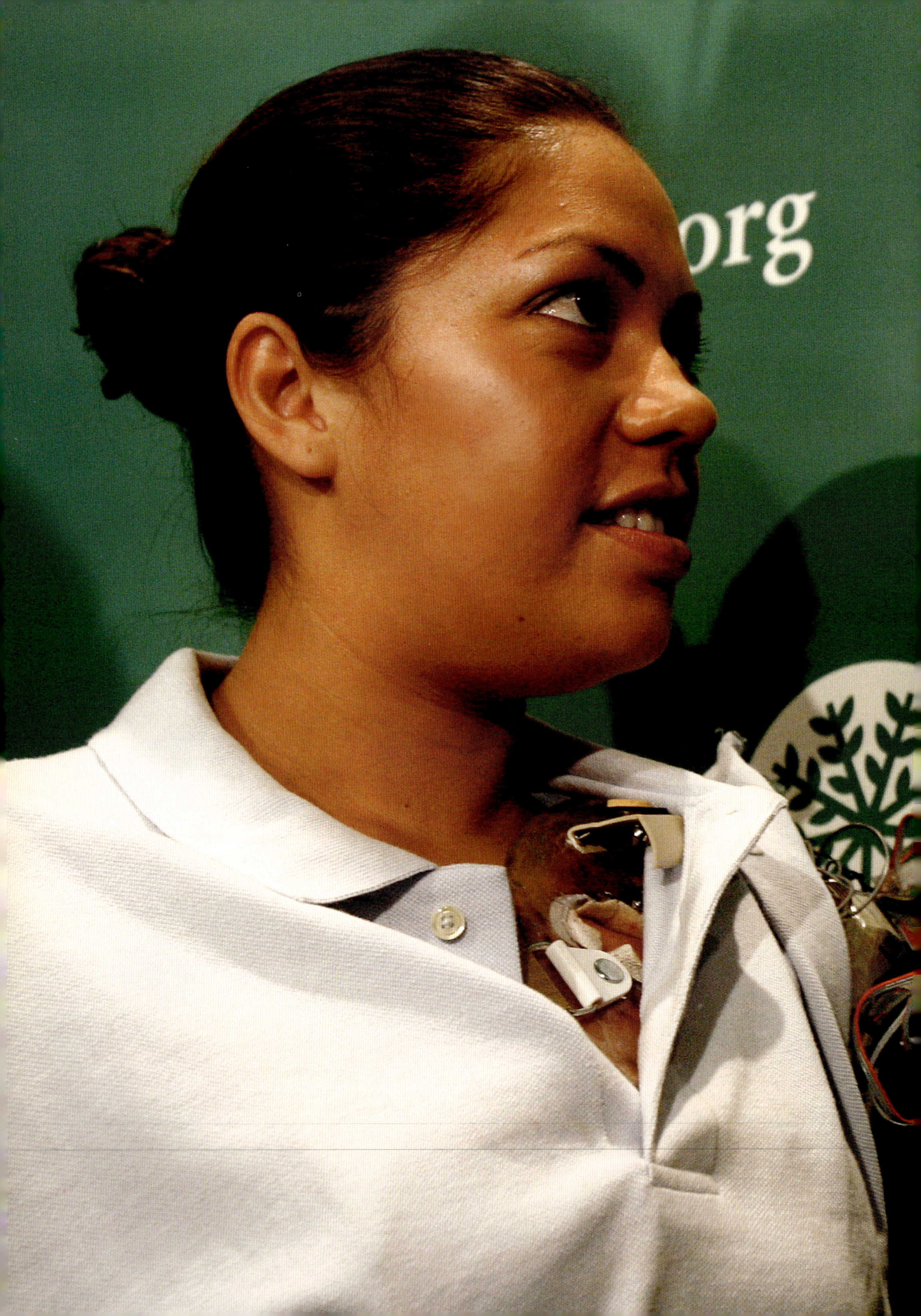
org

GEDACHT – GETAN

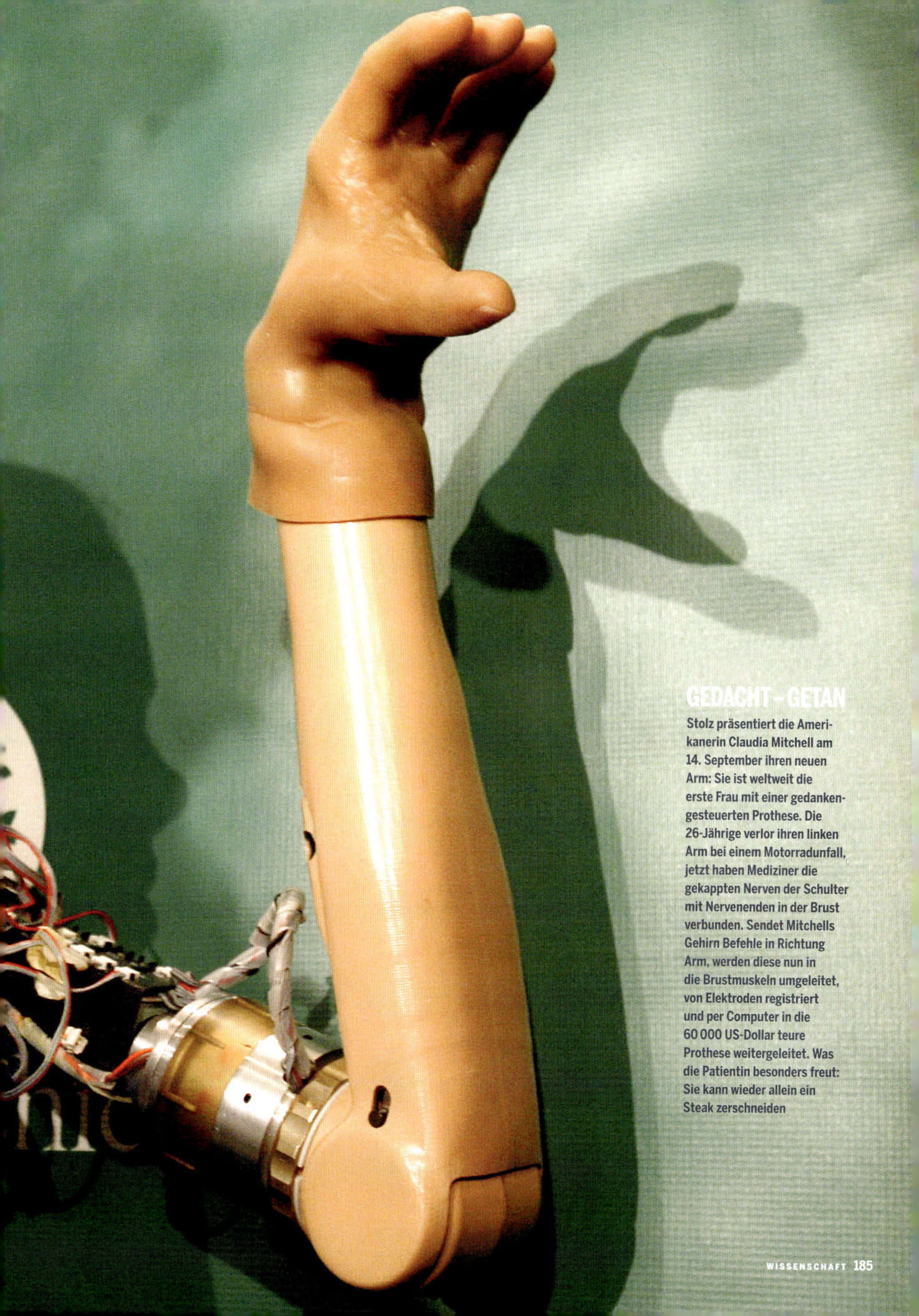

Stolz präsentiert die Amerikanerin Claudia Mitchell am 14. September ihren neuen Arm: Sie ist weltweit die erste Frau mit einer gedankengesteuerten Prothese. Die 26-Jährige verlor ihren linken Arm bei einem Motorradunfall, jetzt haben Mediziner die gekappten Nerven der Schulter mit Nervenenden in der Brust verbunden. Sendet Mitchells Gehirn Befehle in Richtung Arm, werden diese nun in die Brustmuskeln umgeleitet, von Elektroden registriert und per Computer in die 60 000 US-Dollar teure Prothese weitergeleitet. Was die Patientin besonders freut: Sie kann wieder allein ein Steak zerschneiden

WISSENSCHAFT

SCHARFE AUGEN IM ALL

Das Weltraumteleskop Hubble fotografiert im Herbst das fantastische Schauspiel der kollidierenden „Antennae Galaxien" (unten). Beim Verschmelzungsprozess der zwei gigantischen Sternenansammlungen, 68 Millionen Lichtjahre von der Erde entfernt, werden Massen neuer Sterne geboren. Fast zur selben Zeit macht die Nasa-Sonde MRO (Mars Reconnaissance Orbiter) auf unserem Nachbarplaneten Mars das Bild vom „Victoria Krater" (r.). Das Loch im Wüstenboden hat einen Durchmesser von 800 Metern und ist 70 Meter tief. Ein Asteroid schlug es in der Frühzeit des Sonnensystems. Wissenschaftler haben den noch immer aktiven Rover „Opportunity" an den Rand dirigiert (siehe Pfeil). Er soll dort das Gestein auf Spuren von Wasser analysieren. Darunter: eine Fotomontage mit dem Roboter aus einem anderen Blickwinkel

WISSENSCHAFT 187

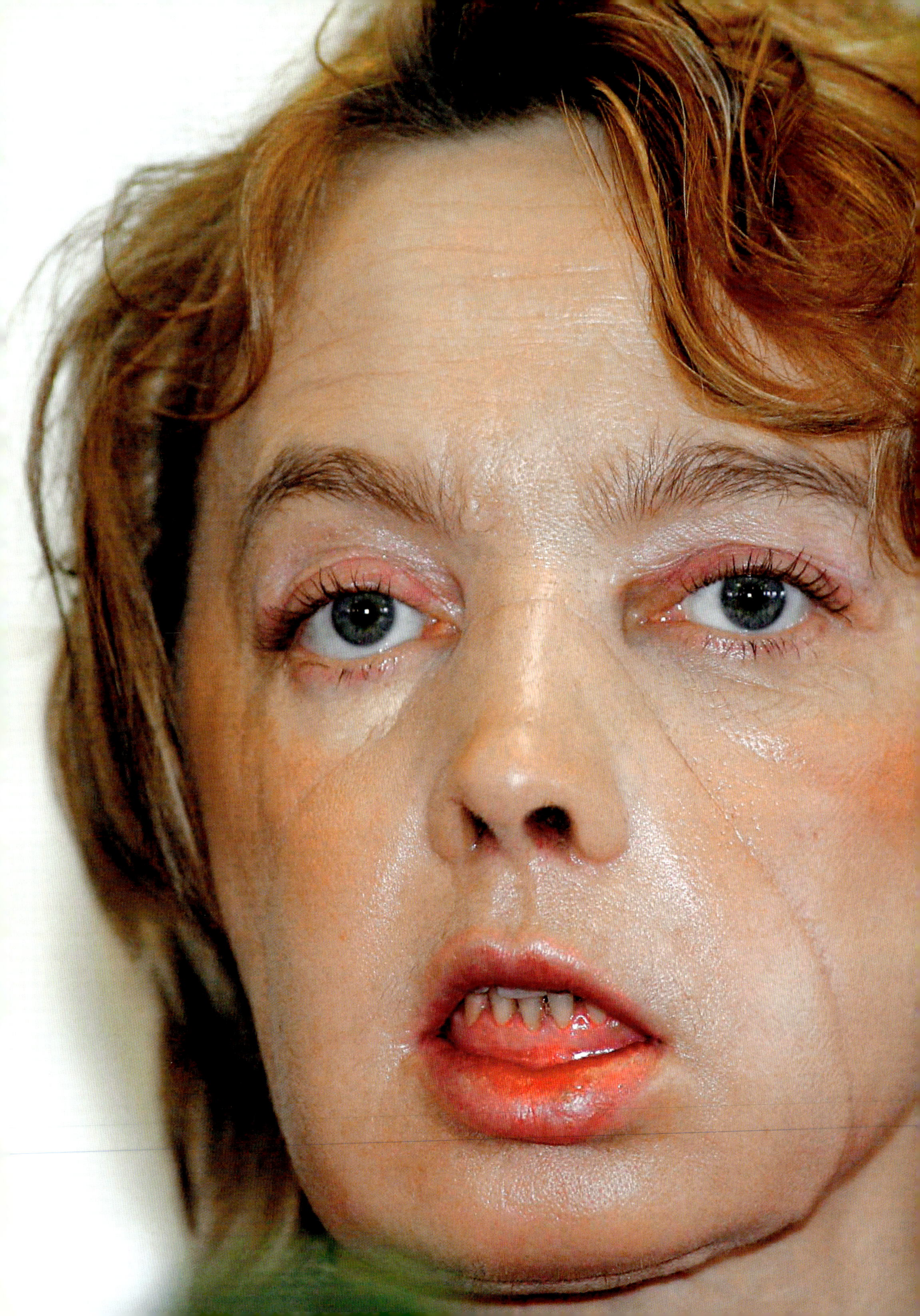

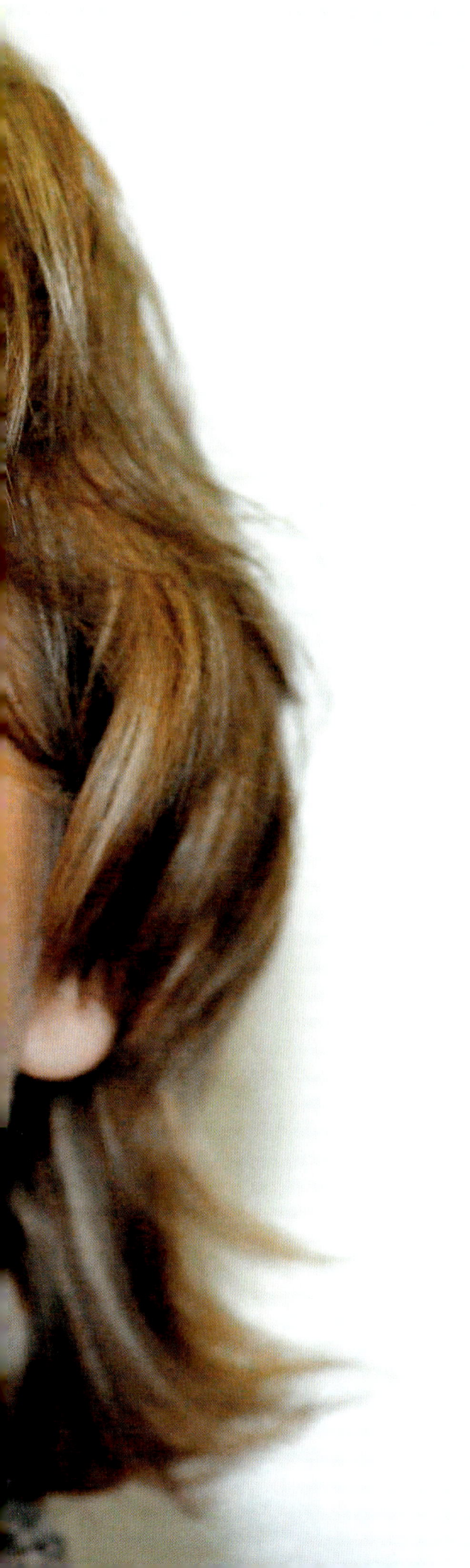

EIN NEUES GESICHT FÜR EIN NEUES LEBEN

Zwei Monate sind seit ihrer Operation vergangen, als sich Isabelle Dinoire im Februar der Presse stellt. Die Französin ist der erste Mensch, dem Ärzte mit Transplantaten weite Teile des Gesichts neu formten. Ihr Hund hatte sie im Schlaf verstümmelt, nachdem sie Schlaftabletten genommen hatte (kl. Foto oben: vor der Attacke). Die hirntote Spenderin der Gesichtspartie ist Maryline Saint Aubert (kl. Foto unten: als 17-Jährige)

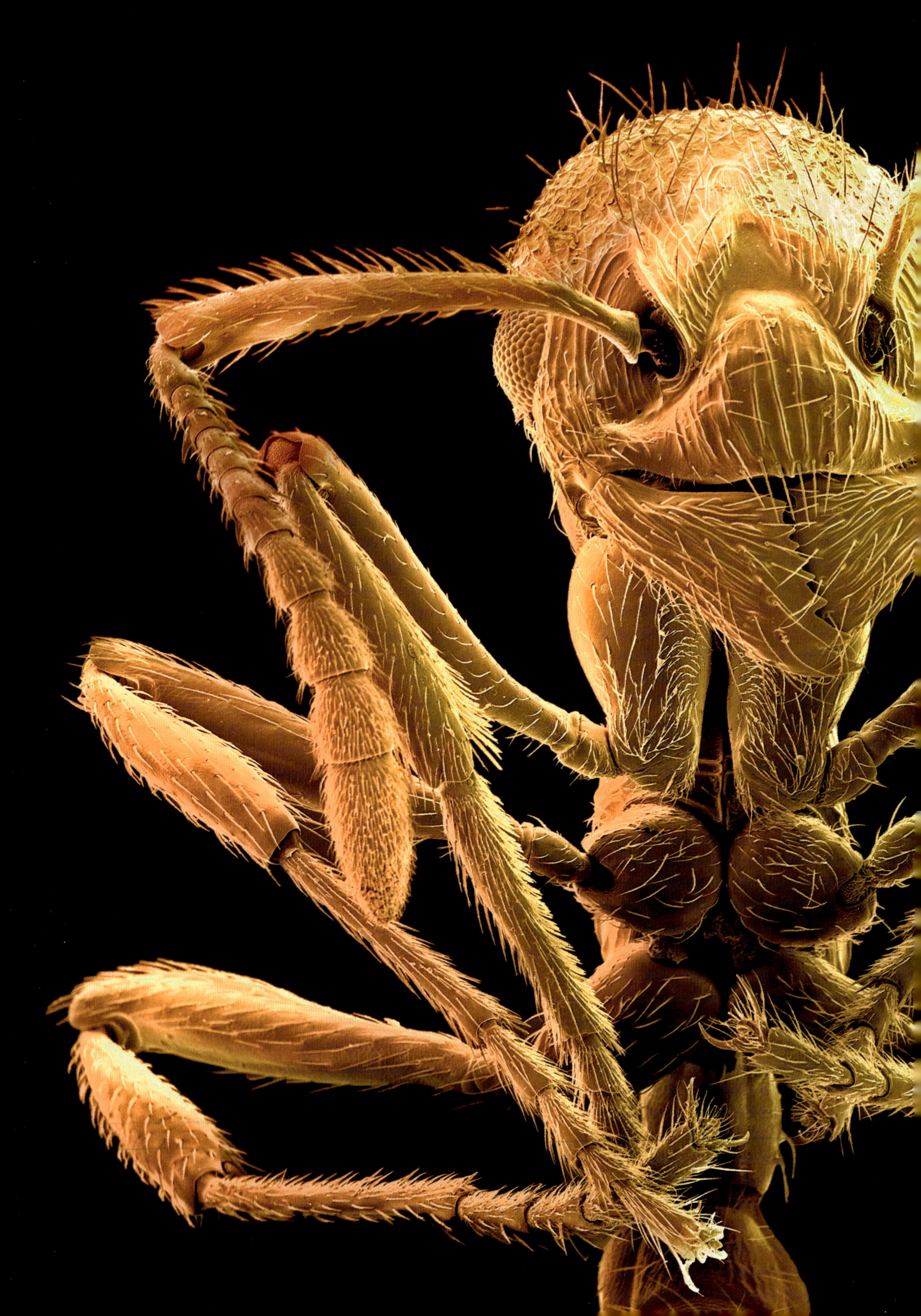

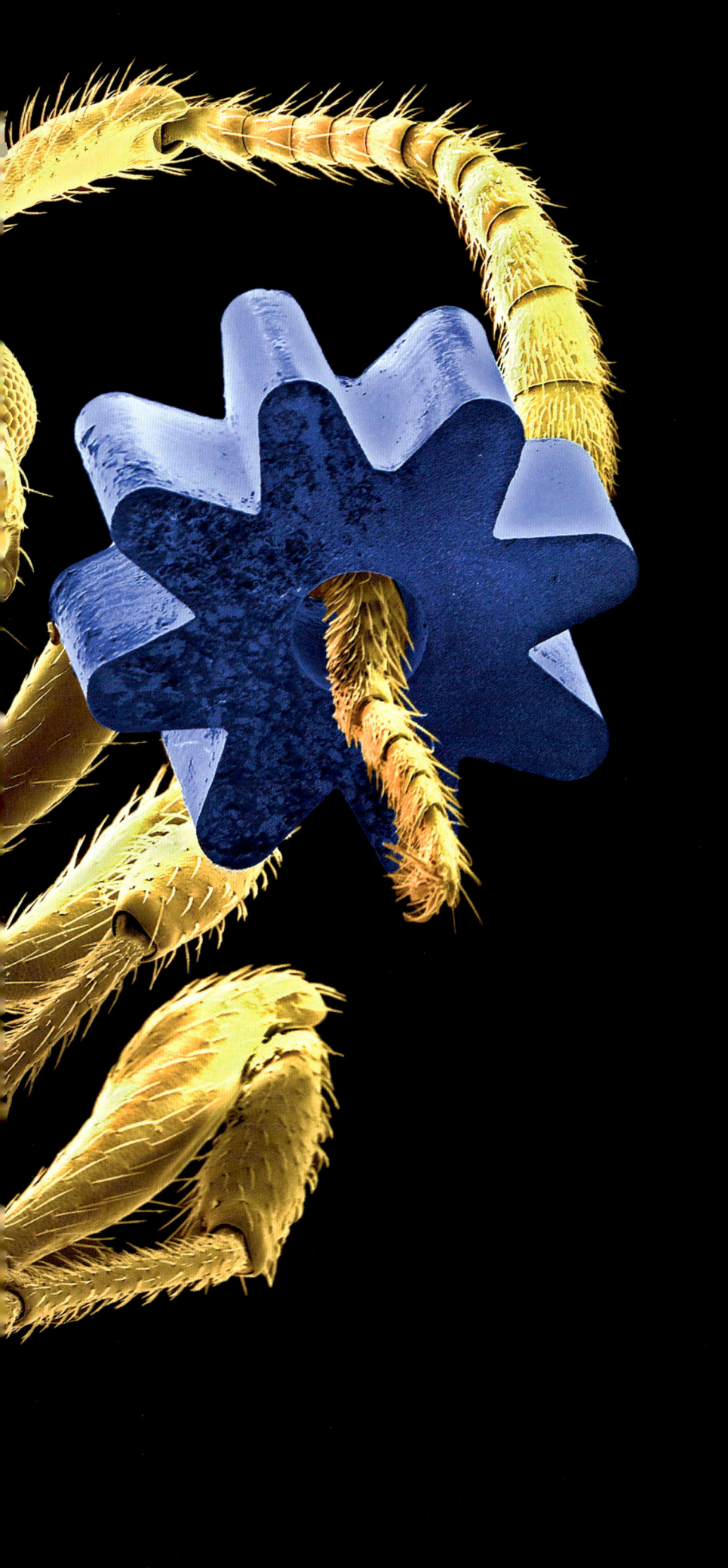

MINIS UNTER SICH

Mit dieser elektronenmikroskopischen Aufnahme eines nur Bruchteile eines Millimeters messenden Zahnrades, das sie einer toten Ameise aufgesteckt hatten, sicherten sich Christina und Manfred Kage den ersten Platz in der Kategorie „Faszination Forschung" beim Fotowettbewerb „Bilder der Forschung". Die nachträgliche Kolorierung der Aufnahme lässt den technischen Winzling besonders prägnant hervortreten. Das Rädchen ist Teil eines Mikromotors aus dem Forschungszentrum Karlsruhe, der es insgesamt nur auf knapp zwei Millimeter Durchmesser bringt. Die Anwendungsgebiete für solche Liliput-Antriebe reichen von der Chemie bis zur Luft- und Raumfahrt

KEIN EI GLEICHT DEM ANDEREN

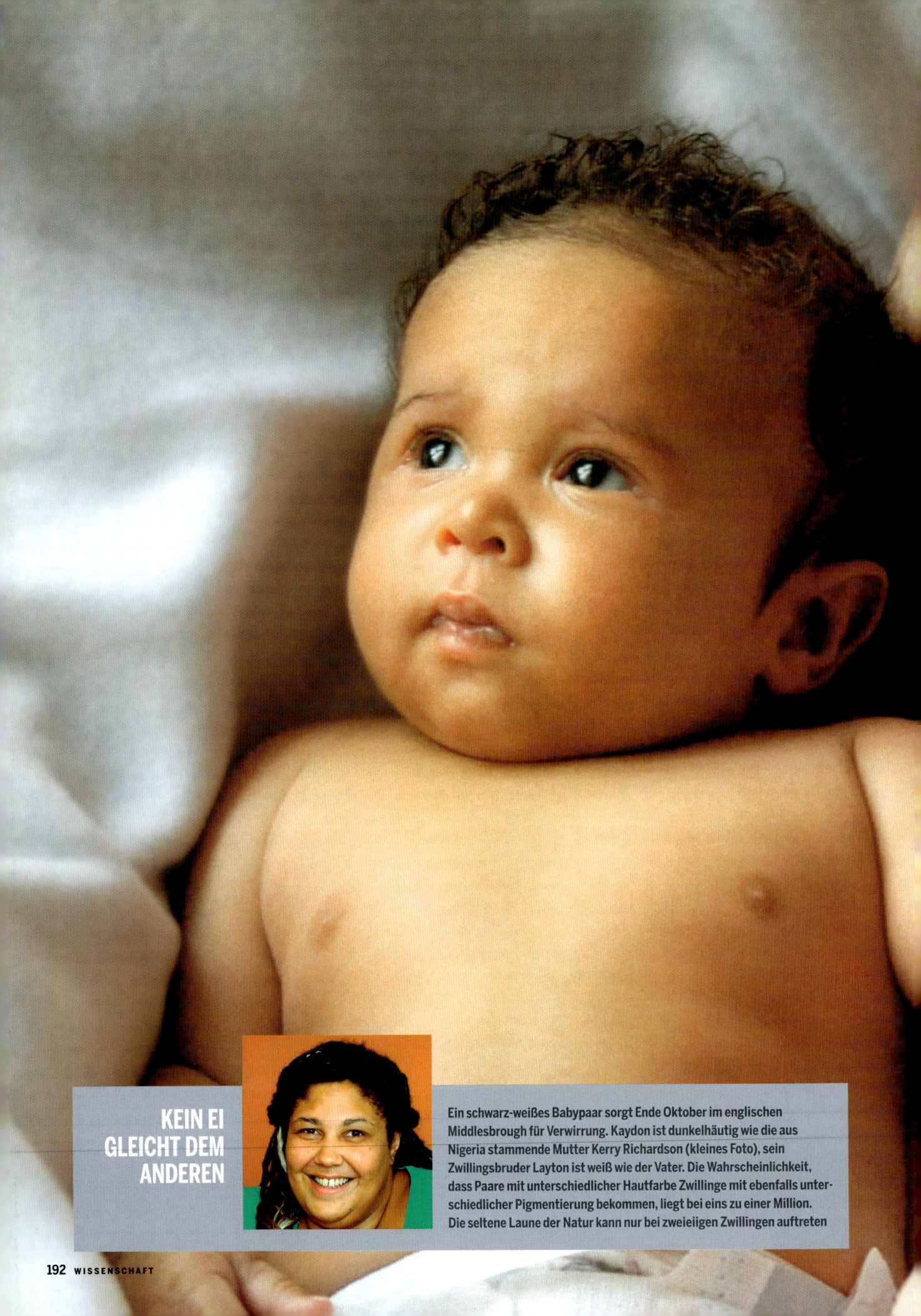

Ein schwarz-weißes Babypaar sorgt Ende Oktober im englischen Middlesbrough für Verwirrung. Kaydon ist dunkelhäutig wie die aus Nigeria stammende Mutter Kerry Richardson (kleines Foto), sein Zwillingsbruder Layton ist weiß wie der Vater. Die Wahrscheinlichkeit, dass Paare mit unterschiedlicher Hautfarbe Zwillinge mit ebenfalls unterschiedlicher Pigmentierung bekommen, liegt bei eins zu einer Million. Die seltene Laune der Natur kann nur bei zweieiigen Zwillingen auftreten

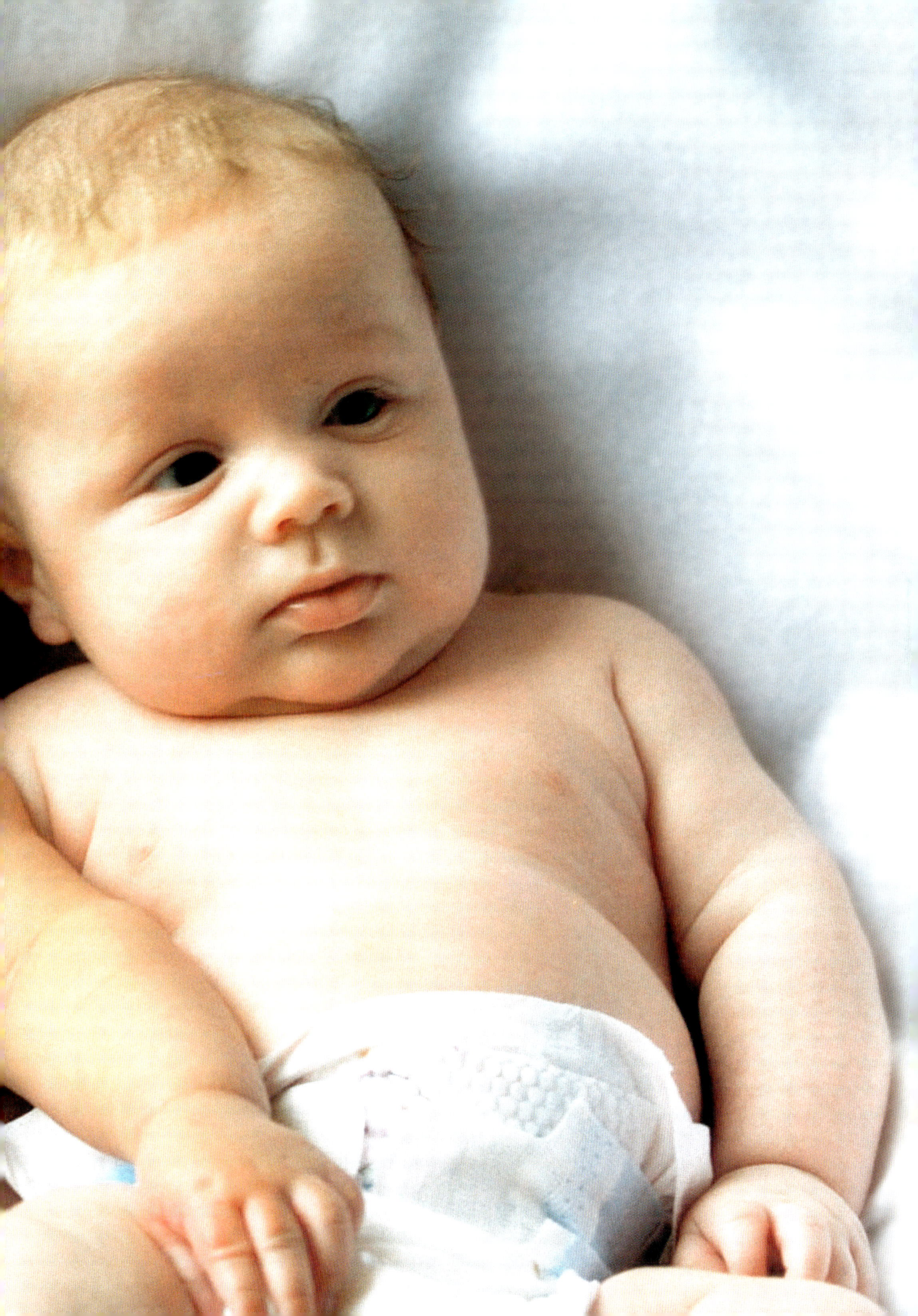

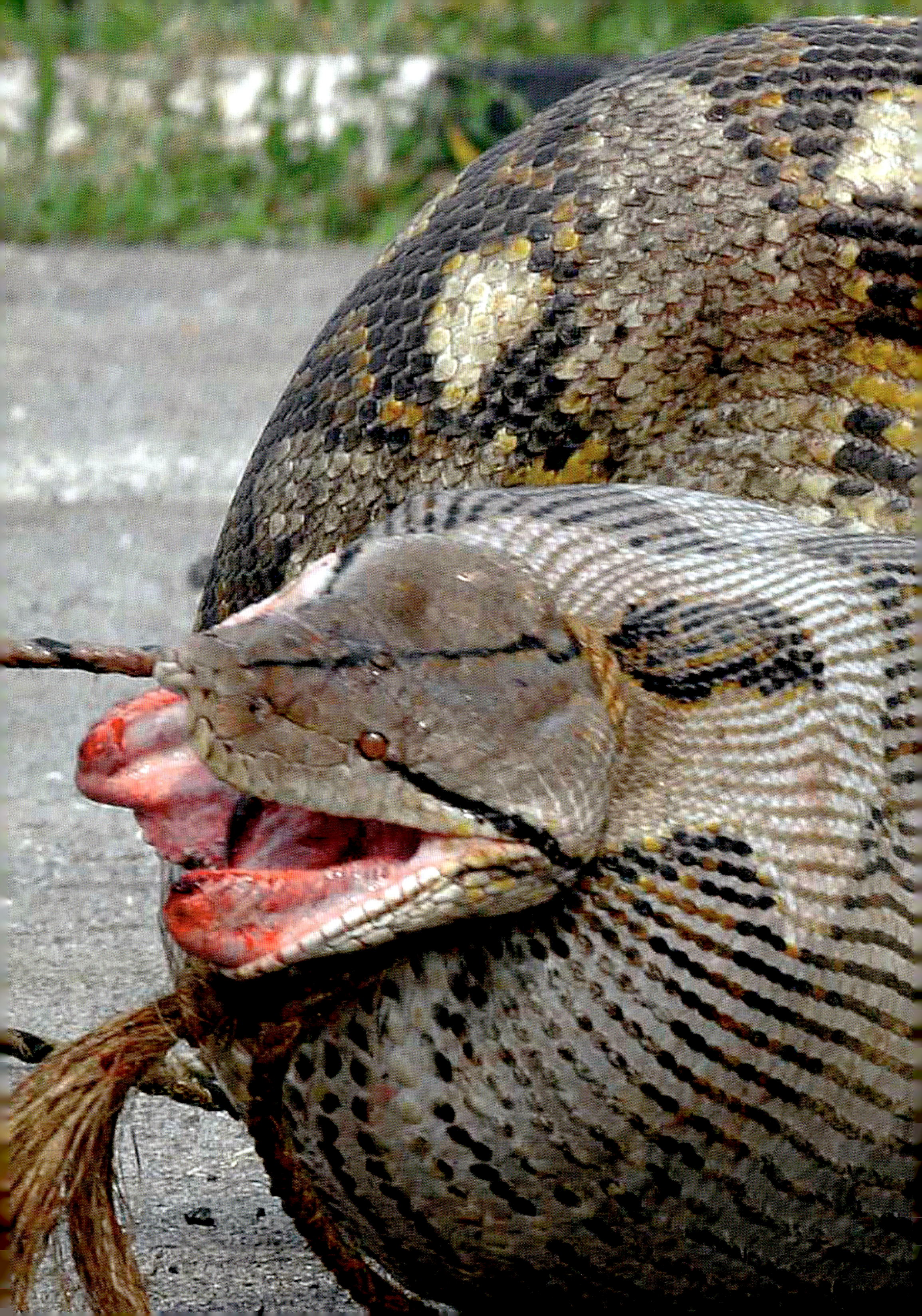

BEI VÖLLE-GEFÜHL HILFT DIE FEUERWEHR

Wenn die Gier größer ist als der Grips, ist Verdruss programmiert. Diese Erfahrung machte im September ein sechs Meter langer und etwa 90 Kilo schwerer Python, der ein trächtiges Schaf im Stück verschluckte. Nach dem Gelage war die Schlange nicht mehr in der Lage, die Szene der Bluttat zu räumen – eine Straße mitten in der malaysischen Ortschaft Kampung Jabor. Zwar entfernte die Feuerwehr das wehrlose Verkehrshindernis; doch die Aufregung schlug dem Reptil auf den überdehnten Magen: Es erbrach die Beute

KRANKHEIT STATT HEILUNG

Eigentlich sollte der Brite Ryan Wilson im März ein neues Medikament ausprobieren, das Entzündungen hemmt. Doch das Mittel, das er als einer von acht Freiwilligen einnimmt, hat desaströse Nebenwirkungen. Wilsons Organe versagen, der angehende Klempner schwebt wochenlang in Lebensgefahr. Später müssen ihm drei der wegen mangelnder Durchblutung bereits pechschwarzen Finger und alle zehn Zehen amputiert werden. Wilsons Verlobte wird mit der Katastrophe nicht fertig, sie verlässt ihn ein halbes Jahr später. Zwei der Probanden haben Glück: Sie bekommen beim ersten Test der neuen Medizin an Menschen nur ein Placebo-Mittel

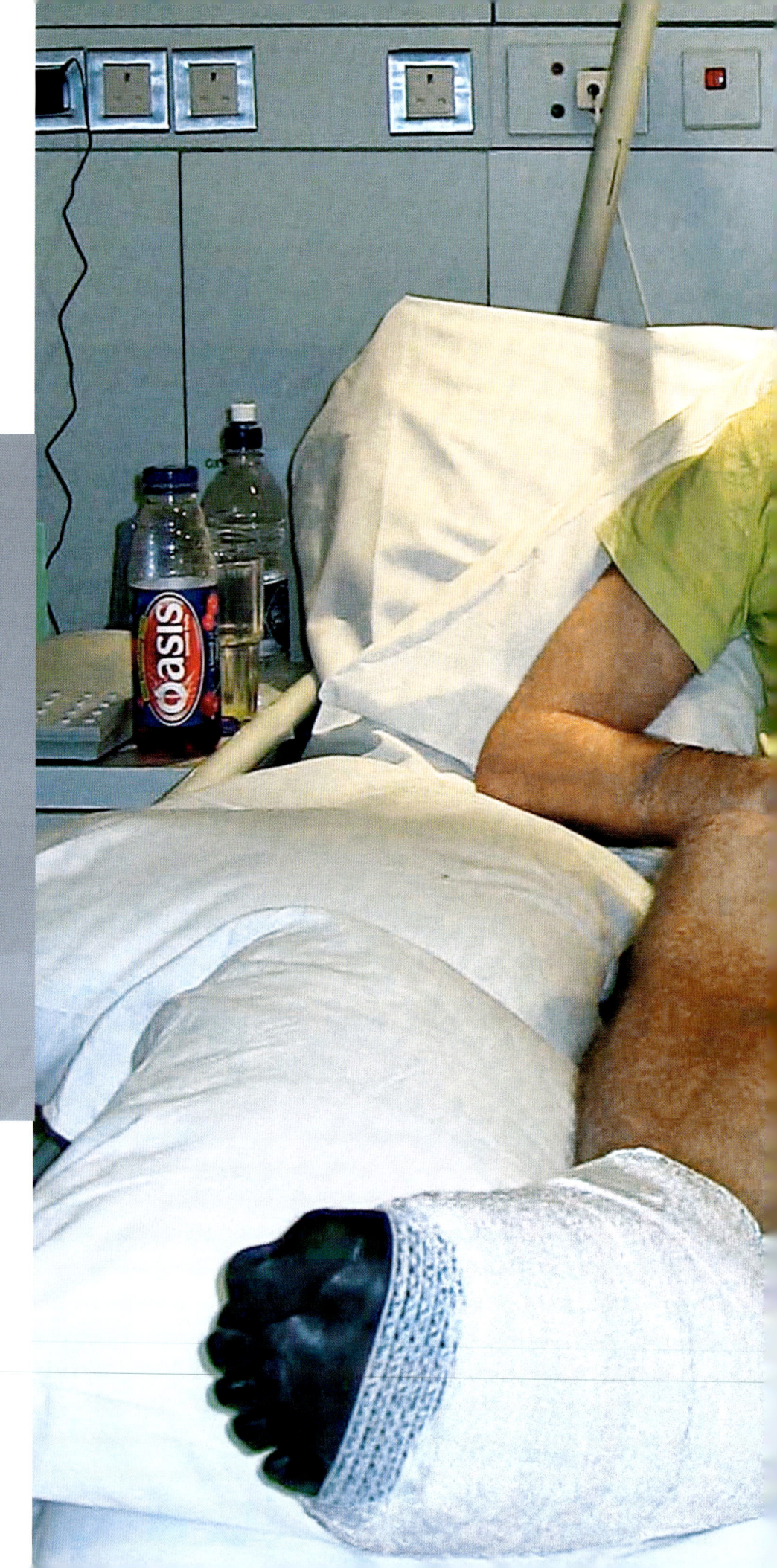

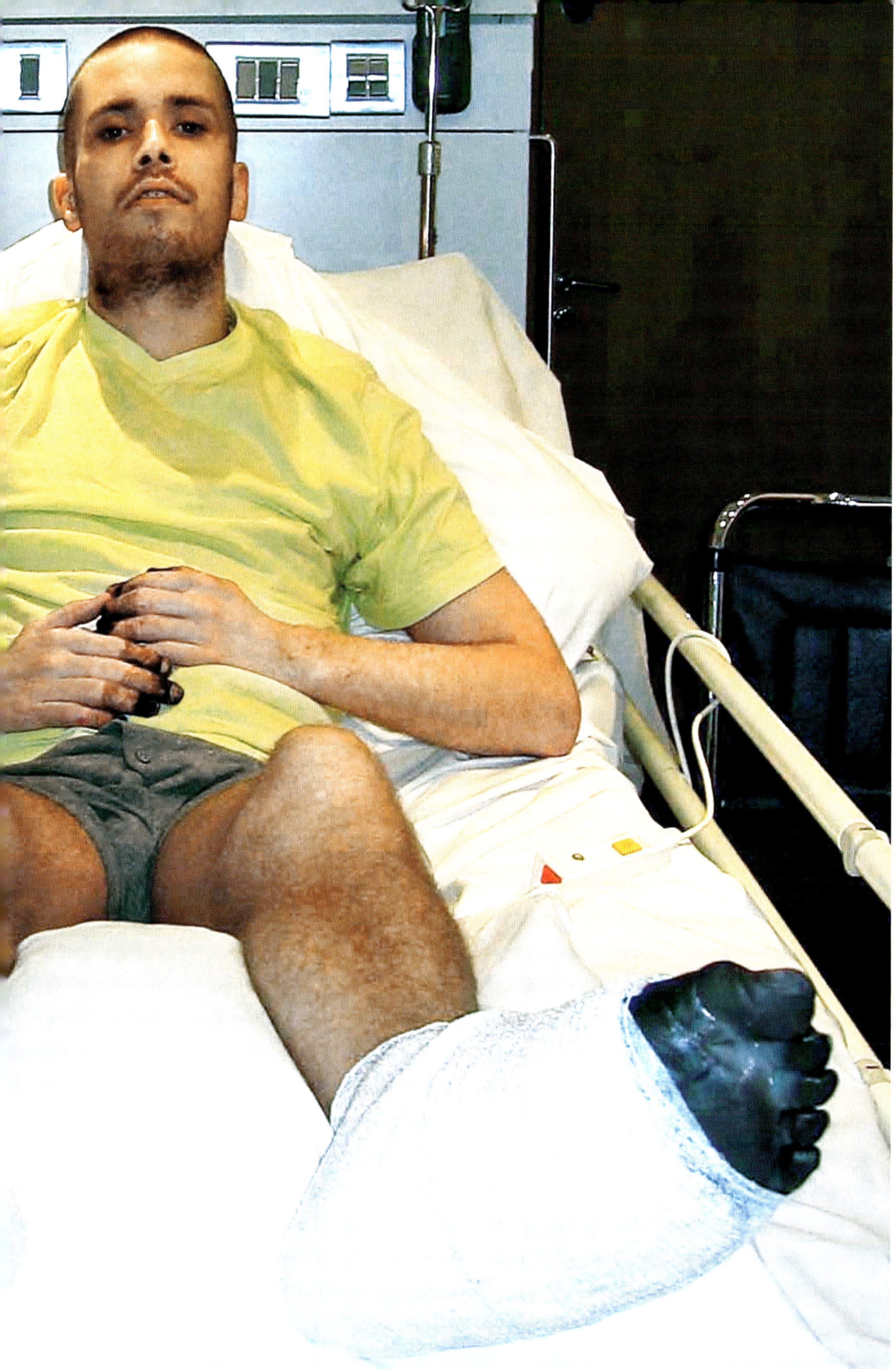

KOMMT EIN UFO GEFLOGEN

Die Besatzung der Atlantis bereitete sich schon auf die Landung vor, als am 20. September dieses Flugobjekt an ihrer Raumfähre vorbeisauste. Das Foto, aufgenommen von Astronaut Daniel Burbank, gab den Experten Rätsel auf. War der Fremdkörper Teil des Hitzeschildes oder nur ein harmloses Plastikstück? Die Nasa-Zentrale in Houston schickte die Atlantis jedenfalls in die Warteschleife und prüfte akribisch. Landeerlaubnis gab es erst einen Tag später – aber das Treibgut konnte nicht identifiziert werden

KULTUR UND UNTERHALTUNG

DIE TÜCKEN MIT DEM BLICK ZURÜCK

Erinnerung war das große Thema des vergangenen Jahres – und niemand erregte dabei mehr Aufsehen als Deutschlands einziger lebender Literaturnobelpreisträger Günter Grass. Der Auflage seiner Memoiren hat das sicher nicht geschadet – seinem Renommee dafür umso mehr. Aber auch andere entdeckten die Vergangenheit wieder: durchweg weniger spektakulär, doch oft mit durchaus ergiebigen Einsichten. Vor allem im Fernsehen wird in letzter Zeit viel Geschichte aufgearbeitet – und selbst die Beatles werden bereits (elektronisch aufgepeppt) recycelt

Spätes Bekenntnis: Ex-Waffen-SS-Mitglied Günter Grass

KULTUR UND UNTERHALTUNG

TEXT_**Jochen Siemens**

Wäscheleine. Schönes Bild für den Bewusstseinszustand des Jahres. Denn das Gedächtnis, hat Samuel Beckett einmal gesagt, ist so etwas wie eine Wäscheleine: Von allem, was man im Leben getan, gesagt oder erlebt hat, hängt man sich ein Stück auf die Leine im Kopf, die natürlich mit dem Alter immer länger wird. Nach hinten. Und ist nach vorne leer. Und genau der Blick auf das nahende Ende vor einem und die verblassende Leine hinter einem machte in diesem Jahr viele unruhig. Philip Roth erzählt in seinem kurzen Roman „Jedermann" von einem Mann, der mit dem Gedanken stirbt, dass er das ja von „Anbe-

GIGABYTES LASSEN GESCHICHTE(N) WIEDER AUFERSTEHEN

ginn", also seit der Geburt, befürchtet habe. Und genau diese Furcht vor der Endlichkeit ließ viele Blicke nach hinten gehen, auf die manchmal ellenlange Wäscheleine der Erinnerungen.
Dass das Häuten der Zwiebel (um ein anderes Bild des Erinnerns zu bemühen) unerwartet zu heftigen Tränen führen kann, damit hat Günter Grass beim Verfassen seiner gleichnamigen Erinnerungen vermutlich nicht gerechnet. Beinahe beiläufig erinnerte sich der ewige Moralist und Träger des Literatur-Nobelpreises daran, dass er zum Kriegsende Mitglied der Waffen-SS war – ein Stück Nazi-Vergangenheit, das er 60 Jahre lang beharrlich verschwiegen hatte, während er anderen derlei Versäumnisse immer wieder gern und beredt vorhielt. Das Kopfschütteln und die Empörung, die sein spätes Geständnis auslösten, verstanden viele, nur Grass nicht. Er habe doch mit seinem Schaffen und Schreiben für die Demokratie so etwas wie Buße getan, polterte der gebürtige Danziger ziemlich selbstgerecht in den Feuilletons. Beinahe wie eine Replik auf den Grass-Stapel in den Buchhandlungen wirkten da die Erinnerungen „Ich nicht" von Joachim C. Fest, die Memoiren eines konservativen Publizisten aus bürgerlichem Haus, dessen Familie den Nationalsozialisten so konsequent widerstand, dass sie nie auch nur annähernd in Gefahr geriet, Hitler zu Diensten zu sein.
„Wer das, was schön war, vergisst, wird böse. Wer das, was schlimm war, vergisst, wird dumm", könnte man mit Erich Kästner den Erinnerungssport des Jahres überschreiben, in dem im Herbst dann auch noch Gerhard Schröder mit seinen hastig aufgeschriebenen „Entscheidungen – Mein Leben in der Politik" antrat. Eine eher gesammelte als reflektierte Rückschau des ersten rot-grünen Kanzlers, wohl nicht aufgeschrieben, um es nicht zu vergessen, sondern, um nicht vergessen zu werden.
Aber warum auf einmal? Warum diese nostalgische Welle in den Buchhandlungen und im Fernsehen, wo sich 2006 das historische Doku-Drama der Vergangenheit beispielsweise in „TV-Events" wie „Die Sturmflut", „Die Mauer" oder „Der Untergang der Pamir" annahm? Erst mal ganz einfach: Weil es immer einfacher ist, technisch

gesehen. Vor Kulissen in polnischen Städten ließen sich preiswert alte deutsche Straßenzüge nachbauen, mit neuesten Computersimulationen konnten Fernsehsender mächtige Sturmfluten, Feuersbrünste oder Luftbrücken simulieren, in denen dann meist der Schauspieler Heino Ferch ruderte, röchelte oder rettete.

Die technische Wiederbelebung der Vergangenheit bei den TV-Anstalten fand ihr Pendant in den heimischen Wohnzimmern, wo Erinnerungssüchtige vergilbte Kinderfotos am Computer scannten und digital wieder hochpolierten, wo alte Super-8-Filme vom Dachboden geholt und auf DVDs gebrannt wurden und wo sich ganze Kinderfernsehnachmittage der 50er und 60er Jahre mit DVD-Boxen „Bonanza", „Lassie" oder „Flipper" wiederbeleben lassen. Selbst die Musik der Beatles wurde vom Sohn des einstigen Produzenten der Fab Four, George Martin, so raffiniert neu abgemischt, als hätte ein Schönheitschirurg „Yesterday" oder „Lady Madonna" die hängenden Wangen stramm gezogen. Nie war es leichter, die Vergangenheit und das eigene Ich zu historisieren, selbst über Suchmaschinen im Internet meldeten sich auf einmal Schulfreunde zurück, die man längst auf der Wäscheleine des Gedächtnisses vergessen hatte.

Doch der Blick zurück, mal eher wehmütig, manchmal aber auch eher kritisch, hat noch einen weiteren gewichtigeren Grund: das Unbehagen an der Gegenwart (von der Angst vor der Zukunft ganz zu schweigen). Wo die Zeitläufte so unsicher sind wie jetzt, vergewissert man sich gern dessen, was – da es vergangen ist – Bestand hat oder ihn zumindest suggeriert. Das Alte gerät nur allzu leicht in den Ruf, bewährt und damit besser zu sein. Selbst ein Popstar wie Robbie Williams trug sein Scherflein dazu bei – sein jüngstes Album „Rudebox" blieb so kilometertief unter allen Erwartungen, dass man lieber wieder die alten Sachen von ihm hören wollte. Und wenn die Kunstwelt in diesem Jahr den Leipziger Maler Neo Rauch in alle Höhen feierte, dann nicht zuletzt wegen seines an den sozialistischen Realismus erinnernden Stils, der ihm das Prädikat eines Neokonservativen einbrachte. Gab es sonst noch was? Ja, eine Oper, eine abgesagte. Mozarts „Idomeneo" wurde in Berlin

In seinen Memoiren „Ich nicht" widmete sich der Publizist Joachim C. Fest kurz vor seinem Tod demselben Zeitraum wie Grass – nur ganz anders

SIND DIE ZEITEN UNSICHER, FLIEHT MAN GERN INS GESTERN

kurzfristig vom Spielplan genommen, weil die Intendantin Angst vor Anschlägen wütender Islamisten hatte. Auf der Bühne sollten die abgeschlagenen Köpfe von Mohammed, Jesus, Buddha und Poseidon zu sehen sein. Da wehte der Wind von Vorvorgestern durch die Kultur. Das war dann doch zu viel Mittelalter – im Dezember kam das Werk wieder auf die Bühne. Man kann sich an die Vergangenheit erinnern, aber man muss ja nicht in ihr wohnen.

AM ENDE SIEGT IMMER DAS BÖSE

Sage keiner, von Monstern könne man nicht lernen. Im Gegenteil! Dieser Mann ist Mitglied der finnischen Rockband Lordi, und in seinen Klauen hält er ein Foto der deutschen Countryband Texas Lightning. Beide Gruppen nahmen am „Eurovision Song Contest" teil. Finnland gewann, nach Deutschland krähte kein Hahn. Wir merken uns: Ein toller Song nützt gar nichts, wenn das Make-up nicht auch monstermäßig gut ist

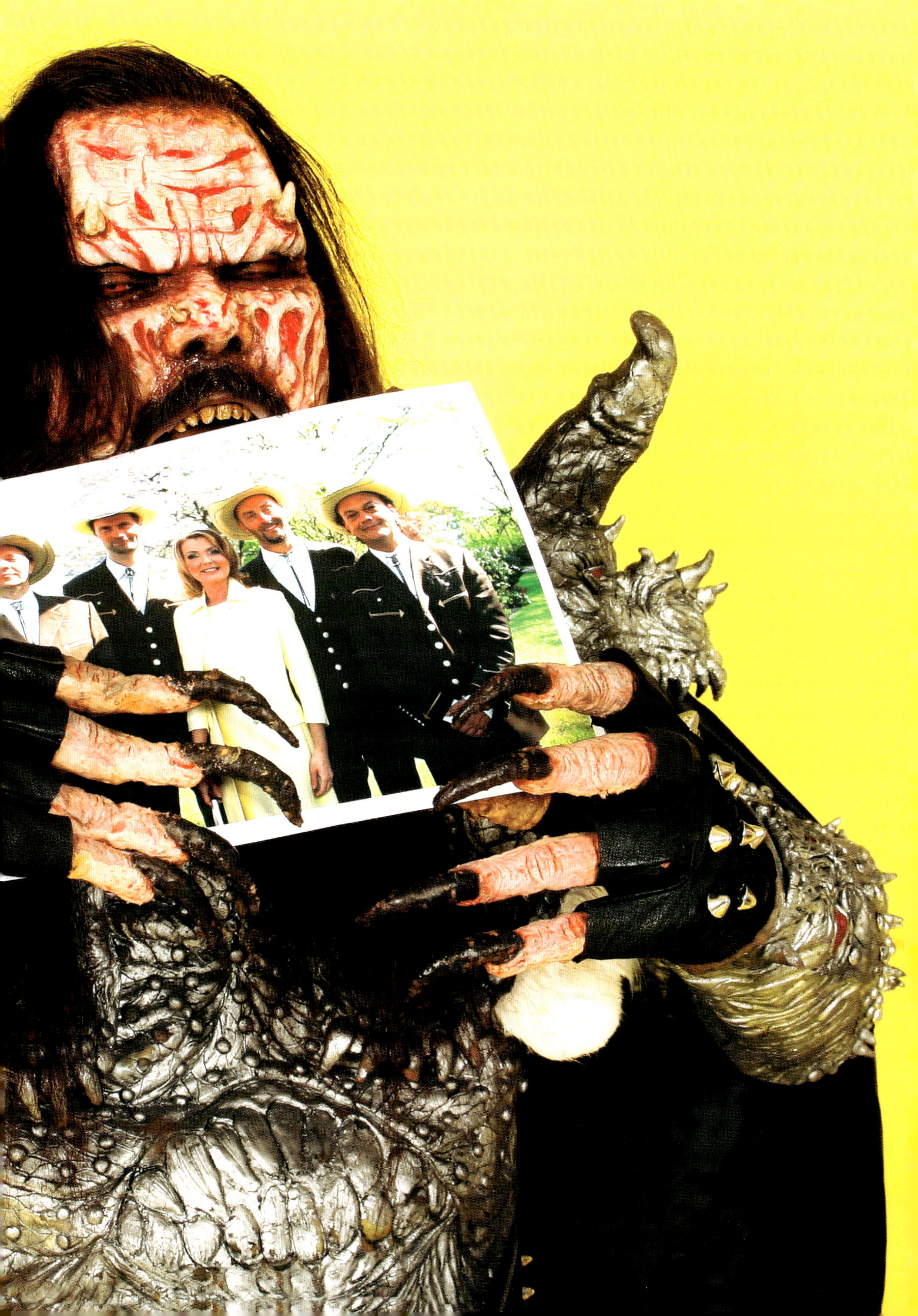

GANZ SCHÖN ABGEHOBEN, DIESES WERK

Hängt eine Oma am Rathaus und liest: Was sich da Ende August in Hagen auf Höhe der zweiten Etage abspielt, heißt „x-mal Mensch Stuhl" und ist eine Aktion der Kölner Künstlerin Angie Hiesl. Die bestückt Fassaden mit Stahlstühlen, setzt Senioren darauf und will auf diese Weise öffentliche Räume für „sinnliche Provokationen", so eine Kritikerin, nutzen

Rathaus

208 KULTUR/UNTERHALTUNG

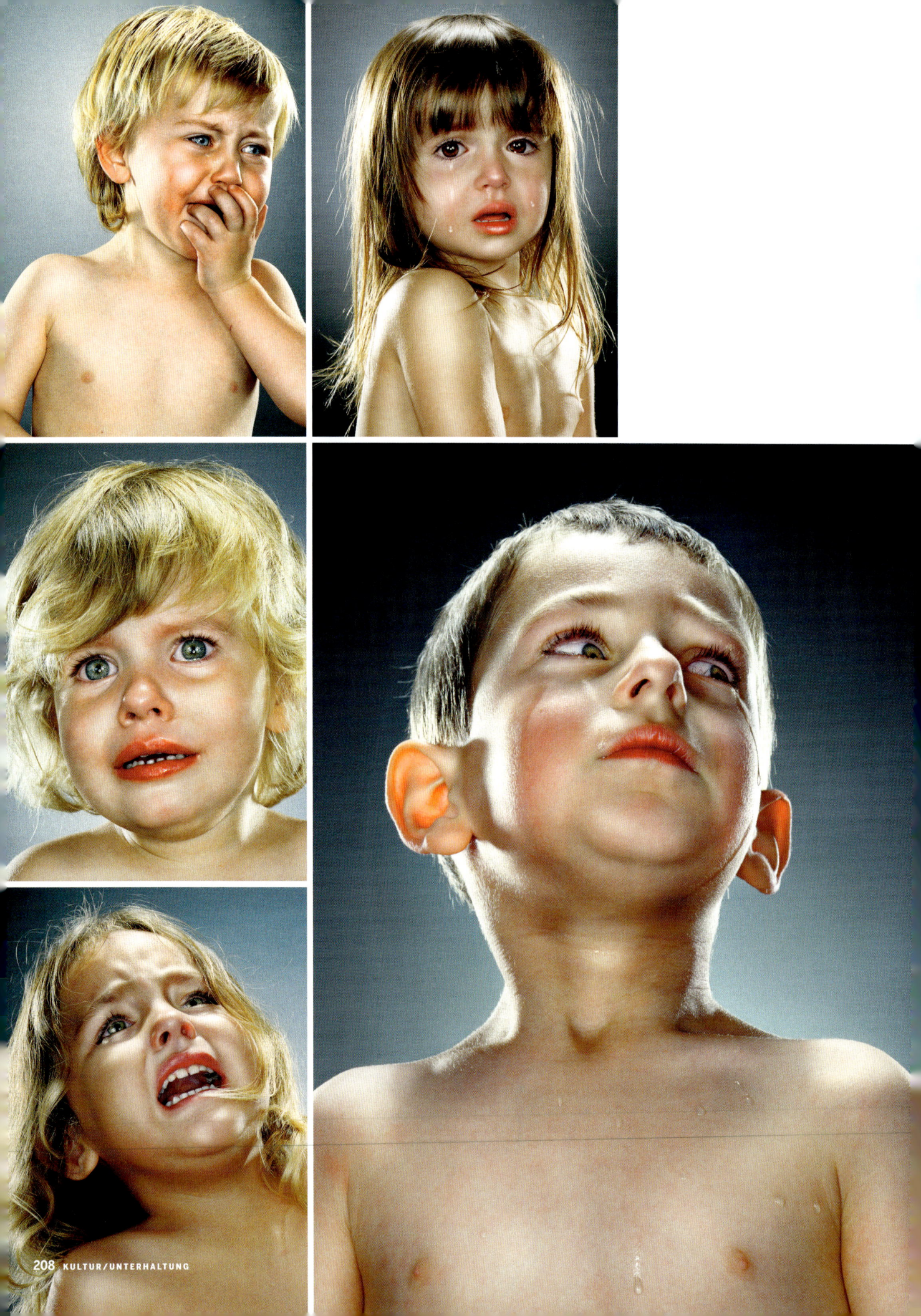

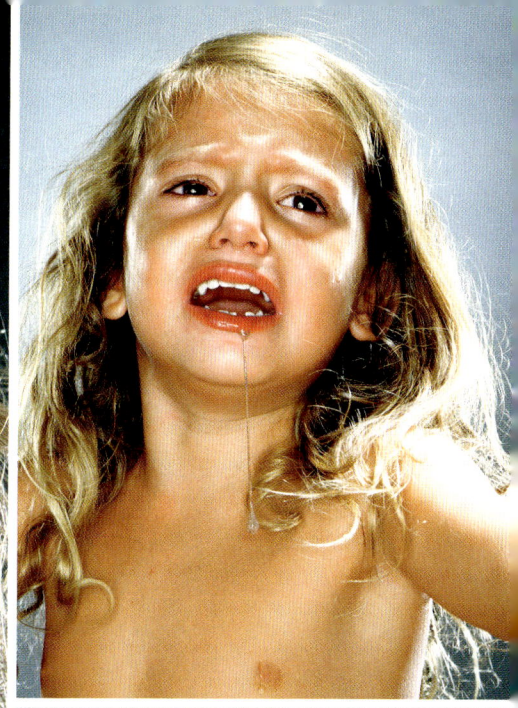

SCHLICHT ZUM HEULEN

Keine schöne Kinderüberraschung für George W. Bush. Neun kleine Landsleute mit verheulten Gesichtern – und schuld daran ist er. Jedenfalls indirekt. Zum Weinen gebracht wurden sie von der amerikanischen Fotografin Jill Greenberg, die mit der Bilderserie die Politik der US-Regierung anprangern wollte. Damit das Geschrei groß war, gab sie ihren Mini-Models Süßigkeiten – und nahm sie ihnen wieder weg. Wofür Greenberg kräftig Prügel kassierte: Man warf ihr vor, sie quäle Kinder für die Kunst; im Gästebuch ihrer Website wurde sie mit Michael Jackson und Adolf Hitler verglichen

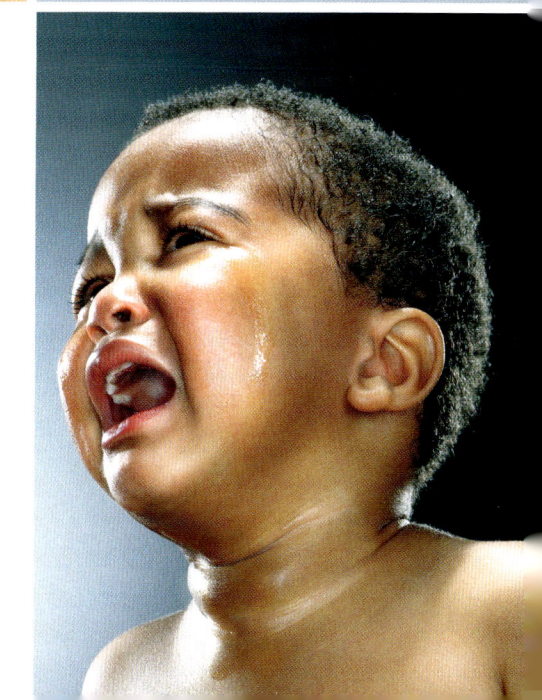

MAN MUSS NUR DEN RICHTIGEN RIECHER HABEN …

Wie sollte das gehen? Ein Buch verfilmen, in dem es vor allem um Gerüche geht? Produzent Bernd Eichinger wagte es trotzdem. Nach jahrelangem Buhlen kaufte er Autor Patrick Süskind die Rechte an „Das Parfum" ab und lieferte mit Tom Tykwer als Regisseur und dem famosen Ben Whishaw in der Rolle des mörderischen Jean-Baptiste Grenouille, der hier einem seiner Opfer eine neue Duftessenz abschabt, den erfolgreichsten deutschen Film des Jahres

KULTUR/UNTERHALTUNG

DAMEN MIT DURCHBLICK

Sieht auf den ersten Blick aus, als hätte jemand mit einem dicken, schwarzen Filzer ein Urlaubsfoto bekritzelt. Doch das offenherzige Quintett stand Anfang November leibhaftig am Tamarama Beach in Sydney – während der Freiluftausstellung „Sculpture by the Sea". Die Schönen sind aus Stahl und Acryl und das Werk des Australiers Frank Malerba. Die Herrschaften dahinter sind keine Kunst – die sind echt

KULTUR/UNTERHALTUNG 213

KULTUR/UNTERHALTUNG

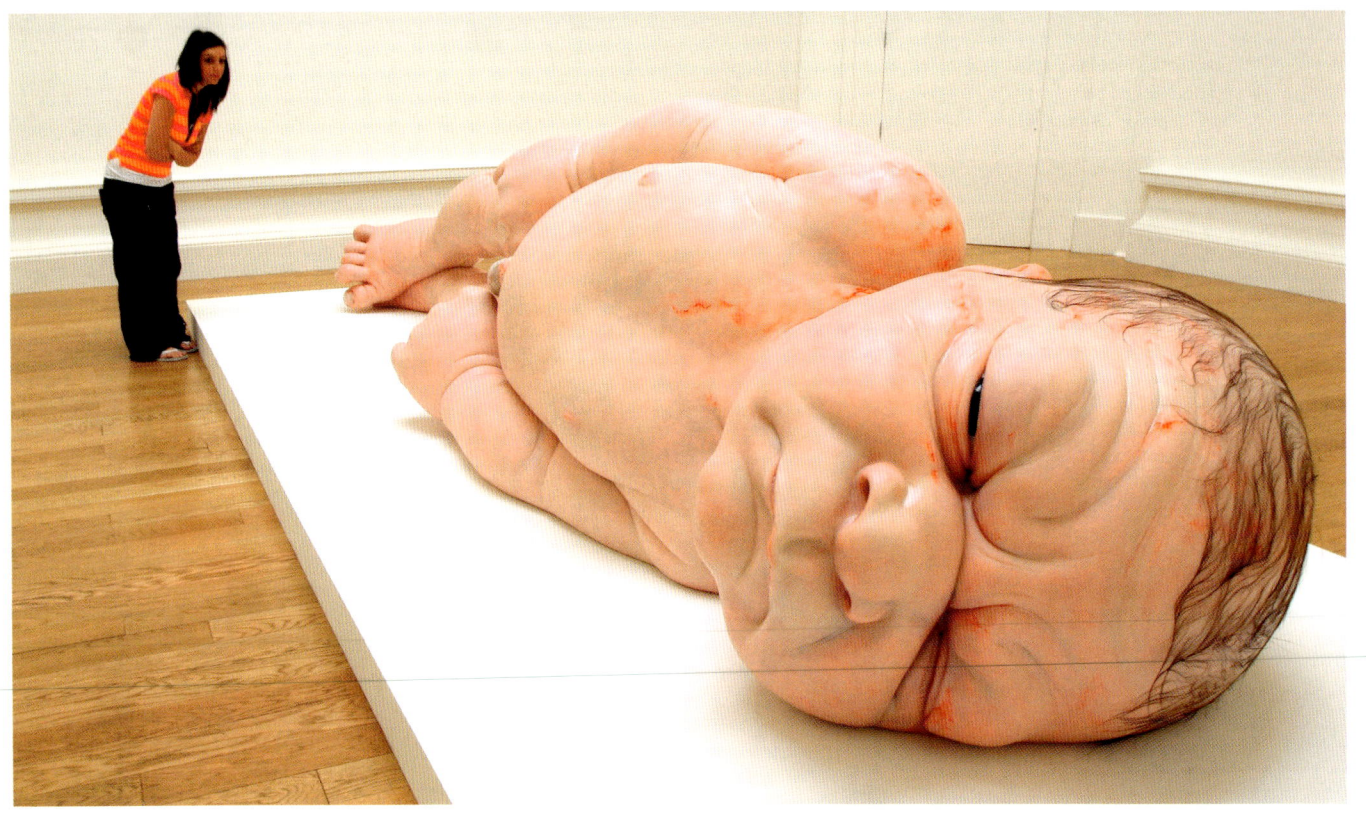

UNHEIMLICH STARKER AUFTRITT

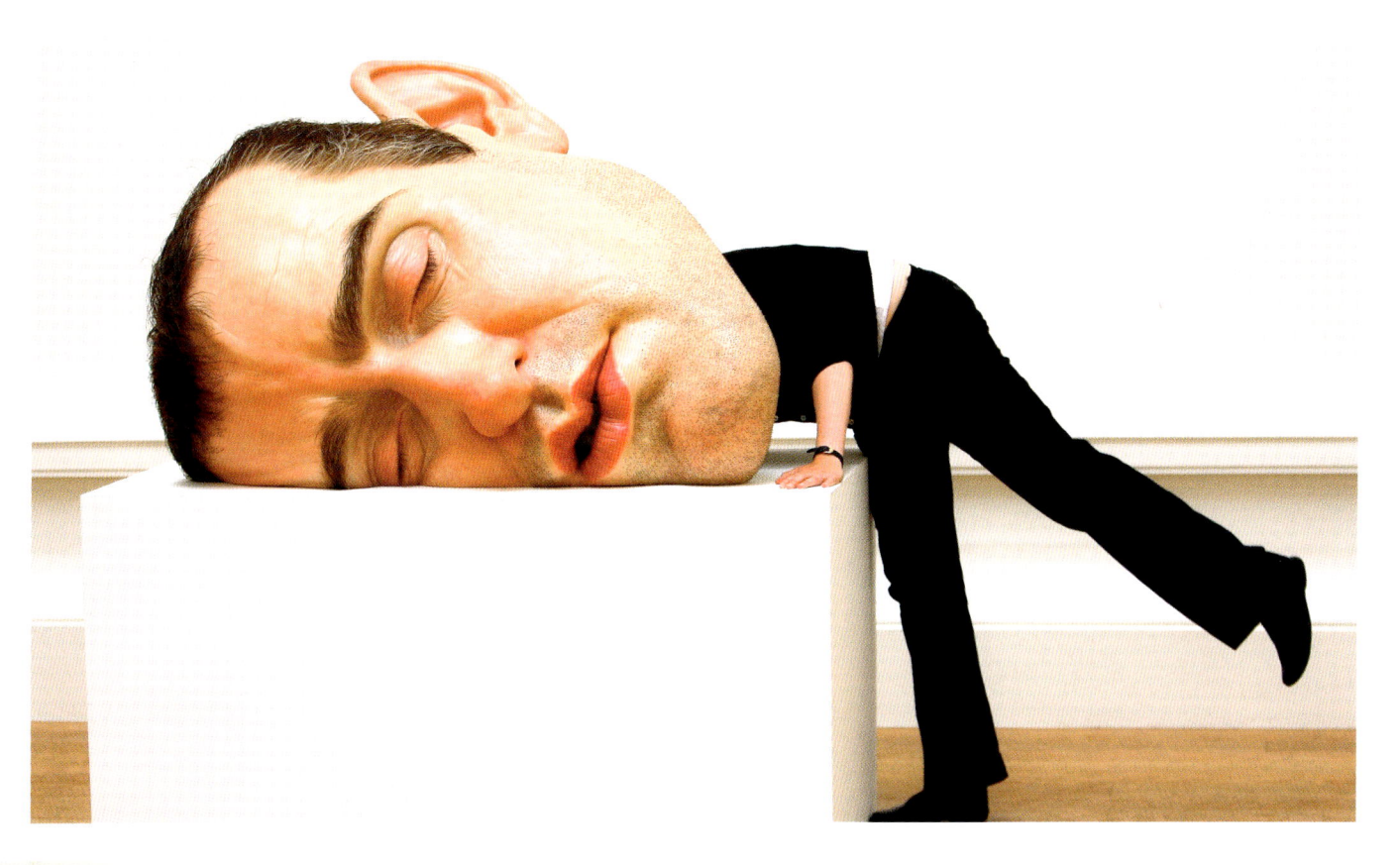

Ein Riesenbaby nach der Geburt, betrachtet von einer jungen Dame; ein nackter Übermensch im Jesus-Look, vor dem ein uniformierter Wachmann sitzt: Der australische Künstler Ron Mueck lässt die Menschen winzig erscheinen neben seinen hyperrealen Skulpturen, die er aus Polyester und Fiberglas fertigt. Zu sehen in einer wahrlich gigantischen Ausstellung, die im August in Edinburgh lief

FÜTTERN VERBOTEN

Tierschützer halten es für unverantwortlich, Goldfische in engen, runden Wasserbecken zu halten. Im Fall von Aktionskünstler David Blaine hätten eigentlich Menschenschützer Einspruch erheben müssen, blieben aber stumm. Und so verbrachte der 33-Jährige Anfang Mai geschlagene 176 Stunden an den Füßen gefesselt in einer mit Wasser gefüllten Glaskugel vor dem New Yorker Lincoln Center. An Schaulustigen mangelte es, wie bei früheren Selbstversuchen des Amerikaners, nicht. Unter anderem verbrachte Blaine bereits sieben Tage in einem gläsernen Sarg und war über 61 Stunden in einem Eisblock eingeschlossen

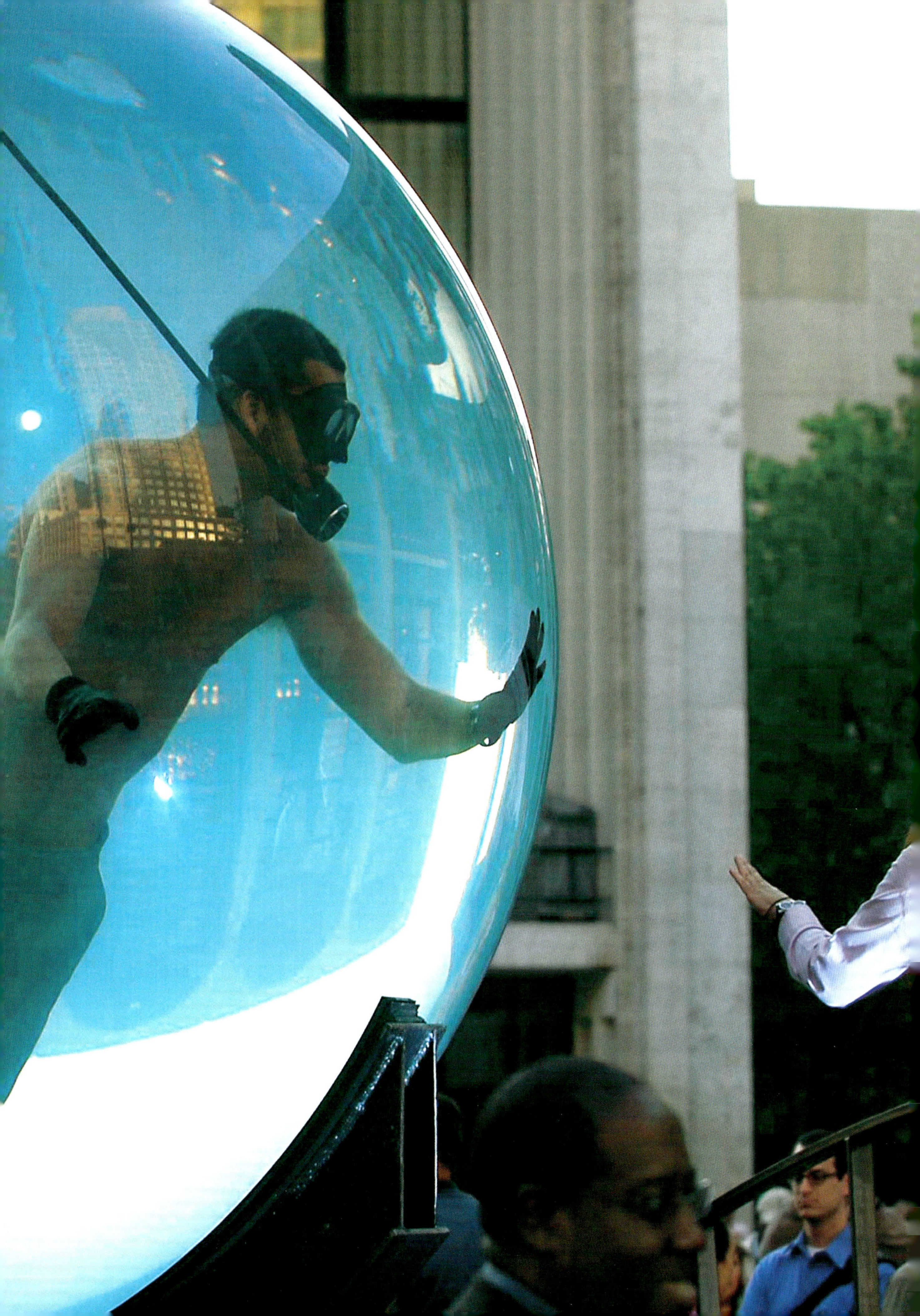

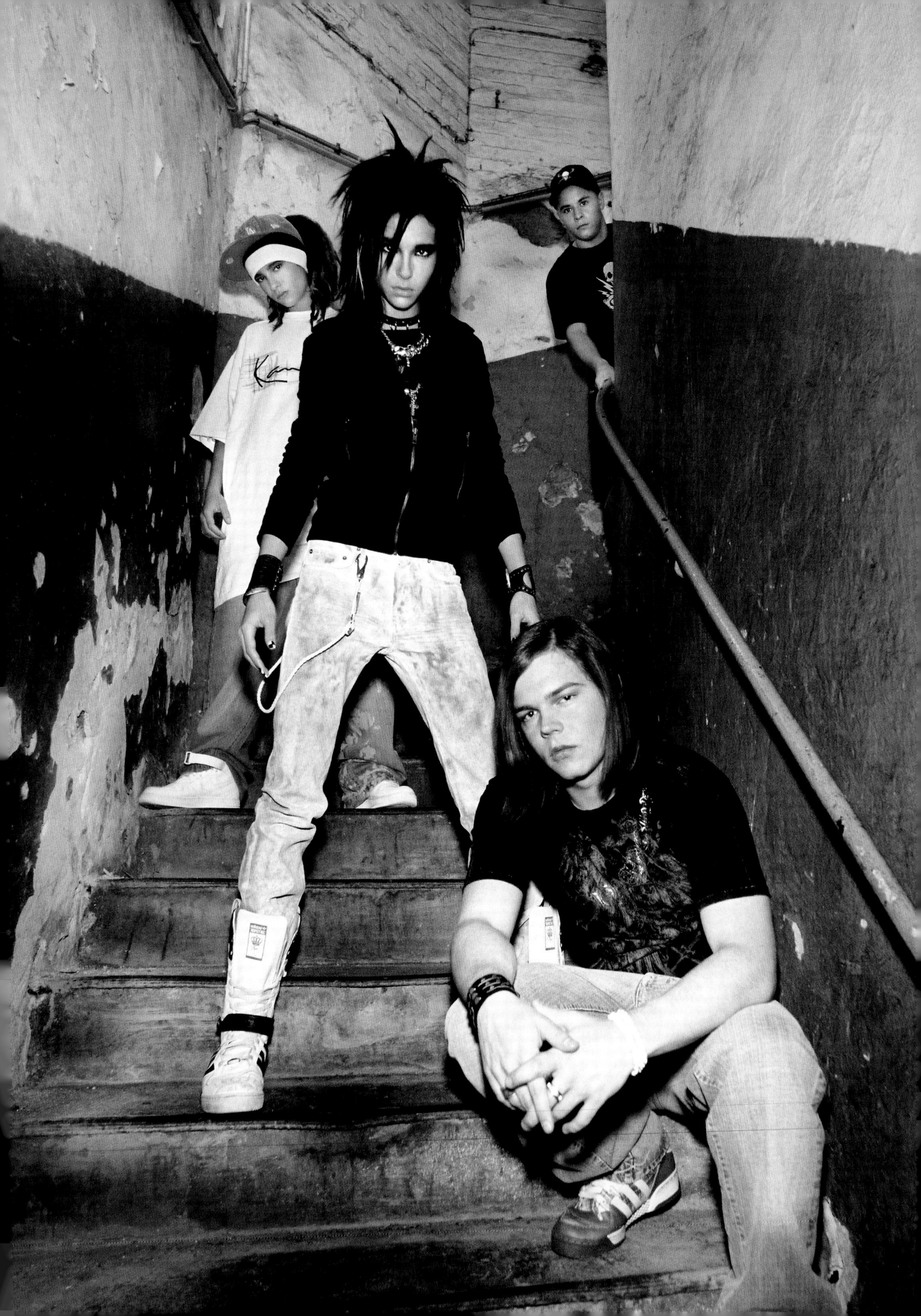

DIE PROVINZ EROBERT DIE POPWELT

Mit elf Jahren ging Bill Kaulitz als Vampir auf eine Halloween-Party. Die Maskerade gefiel dem Jungen aus Magdeburg so gut, dass er sie beibehielt. Heute ist er 17 und Sänger der Teenie-Hysterie-Maschine Tokio Hotel (l.), die 2006 ihr bislang erfolgreichstes Jahr hatte: ausverkaufte Konzerte, Nummer-eins-Hits und Musikpreise. Und 2007 soll noch besser werden – mit einer großen Europa-Tournee und der ersten englischsprachigen CD

HIER LIEGT HOLLYWOODS ROSIGE ZUKUNFT

Vor drei Jahren war sie „Lost in Translation" – und damit fing alles an. Inzwischen ist aus der einstigen Kinder-Darstellerin Scarlett Johansson eine attraktive junge Frau geworden, die wie keine andere Schauspielerin ihrer Generation divenhaften Sexappeal und bodenständige Cleverness vereint. Altmeister Woody Allen war so begeistert, dass er die 21-jährige Amerikanerin zu seiner Muse machte und sie für „Match Point" und „Scoop – Der Knüller" engagierte. Keine Frage: 2006 war ihr Jahr. Wir freuen uns aufs nächste

KULTUR/UNTERHALTUNG 221

DER MANN HAT GUT LACHEN

Als kasachischer Reporter Borat führte er ein ganzes Land vor: Der Komiker Sacha Baron Cohen – hier in seiner Paraderolle bei einem Mode-Shooting – reiste in seinem Film „Borat" durch die USA, stellte dumme Fragen und bekam dafür meist noch dümmere Antworten von ahnungslosen Bürgern. Gelohnt hat es sich für ihn: Mit 24 Millionen Euro ist er der höchstbezahlte britische Schauspieler dieses Jahres – vor Keira Knightley und Hugh Grant

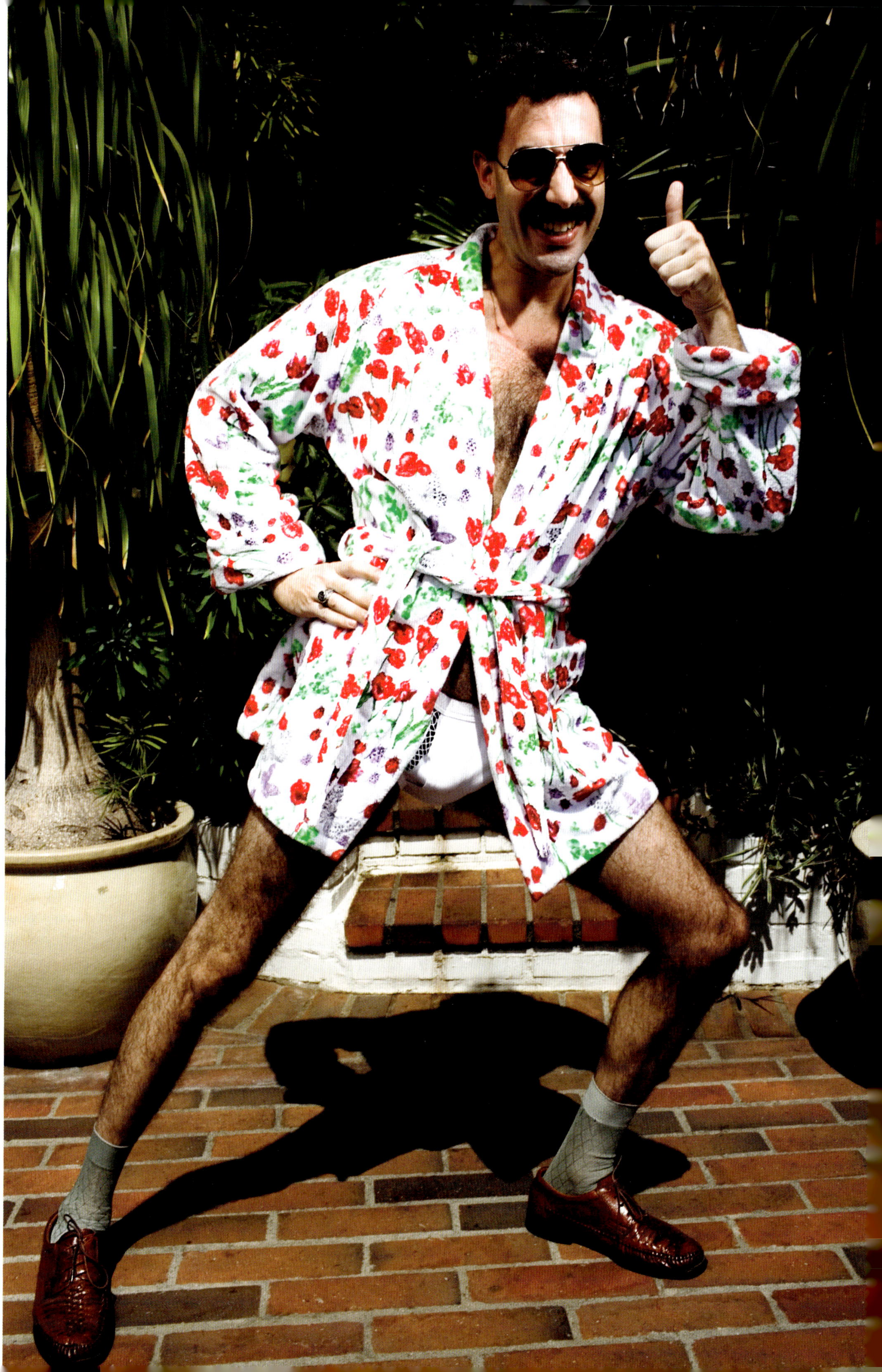

IST SCHON EIN KREUZ MIT DIESER FRAU

Sie kann's nicht lassen mit den Provokationen: Popdiva Madonna ließ sich bei ihrer jüngsten Welttournee wie hier während ihres New Yorker Konzerts aufhängen — und prompt gab es einen weltweiten Aufschrei bei Kirchenvertretern. PR-bewusst, wie sie ist, setzte die 47-Jährige flink noch einen drauf: Zu ihrem Auftritt in Rom im August lud sie den Papst ein. Benedikt XVI. hatte dann aber doch etwas Besseres vor

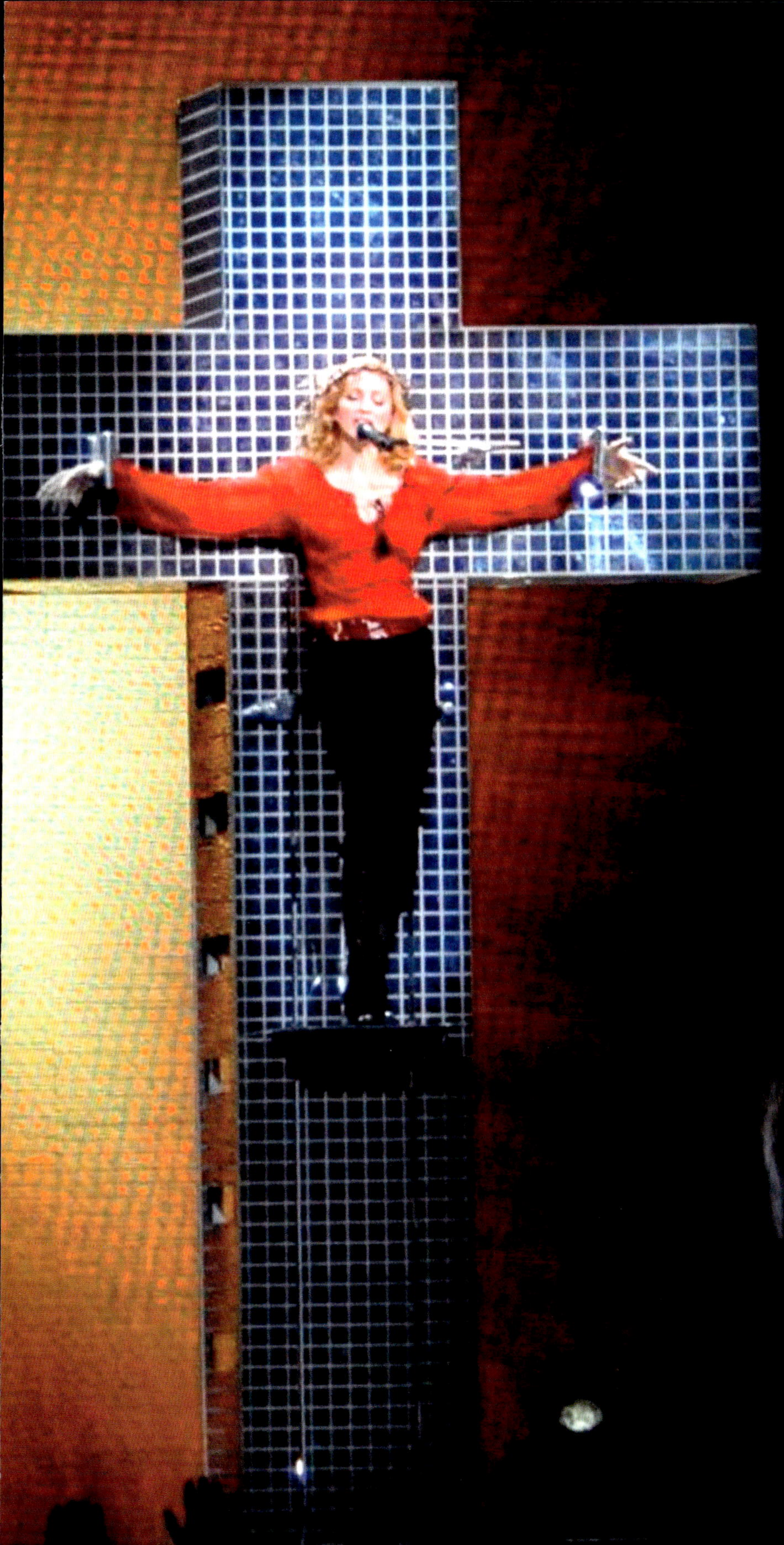

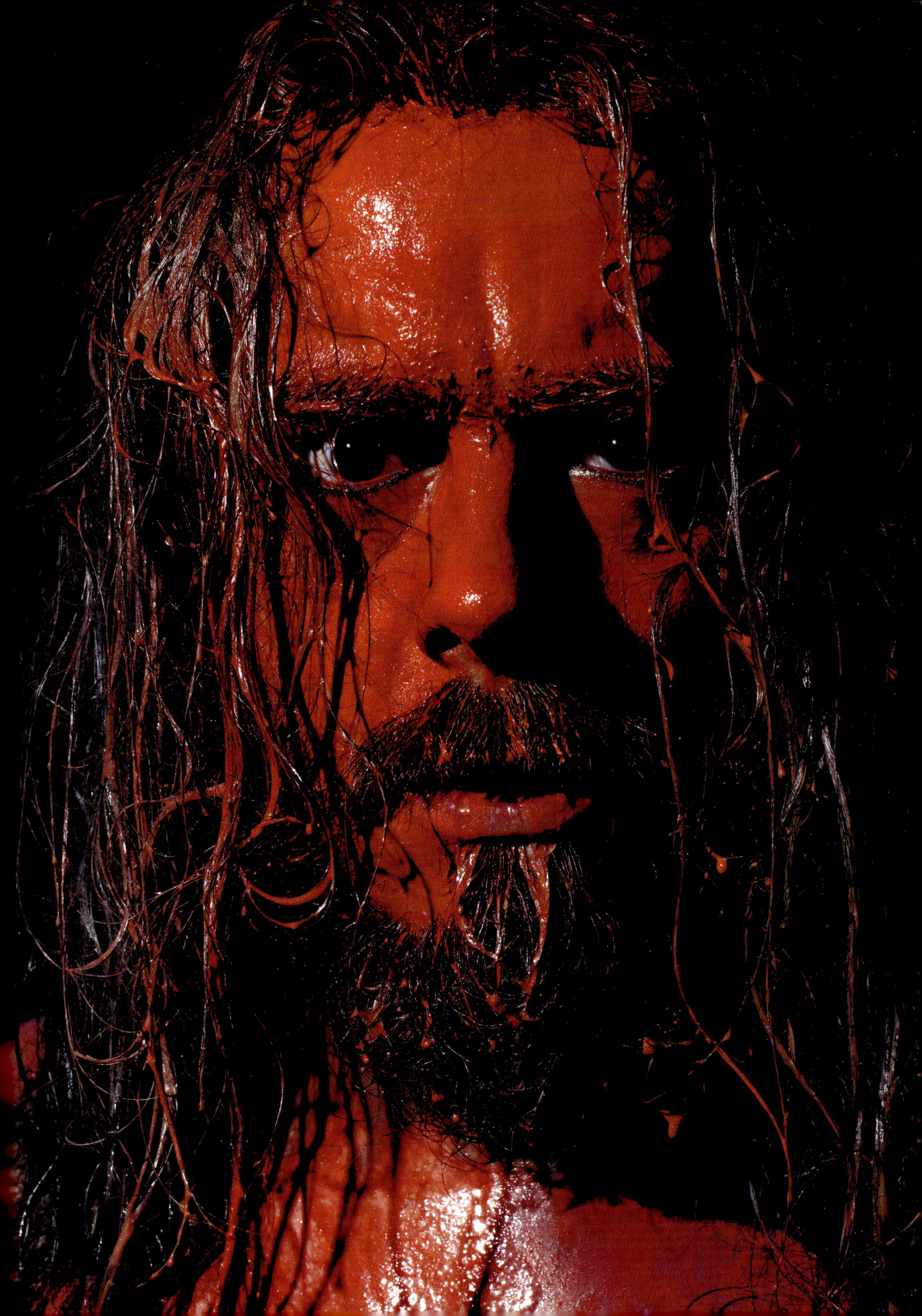

JUNGER MEISTER IN ALTER MANIER

Er ist das Gegenmodell zu den Malern der neokonservativen Leipziger Schule: Jonathan Meese, 36, Performance-Künstler mit Zottel-Schopf. Während im Sommer in den Deichtorhallen in Hamburg, Meeses Heimatstadt, erstmals eine umfassende Werkschau zu sehen war, traf er sich mit dem Fotografen Peter Hönnemann zu einer 24-Stunden-Session – schlaflos, rauschhaft. Dabei entstanden auch diese Bilder: Meese in blutroter Horror-Optik und im Stil der alten Meister. „24 h" nennen die Herren das Projekt, 2007 soll es ausgestellt werden

MODE

WENN AUF DEM LAUFSTEG DIE KNOCHEN KLAPPERN

Sie hätten kaum unterschiedlicher sein können, die Models, die in diesem Jahr für die dicksten Schlagzeilen in der Mode sorgten: Entweder waren sie zu dünn – oder zu breit. Während sich zwei junge Frauen aus Südamerika zu Tode hungerten, vervielfachte die Kokssünderin Kate Moss Gage und Ruhm. Was sich noch tat? Kylie Minogue kehrte auf die Bühne zurück – natürlich in Designergarderobe. Und: Die Mode wurde weiblicher, bunter, romantischer – ganz anders also, als es manchmal im Leben ihrer Darsteller zugeht

Karriere trotz Koks: Mit 32 Jahren ist Kate Moss so erfolgreich wie nie zuvor

MODE

TEXT_ **Jochen Siemens**

Es ging in der Mode um Zahlen in diesem Jahr. Nicht um die Millionen allerdings, die Versace, Gucci oder Chanel umgesetzt haben, und auch nicht die Millionen, die Hennes & Mauritz mit der Kollektion des niederländischen Designerpaars Viktor & Rolf kassiert haben. Es ging um kleine Zahlen in diesem Jahr, traurig kleine Zahlen. Ganze 40 Kilo wog das 1,74 Meter große brasilianische Model Ana Carolina Reston noch, als es im November mit gerade mal 21 Jahren in einem Krankenhaus in São Paulo an mehrfachem Organversagen starb. Und knapp

ARME WIE ÄSTE, BEINE WIE BESENSTIELE

unter 50 Kilo wog die 22-jährige, 1,76 Meter große Luisel Ramos aus Uruguay, als sie im August vom Laufsteg einer Modenschau während der Fashion Week in Montevideo kam, zusammenbrach und einem Herzversagen erlag. Beide Mädchen hatten seit Wochen fast nichts mehr gegessen, Ana Carolina hatte Salzwasser und Spülmittel getrunken, um sich besser übergeben zu können, Luisel begnügte sich vor ihrem ersten heiß ersehnten Auftritt vornehmlich mit Cola light. Beide Mädchen hungerten sich systematisch herunter, um ganz nach oben zu kommen. Auf die Laufstege von Paris, Mailand oder New York.
Und in die Schlagzeilen der internationalen Presse. Bei den Schauen in Paris und besonders in Mailand waren selbst langjährige Beobachter irritiert, als sie auf den Catwalks die Knochen der Models beinahe klappern hörten, als sie Arme so dünn wie Äste und Beine so schmal wie Besenstiele sahen. Aber wenn die Beobachter auch irritiert waren, die Macher waren es nicht. Als zum Herbstende die Todesnachrichten der beiden Models um die Welt gingen, die verschreckten Veranstalter der Madrider Modewoche ein Mindestgewicht für Models einführten und in Mailand über einen Body-TÜV diskutiert wurde, reagierte die Modewelt noch nicht einmal gelassen, sondern ignorant. Als sei es eine unerlaubte Einmischung in ihre inneren Angelegenheiten, fegten Designer wie Karl Lagerfeld oder Model-Agenten wie der Mailänder „D'Management Group"-Chef David Brown die internationale Kritik am Skelett-Style mit selbst gezimmerten Evolutionstheorien vom Tisch. Es habe sich eben der Körperbau der Mädchen in den Jahren verändert, erklärte Lagerfeld lapidar, und Brown assistierte mit der erstaunlichen Aussage, Mädchen würden heute so schnell wachsen wie ein Baum, „der Stamm zuerst und dann die Arme wie Äste".
Doch so sehr sich die Herrschaften auch mühten, den Micker-Look als ganz normale Entwicklung zu verharmlosen, aus „dünn" wurde „dürr", aus „schlank" wurde „krank". Und der Skandal um die im Vorjahr beim Koks-Ziehen fotografierte Kate Moss hätte eigentlich verblassen müssen, angesichts der horrenden Tablettenlisten der Magermodels, die sich mit Hormonbomben wie Lipo-6 oder Pflanzenextrakten wie Ephedra nicht nur den Magen verriegeln, sondern

obendrein auch noch die Fettverbrennung anheizen wie einen Hochofen.

Der Trend zum Hungerhaken gehört zu den jüngsten Wegmarken einer Branche, die immer neue Kicks sucht, um das Interesse eines vielfältig abgelenkten Publikums nicht zu verlieren. Einerseits, sagt der Mailänder Video-Produzent Sergio Salerni, habe die Modewelt längst die Bodenhaftung verloren, „die sehen ihre Kleider nicht mehr als Kleider, die von Menschen getragen werden, sondern als Kunstwerke, die sie an Wesen vorführen". Andererseits registriert die Mode wie jede andere Industrie höchst genau Verschiebungen am Weltmarkt. Auf das neue Geld starrend, das im aufblühenden Osteuropa und im ständig mehr prosperierenden Asien für Mode und Luxus inzwischen ausgegeben wird, passen die Designer den Rohstoff Model pragmatisch einem anderen Image an. „In Asien kann ich mit einer Vollfrau wie Claudia Schiffer nicht werben", sagt Guido Dolci, Modelagent in Mailand, „vor solchen Frauen haben die dort Angst." Und so erklärt sich auch, warum fast 60 Prozent der Laufsteg-Mädchen heute aus dem Osten kommen, „dort sind sie groß und dünn", sagt Dolci. Und sie haben hohe slawische Wangenknochen, was ihre Gesichter noch schmaler macht. In den aktuellen Magerkrach mischte sich schließlich mit einem ungelenken Ausrutscher auch noch Heidi Klum ein, die in ihrer quotenerntenden Show „Germany's next Topmodel" eine schlanke Kandidatin mit dem Kommentar, sie sei zu dick, aus der Konkurrenz verabschiedete. Die Aufregung war groß, „Bild" spekulierte prompt, ob Heidis Model-Spiel in Wahrheit eine Hungertortur sei. Erst als am Ende Lena Gercke aus der Nähe von Oldenburg mit Normalgewicht das Rennen machte, beruhigten sich die Gemüter – um gleich wieder zu erschrecken, als in der gern Maßstäbe setzenden Filmmetropole Hollywood die neuen Top-Stars Keira Knightley, Nicole Richie und Lindsay Lohan wie ihre eigenen Schatten vor die Kameras kamen und man die Rippen zählen konnte.

Immerhin schimmerte zum Ende des Jahres Vernunft auf – Hollywoods mächtigste Stylistin und Diätdomina Rachel Zoe wurde von

Viele Designer wollen ihre Kleider wie Kunstwerke vorführen – da stört jedes Gramm zu viel am Körper. Model Ana Carolina Reston (l.) wog vor ihrem Tod gerade noch 40 Kilo; ihre Kollegin (o.) bringt kaum mehr auf die Waage

MÜSSEN DIE MODELS NUN ZUM BODY-TÜV GEHEN?

vielen als Beraterin entlassen, was zu sichtbar rosigeren Wangen und gefüllteren Dekolletés führte. Dennoch blieb in der Mode das Diktat der Zahlen. Galt früher die italienische Kleidergröße 40 als oberer Gewichtsleitzins, ist es heute 36, knappe Gazellengröße. Scherzhaft prophezeiten manche Designer bereits, man werde die 0 auch noch schaffen. So wie bei der unglücklichen Ana Carolina Reston.

NUR NOCH EIN HAUCH VON EINEM KLEID

Weniges konnte die Modemacher in diesem Sommer so begeistern wie der „Nude-Look" – transparente Stoffe, meist aus Seide, die den Körper wie eine zweite Haut umhüllen und die Lingerie-Optik in der Mode etablieren sollen. Wie zu erwarten, hatten Evas Kostüme es schwer, den Sprung vom Laufsteg in die Läden zu schaffen. Den meisten Kundinnen ging die propagierte Freikörperkultur dann doch zu weit

MODE 233

TRÄUME IN BUNTEN MÄRCHENWELTEN

Der englische Fotograf Tim Walker brachte der Modefotografie zurück, was ihr lange gefehlt hat: traumhafte Opulenz und Arrangements voller Naivität, Farben und Romantik. Sein Lieblingsmodel Lily Cole als Rapunzel auf einer Wendeltreppe im Whadwhan-Palast im indischen Gujarat (rechts) könnte denn auch ebenso aus einem Zauberreich stammen wie Camilla Rutherford als kostümiertes Zwitterwesen in Goa

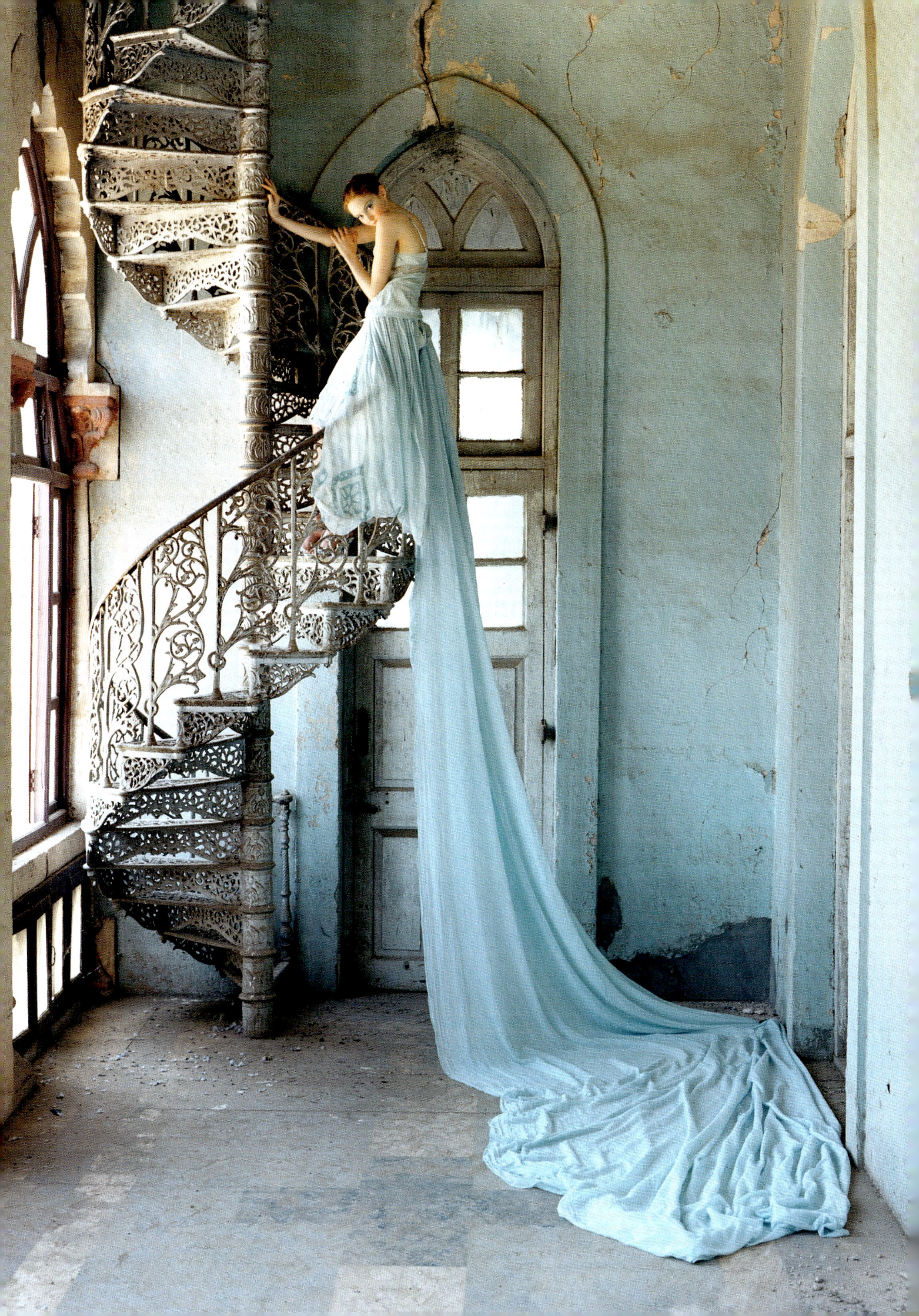

236 MODE

COMEBACK MIT GROSSEM KOPFSCHMUCK

Guten Abend, Sydney! Gefällt's euch? – Mit diesen Worten begann Kylie Minogue im Juli die Wiederaufnahme ihrer „Showgirl"-Tournee. Die Sängerin war im Frühjahr 2005 an Brustkrebs erkrankt und hatte eine einjährige Konzertpause eingelegt. Ihr Image hat die australische Pop-Queen im Lauf der Karriere häufig geändert, nicht jedoch ihre Vorliebe für glamouröse Outfits und aufwendige Kostüme

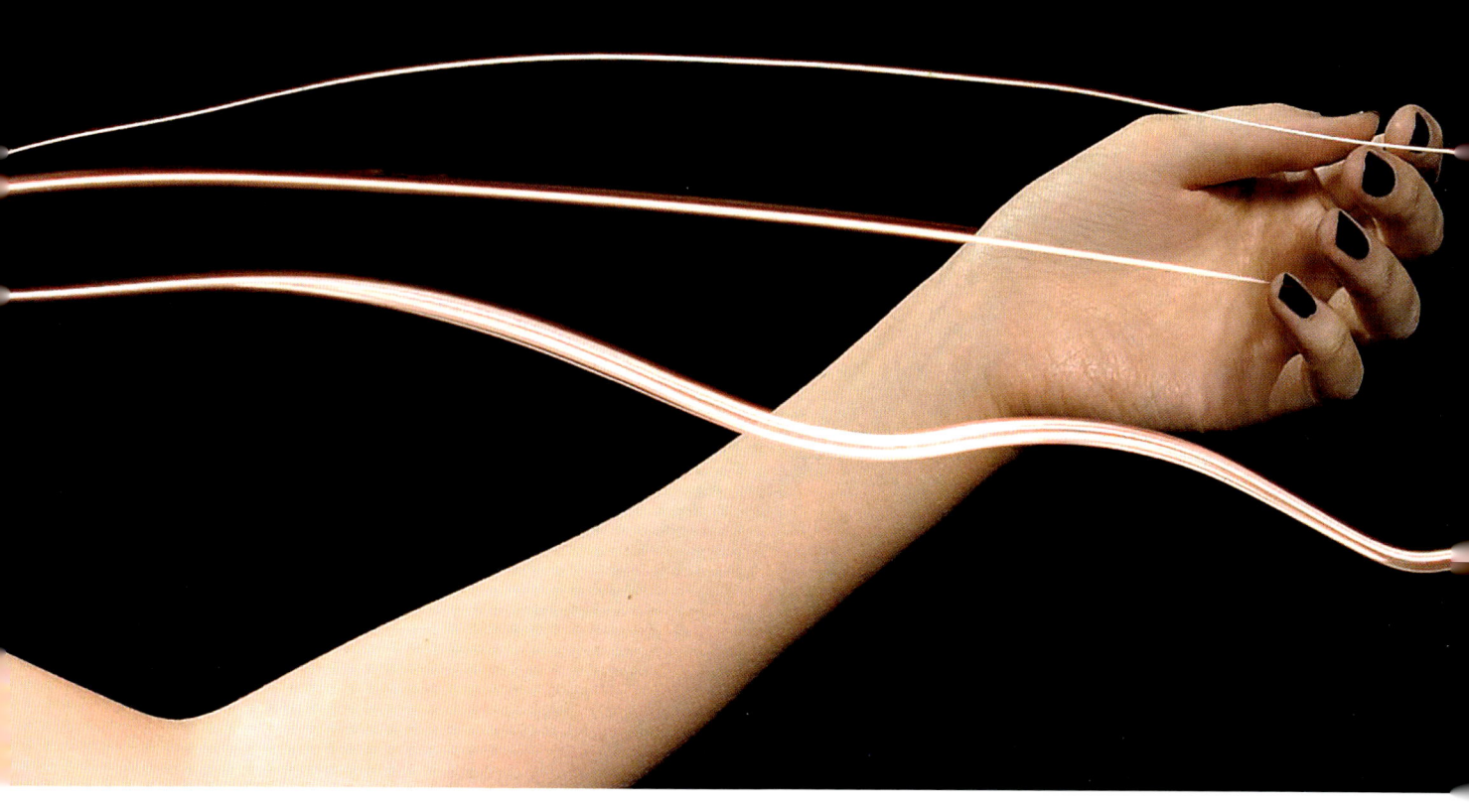

BLOSS DIE SONNE FEHLTE NOCH

Einen hübschen Nebenjob erledigte das Ballett des Berliner Friedrichstadtpalasts, als es für den *stern* die aktuelle Bademode vor den Kulissen der Revue „Casanova" präsentierte. Das geschah zwar unter den wachsamen Augen der Theaterleitung: Die Brüste der Tänzerinnen müssten bedeckt bleiben, so eine Forderung – was die Damen aber nicht hinderte, sich trotzdem recht offenherzig zu geben

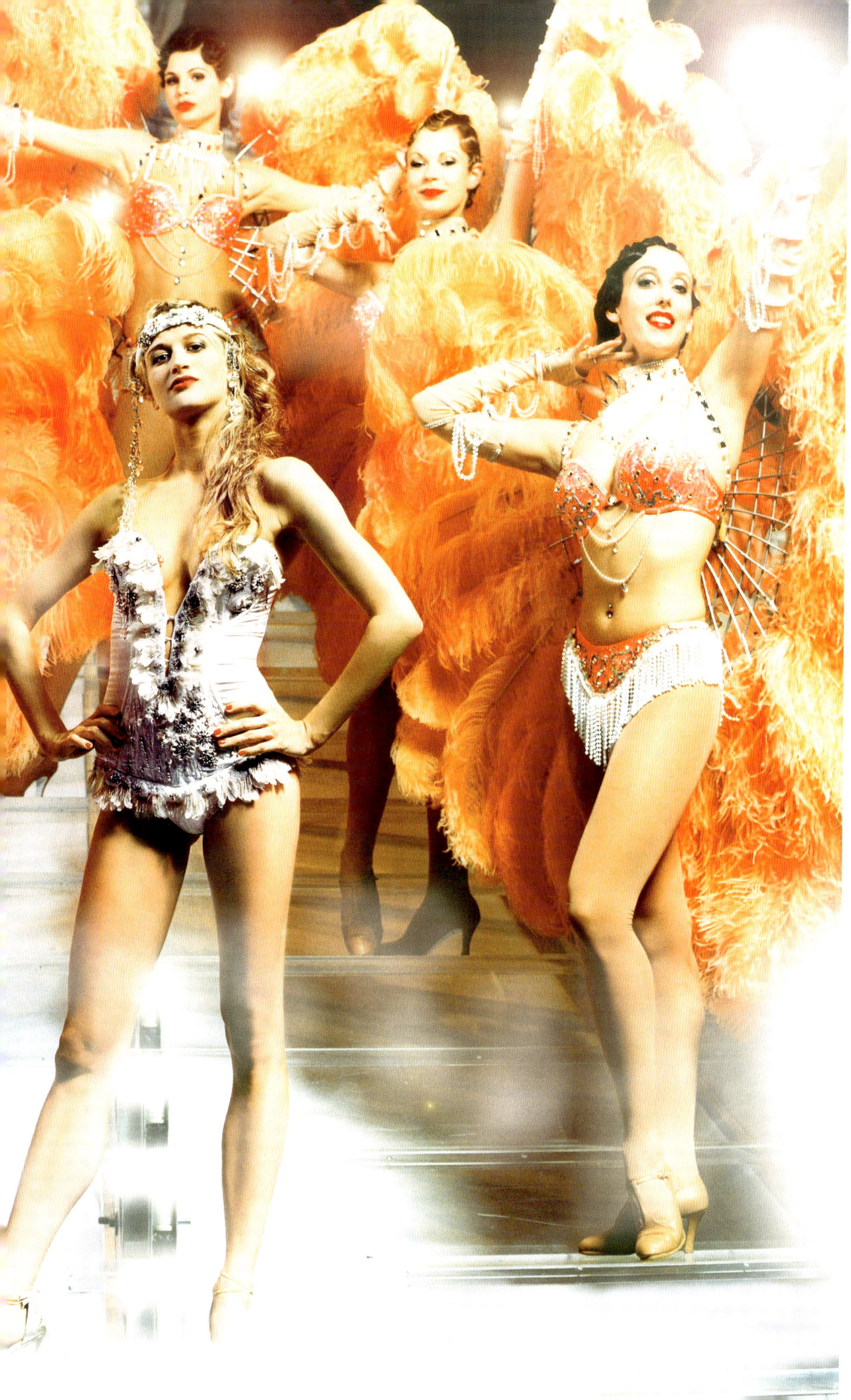

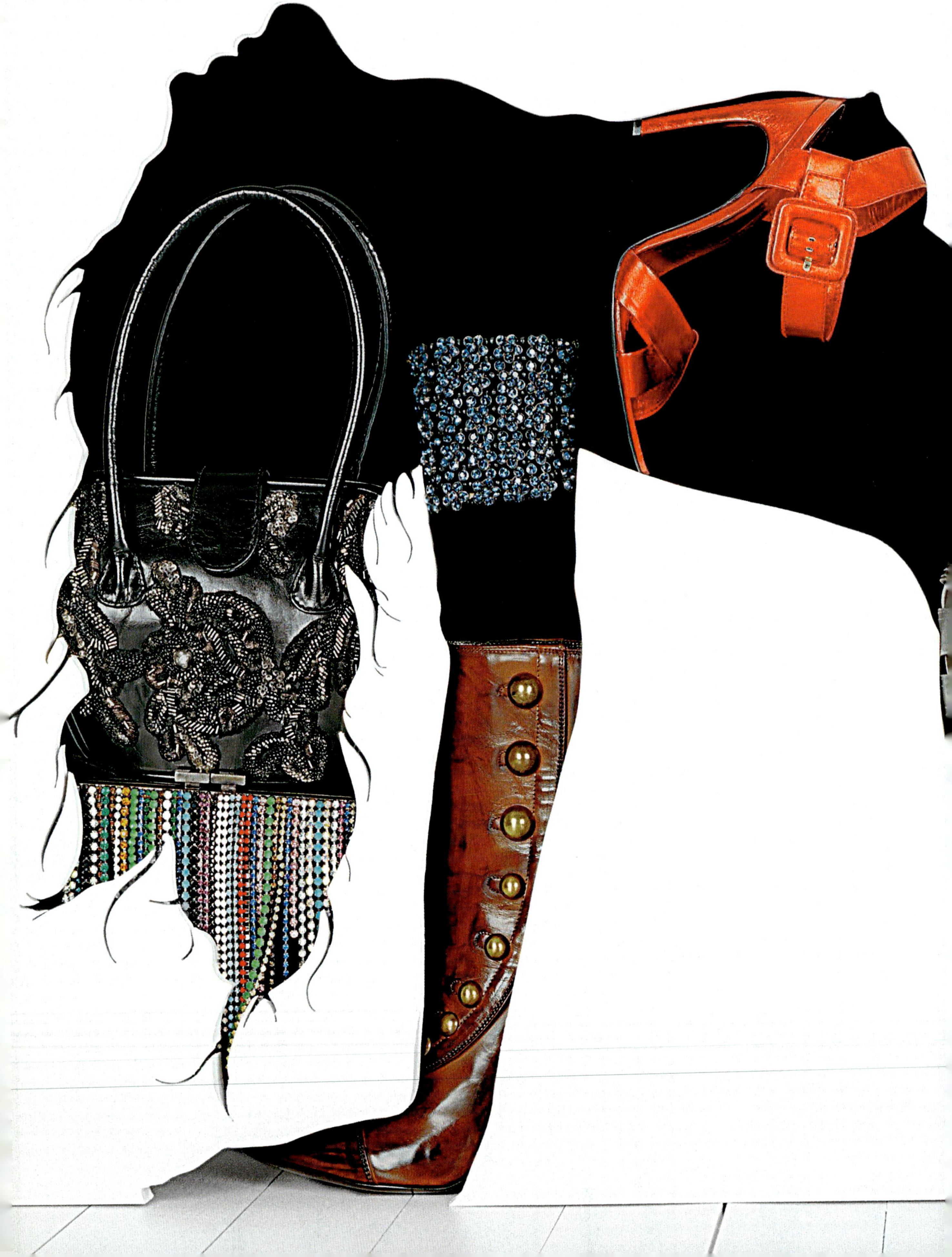

BODY-ART MIT ACCESSOIRES

„Auch tote Dinge haben ein Eigenleben": Nach diesem Motto (und ausgerüstet mit Zange und Draht, Kleber und Holzwand) bildete der Fotograf Bela Borsodi mit modischem Zubehör den Körper einer Frau nach – und lag damit voll im Trend. Denn Taschen, Schuhe und Schmuck sind kein Beiwerk mehr, sie machen den Look und bescheren den Luxuskonzernen, was Kleider allein kaum noch schaffen: Umsätze und Gewinne

SPORT

ZWEI STARS MACHEN SCHLUSS JEDER AUF SEINE WEISE

Michael Schumacher. Jan Ullrich. Große Namen. Zwei deutsche Sportler mit Weltruf. Doch im Fall von Jan Ullrich ist der Name inzwischen ziemlich diskreditiert. Der ehemalige Tour-de-France-Sieger hat sein Lebenswerk selbst ruiniert. Er steht unter dringendem Dopingverdacht. Für ihn dürfte 2006 das letzte Jahr als Radprofi gewesen sein. Auch Michael Schumacher hat sich verabschiedet. Allerdings unter gigantischem Jubel. Nach sieben WM-Titeln in der Formel 1 drehte er am 22. Oktober in São Paulo seine letzten Runden. Aber im Sport ist es ja wie im richtigen Leben: Immer wieder gibt es neue Stars

Pisten ade: Formel-1-Star Michael Schumacher mit Ferrari-Teamchef Jean Todt

FLIEGENDER HOLLÄNDER

Nein, dieser Mann ist nicht der Fleisch gewordene Daniel Düsentrieb. Und er wird auch nicht vom orangefarbenen Qualm angetrieben, der ihm aus den Schuhen quillt. Er befindet sich gerade im freien Fall – „Rope Sliding" heißt der Freizeitspaß, bei dem man sich mit 100 Kilometer pro Stunde an einem Seil entlang hinunterstürzt. Wo so was geht? In Rotterdam, vom Euromast-Turm

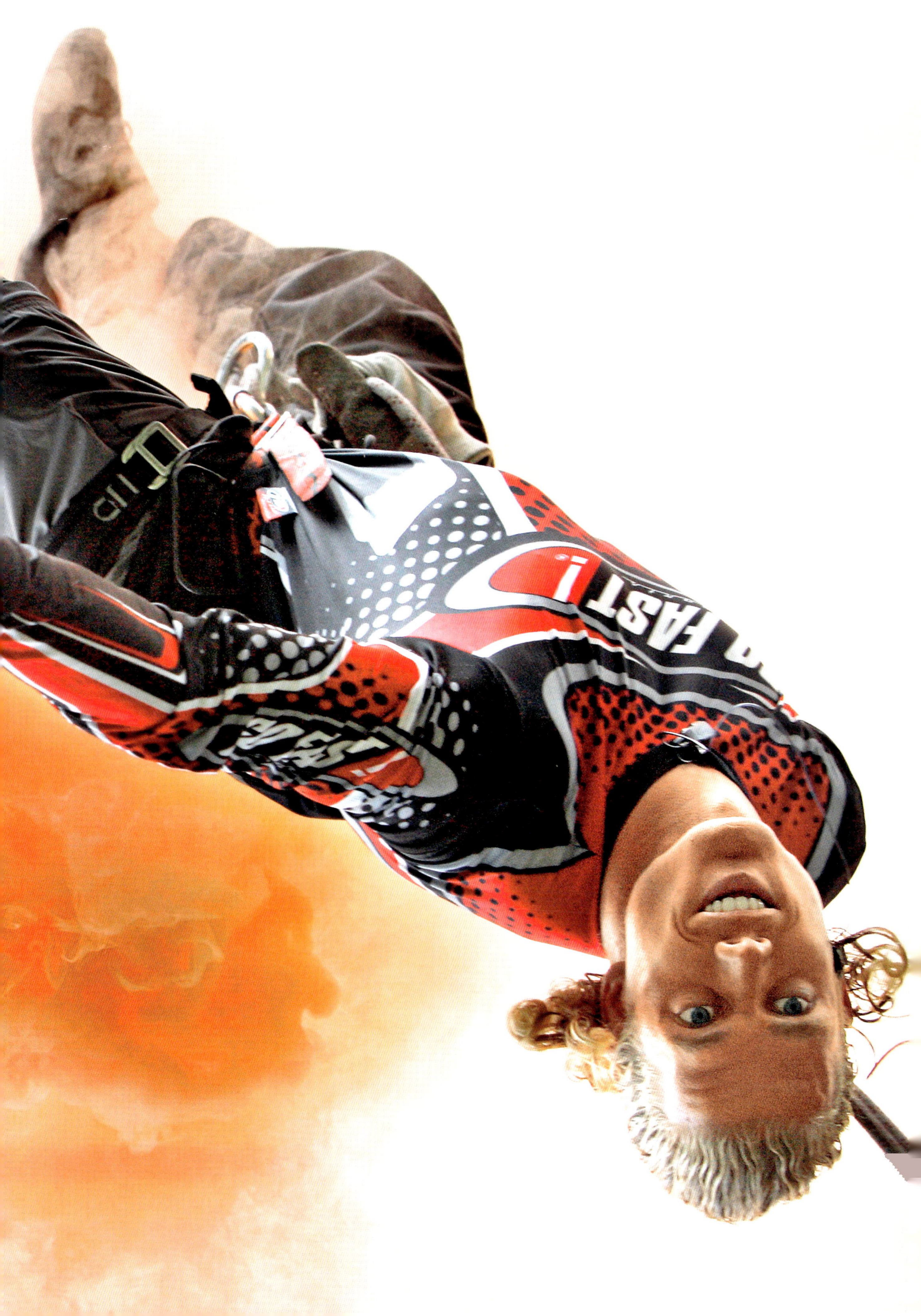
FAST!

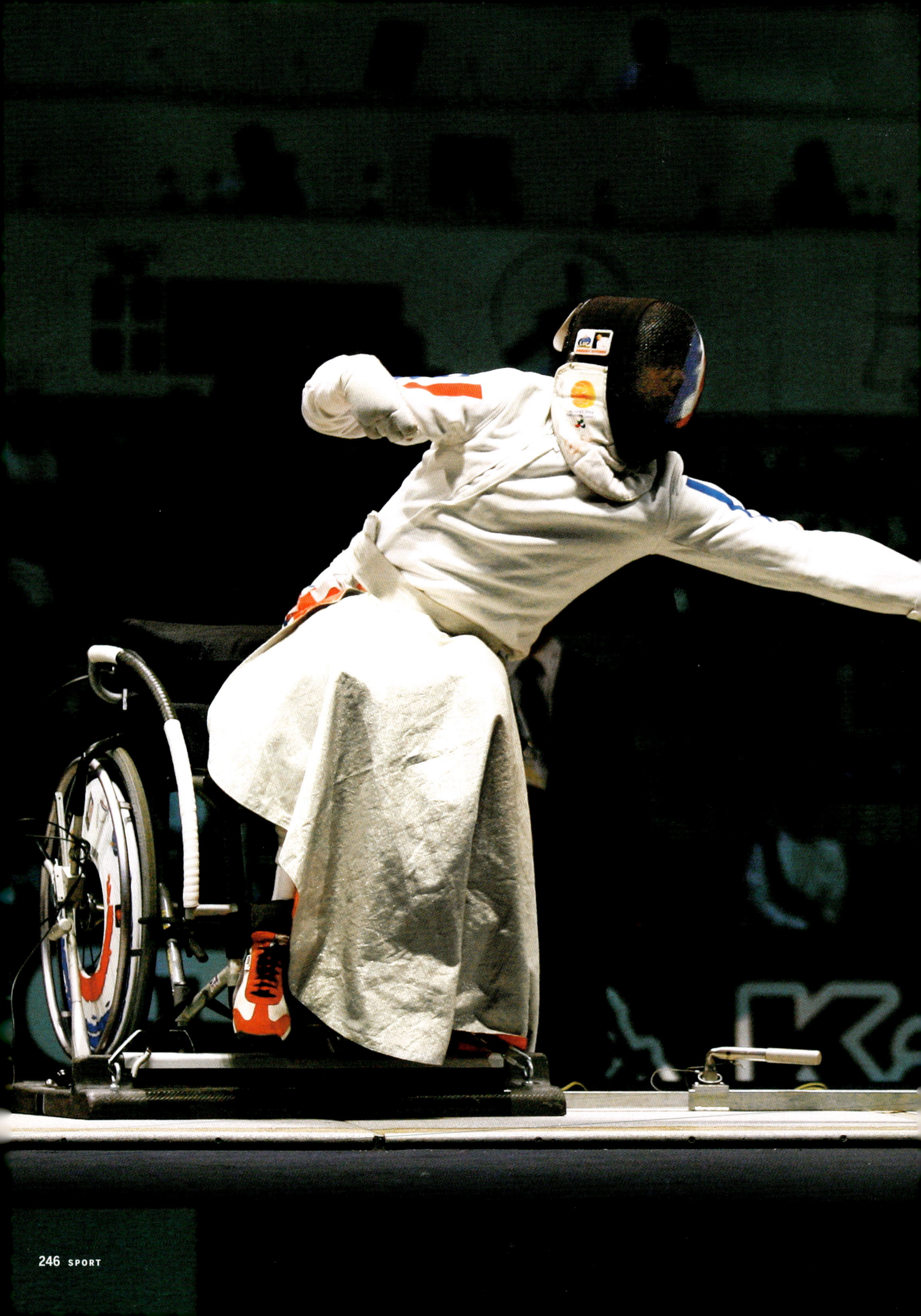

ATTACKE IM SITZEN

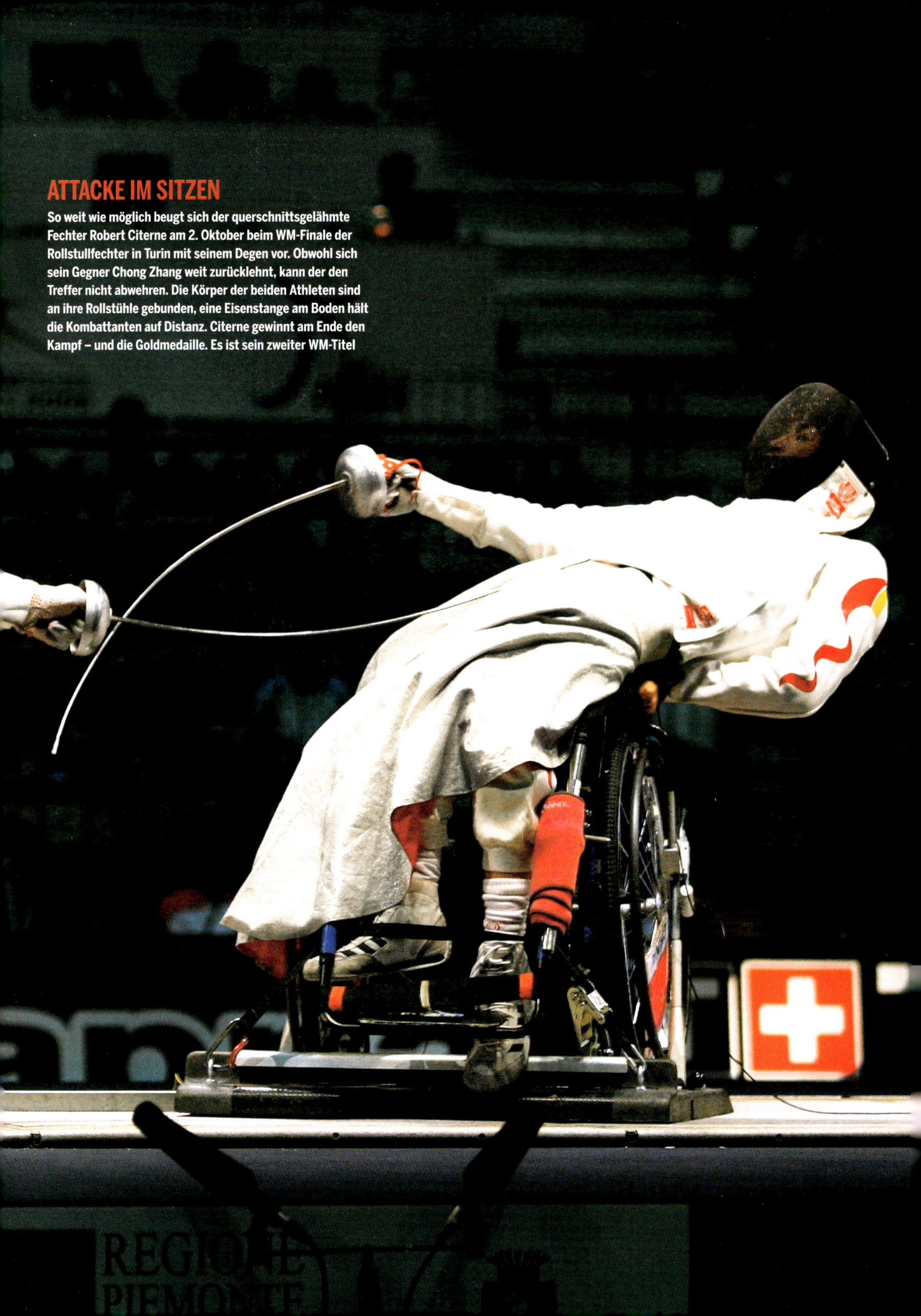

So weit wie möglich beugt sich der querschnittsgelähmte Fechter Robert Citerne am 2. Oktober beim WM-Finale der Rollstuhlfechter in Turin mit seinem Degen vor. Obwohl sich sein Gegner Chong Zhang weit zurücklehnt, kann der den Treffer nicht abwehren. Die Körper der beiden Athleten sind an ihre Rollstühle gebunden, eine Eisenstange am Boden hält die Kombattanten auf Distanz. Citerne gewinnt am Ende den Kampf – und die Goldmedaille. Es ist sein zweiter WM-Titel

FLINK WIE EIN FISCH

Wer so elegant durchs Wasser gleitet, muss einfach schnell sein. Britta Steffen jedenfalls erkämpfte sich bei der Schwimm-Europameisterschaft in Budapest im Sommer gleich vier Goldmedaillen, drei davon in Weltrekordzeit. Nicht immer konnte die 23-Jährige allerdings so ausgelassen jubeln wie in diesem Jahr. Zwar wurde die Schwimmerin aus der Uckermark schon früh als großes Talent und Nachfolgerin von Franziska van Almsick gehandelt, doch dann kam der Karriereknick. Als 20-Jährige paddelte sie 2004 bei den Olympischen Spielen in Athen nur hinterher. Sie nahm eine Auszeit vom Sport; begann ein Studium zur Wirtschaftsingenieurin und ließ sich von einer Psychotherapeutin behandeln. Ein Jahr später kehrte sie ins Wasser zurück. Der Grund für ihr erfolgreiches Comeback sei ihre neue mentale Stärke, erklärt sie und versucht damit, Doping-Spekulationen zu entkräften

MODEL-ATHLETEN

„Kühlschrank" lautet der Spitzname von William Perry – dabei kocht das Stadion in Los Angeles, als sich „The Fridge" am 5. Februar beim „Lingerie Bowl" für das New York Euphoria Damenteam, erkennbar an der rosa Unterwäsche, durch die furchterregenden Reihen der Los Angeles Temptations (blaue Outfits) tankt. Das Fernsehen überträgt die alljährliche Schlacht der Unterwäschemodels in der Halbzeitpause des Super Bowl. Das Endspiel der Profi-Footballer gewannen diesmal die Pittsburgh Steelers – beim Lingerie Bowl siegte natürlich die Mode

SPORT 251

HAND AUFS HERZ – UND REIN!

Er ist cool. Richtig cool. Wenn Dirk Nowitzki einen Freiwurf versenkt, wie hier beim Match Deutschland–Türkei am 4. August in Berlin, spielt er oft wie in Trance. Nichts kann ihn ablenken, weder das Gebrüll der Zuschauer noch der Trash-Talk des Gegners. Er macht ihn einfach rein, den Ball – und brachte so das deutsche Nationalteam bis ins Viertelfinale der Basketball-WM in Japan. Dann kam der große Kater: Niederlage gegen die USA und am Ende nur Platz acht. Doch Nowitzki hat schon Rache geschworen. Bei der EM 2007 in Spanien soll der Titel her

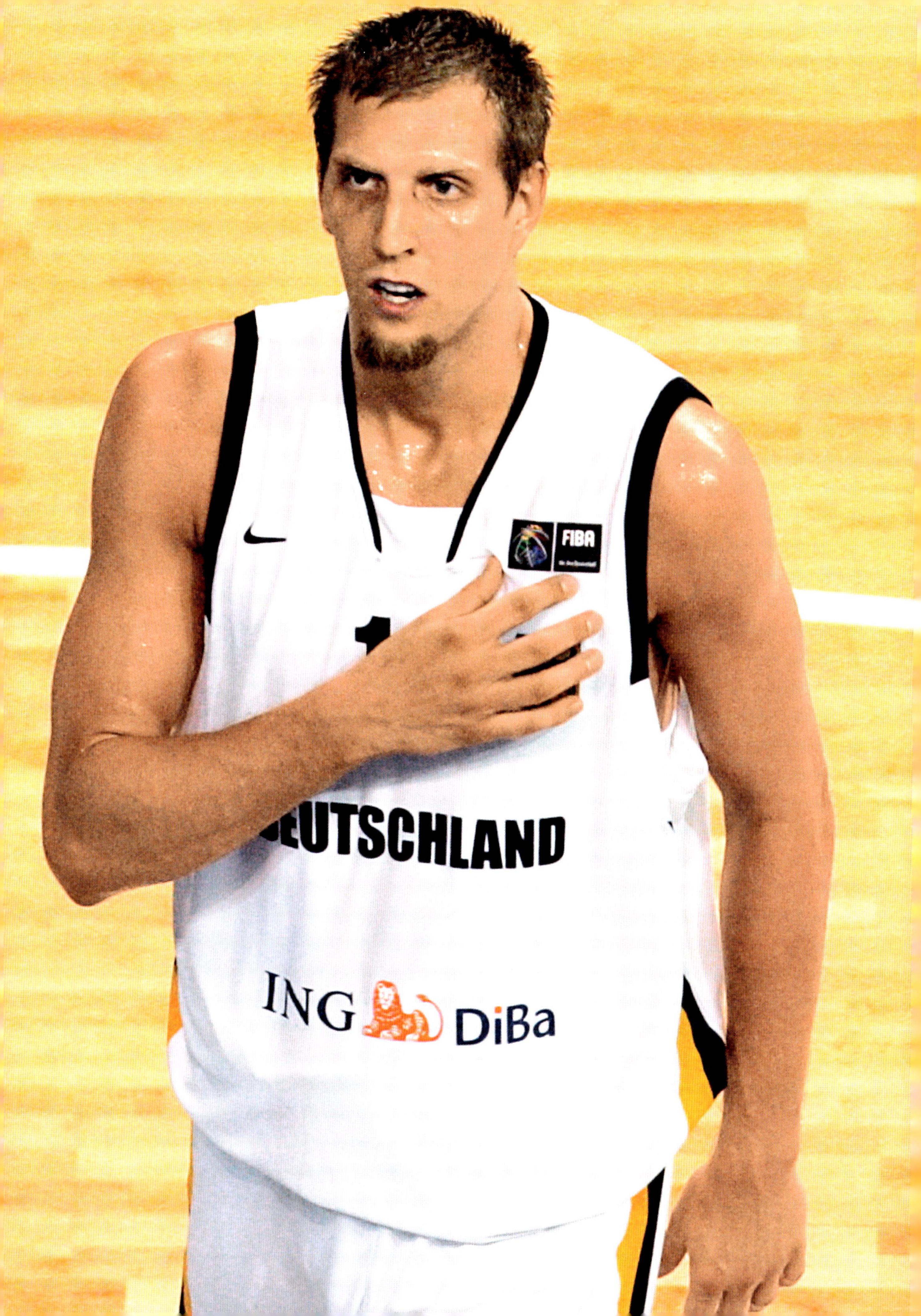
FIBA
DEUTSCHLAND
ING DiBa

VON REUE KEINE SPUR

Der eine (l.) heißt Jan Ullrich und hat in diesem Jahr die Tour de Suisse gewonnen. Der andere (r.) ist Floyd Landis und war Sieger der Tour de France. Was die Radprofis außer ihrem Beruf gemeinsam haben? Ihre Vorliebe für leistungssteigernde Mittelchen, kurz: Doping. Und weil das in diesem Jahr nicht länger geheim geblieben ist, war für Ullrich die Zeit des Schwitzens bereits am 30. Juni beendet – da suspendierte ihn sein Rennstall T-Mobile, einen Tag vor Beginn der Frankreich-Rundfahrt. Landis posierte derweil zwar noch in seinem Straßburger Hotelzimmer für die Fotografen. Doch auch für ihn schlug die Stunde der Wahrheit. Nur drei Tage nach dem Finale auf den Champs-Elysées (kl. Foto) wird der US-Amerikaner positiv auf Testosteron getestet. Was beide heute noch verbindet: Sie leugnen ihre Schuld. Und sind arbeitslos

SPORT 255

HARTE LANDUNG
Die Beine seltsam nach vorne geklappt und das Rückgrat verkrümmt stürzt die tschechische Eiskunstläuferin Olga Prokuronova mit Gesicht und Oberkörper am 18. Januar aufs Eis im „Palais des Sports" von Lyon. Gleich zu Beginn ihrer Europameisterschaftskür hat Partner Karel Stefl bei einer Hebebefigur das Gleichgewicht verloren. Besonders unglücklich: Weil er Prokuronova an den Händen festhielt, schlug die 16-Jährige vornüber und ungebremst auf den Boden. Von der Wucht des Aufpralls benommen, blieb sie zunächst liegen, konnte dann aber winkend und am Arm von Stefl das Eis verlassen. Wie durch ein Wunder verletzte sie sich nicht

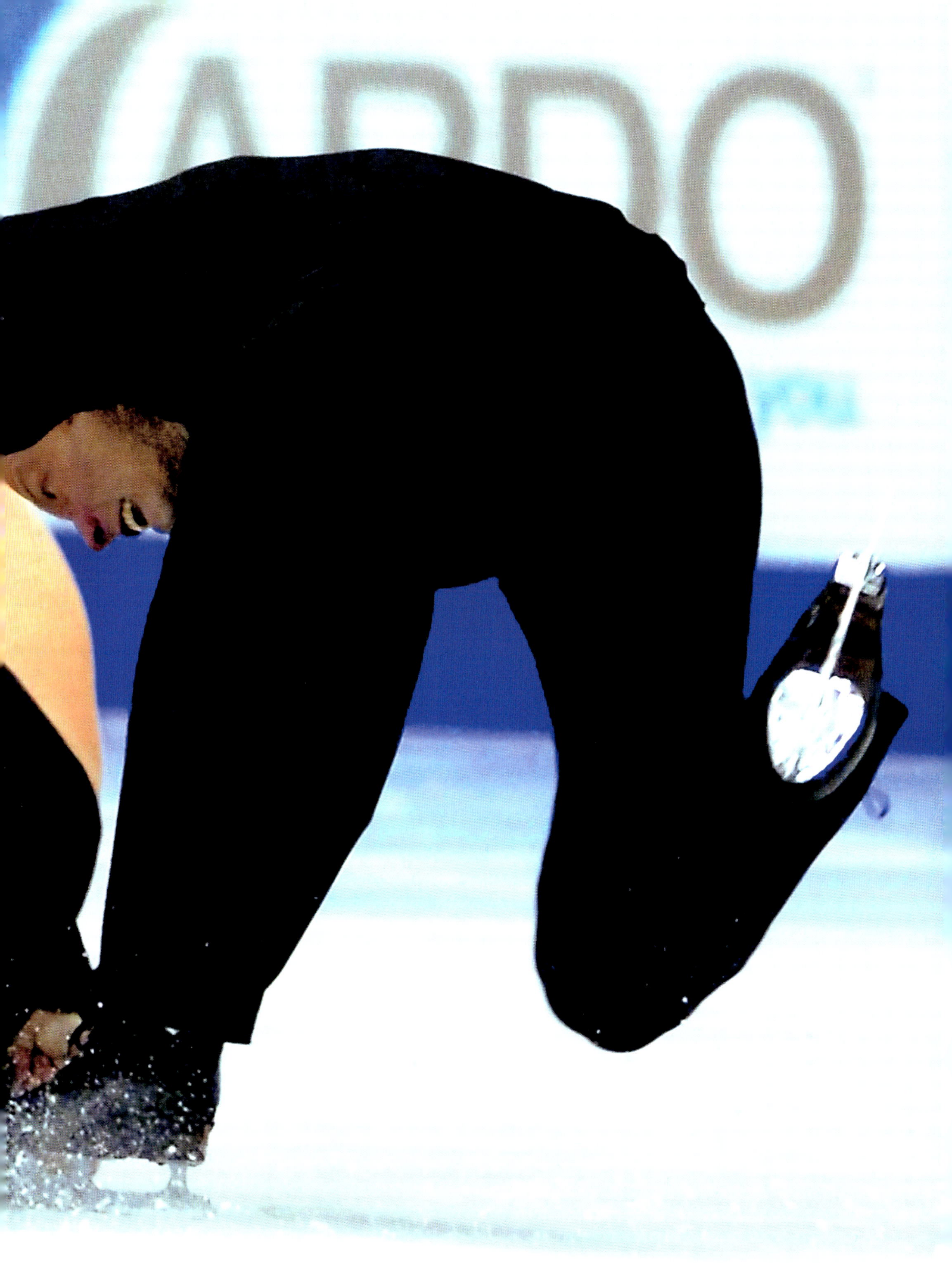

FUSSBALL-WM
DEUTSCHLAND IM AUSNAHMEZUSTAND

„Ein Sommermärchen" nannte Sönke Wortmann seinen Film über die deutsche Nationalmannschaft bei der WM 2006. Und tatsächlich war ein Märchen zu sehen: vom deutschen Team, dem kaum einer etwas zutraute und das mit begeisterndem Fußball Dritter wurde. Vom Land, das als spröde und spaßfeindlich galt und dem es vor den eigenen fremdenfeindlichen Ressentiments schauderte – und das auf einmal fröhlich feierte wie kaum ein WM-Gastgeber zuvor. Natürlich war das Märchen irgendwann zu Ende. Aber schön war es

Den wollte er haben, doch am Ende strahlte WM-Coach Jürgen Klinsmann auch ohne Pokal

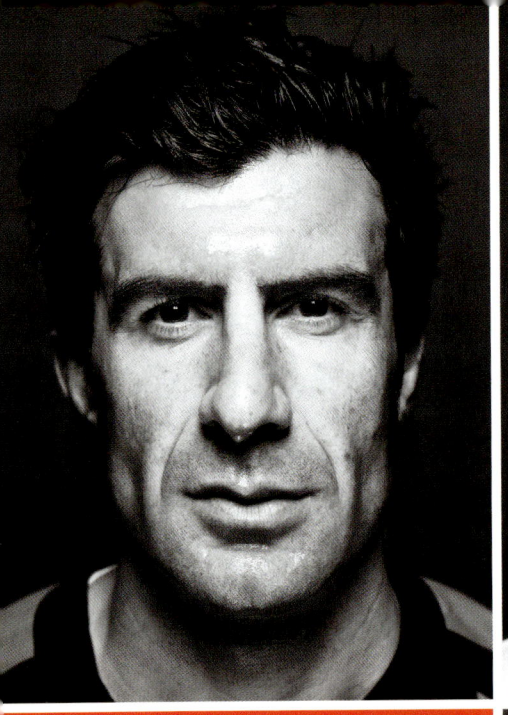

NACH DEM SPIEL IST VOR DEM SPIEL

Kein Make-up, keine Hochglanzinszenierung. Die männlichen Supermodels unserer Zeit, reduziert auf das, was sie sind: Typen, die Sport treiben. Für seinen Bildband „Faces of Football", erschienen zur WM, porträtierte das Schweizer Fotografen-Duo Mathias Braschler und Monika Fischer elf Großmeister des Kickens direkt nach dem Abpfiff. Gesichter, die von Sieg und Niederlage, von Freude und Wut, von Lust und Müdigkeit erzählen. Von oben links im Uhrzeigersinn: Luis Figo, Lukas Podolski, David Beckham, Zinédine Zidane, Pavel Nedved, Emmanuel Adebayor, Gianluigi Buffon, Michael Ballack, Arjen Robben, Ronaldinho und Ronaldo

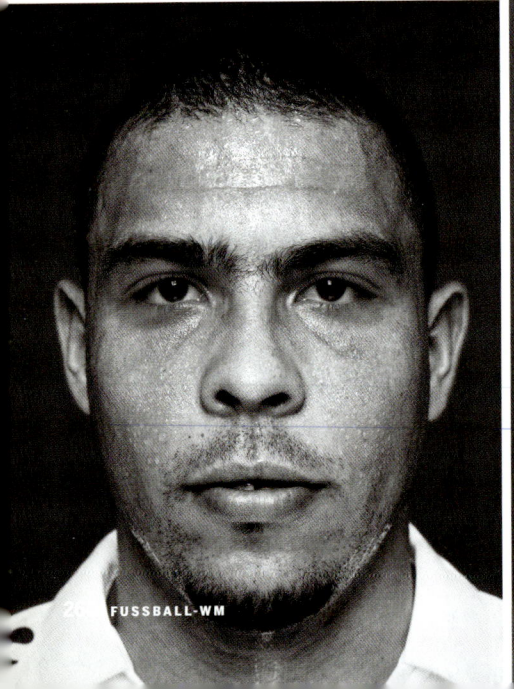

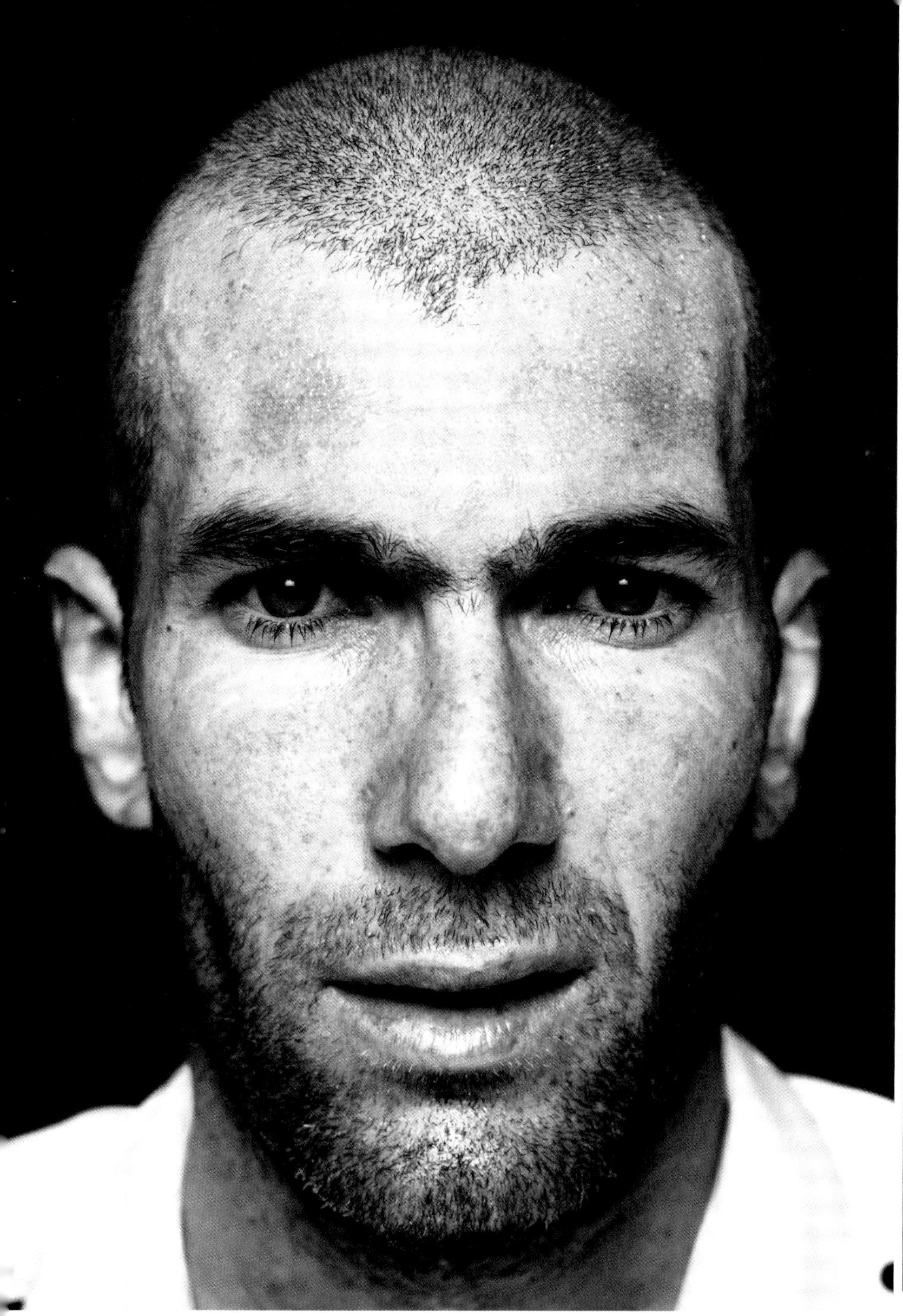
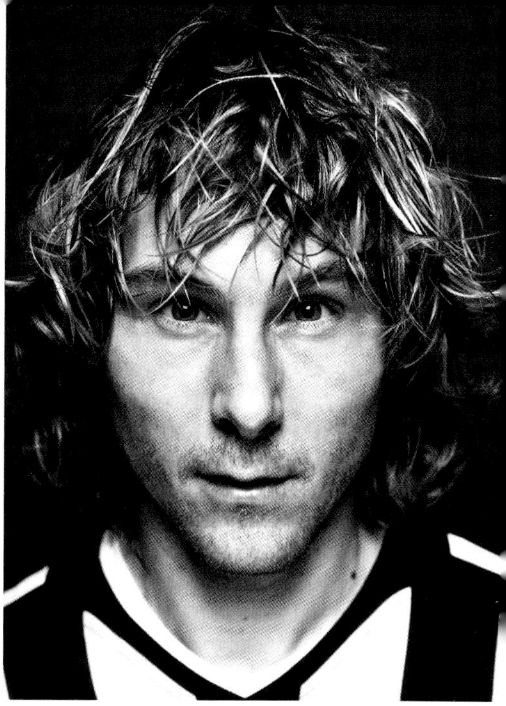
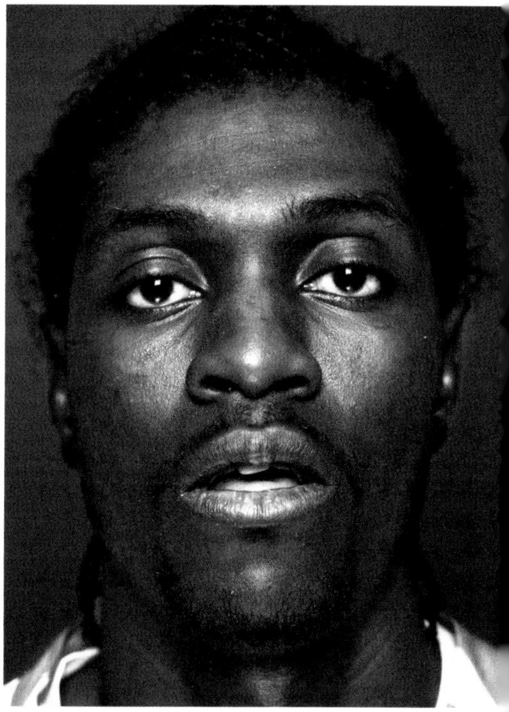
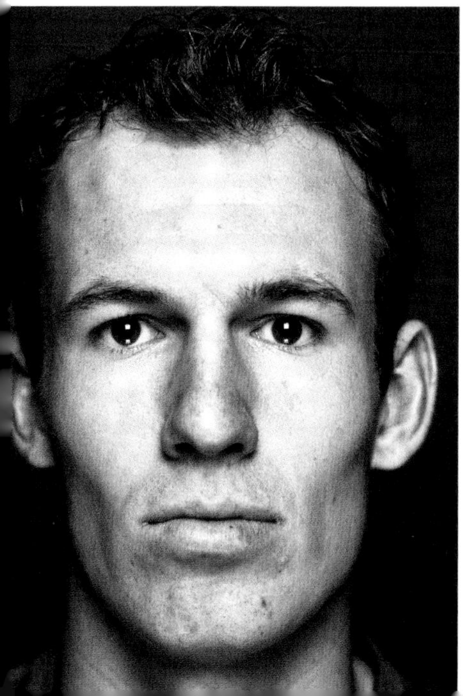
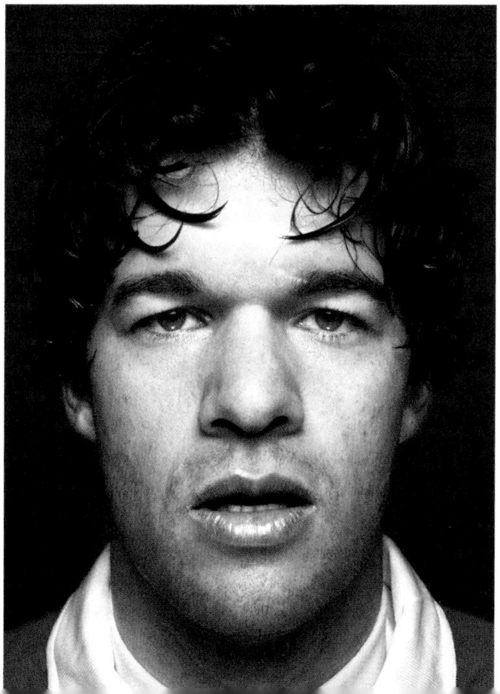
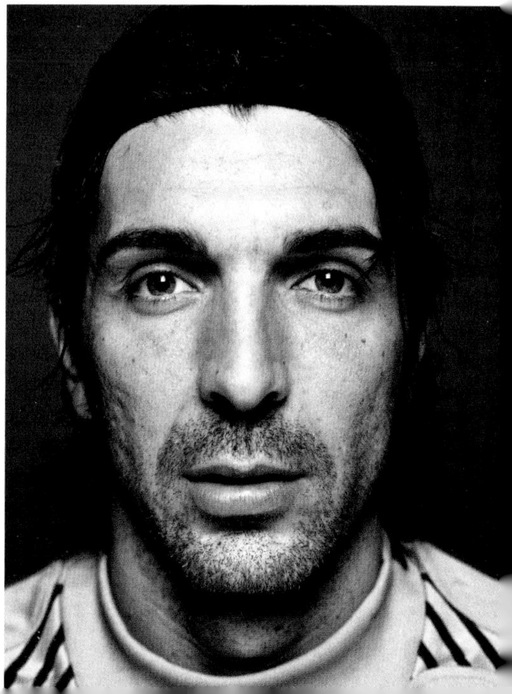

FUSSBALL-WM

TEXT_ Bernd Volland

Es war am 9. Juli in Berlin. Es war der Tag des Endspiels, und die Deutschen standen nicht im Finale, sie standen oben auf dieser Bühne. Der Poldi, der Schweini, Ballack und Lehmann – und Klinsmann natürlich, der Klinsi. Eine halbe Million Menschen lagen wie ein Teppich vor ihnen, er zog sich vom Brandenburger Tor weg. Sie konnten nicht sehen, wo er aufhörte, so lang war er. Die dort unten jubelten denen dort oben zu. Und die dort oben denen dort unten. Und irgendwie war nicht klar, wer die Helden waren. Ja, was war das eigentlich?

Sie hatten vorgehabt, Weltmeister zu werden. Jetzt waren sie Dritter geworden. Aber es war keine Enttäuschung, sondern ein Erfolg. Man hatte viel gehofft, aber wenig erwartet. Zu wacklig schien dieses Team zuvor, dieser junge Haufen. Zu sehr hatte sich das Land auch im Fußball an die Worte Mittelmaß und Stillstand gewöhnt. Und vielleicht wurde dieser Sommer gerade deshalb möglich, war man deshalb bereit, sich treiben zu lassen. Vielleicht waren die Menschen deshalb nicht von der ewigen Sorge um eine Enttäuschung gelähmt. Wie sie spielten und feierten, die Deutschen! Dortmund, 14. Juni, 90. Minute, noch immer 0:0 gegen Polen, mit einem Sieg wäre Deutschland im Achtelfinale, das wäre ja schon was, man redete vom Titel, aber wer wollte ihn schon wirklich einfordern von diesen Burschen? Die exerzieren auf dem Rasen keinen zynischen Am-Ende-gewinnt-eh-Deutschland-Fußball, es toben tatsächlich Mut und Sehnsucht nach Spektakel. Das Haus ist ausverkauft, 65 000, sie hören sich an wie 200 000, kein Pfeifen, kein beleidigtes Schweigen, sondern eine Welle von „Deutschland"-Rufen, wie sie noch nie bei einem Länderspiel in einem Stadion brandete. Die sich überschlägt, als David Odonkor hineingeworfen wird, „Daaaviiiid!". Er wetzt das Feld auf und ab, als ginge es um sein Leben, dieser 22-jährige Knabe, der beim Gespräch kaum einen Satz über die Lippen quetschen kann, so unfassbar ist das alles für ihn, vor einem Jahr noch Ersatzspieler bei Borussia Dortmund, einer, von dem niemand etwas erwarten durfte. Einer, dem man nur wünscht, dass ihm vielleicht mehr gelingt, als man erwartet. Nachspielzeit, Flanke Odonkor, Neuville, Toooor!

OB OBEN ODER UNTEN – PLÖTZLICH WAREN WIR ALLE HELDEN

Die Deutschen schlugen alle, Costa Rica, Ekuador, Schweden, sogar die Argentinier, die beste Mannschaft des Turniers bis dahin. Sie verloren nur gegen Italien, den späteren Weltmeister, der so deutsch spielte wie früher die Deutschen. Ja, so war das in diesem Sommer.

Dieser Sommer der Fahnenmeere. Am Anfang kam es einem noch etwas sonderbar vor, das Flaggezeigen, man konnte es im Stadion ja ertragen, aber an Autos in allen Städten und Häusern in allen Straßen? Doch man las nichts von Fans aus Ghana oder Togo, deren Knochen mit Baseballschlägern zerschmettert worden wären, sondern die Berichte von Korrespondenten anderer Länder, die ein Loblied sangen auf deutsche Freundlichkeit und Leichtigkeit, man konnte sich nicht sattlesen daran. Sie schwärmten von der schönsten WM aller Zeiten im Land der No-go-Areas. Im Stadion brüllte niemand das wüste „Hurra, Hurra, die Deutschen, die sind da!", man sang das fröhliche „54, 74, 90, 2006" von Sportfreunde Stiller. Und es waren keine kahlrasierten Kapuzenshirtträger zu sehen, sondern fröhliche Familien und hübsche Frauen.

Ja, so war das diesen Sommer.

Und so standen sie am Brandenburger Tor zum Abschied, die Helden oben, die Helden unten, und jubelten sich zu. Ein Traum!

Dann war es vorbei.

Bundestrainer Jürgen Klinsmann, der so von „diesen Jungs" geschwärmt hatte und davon, was man im Land bewegen könnte, verschwand ein paar Tage drauf auf Nimmerwiedersehen in die USA. Auf die unten warteten Gesundheitsreform und Mehrwertsteuererhöhung und ein paar kleine Aufschwungsymptome. Auf die oben, ohne Klinsmann, San Marino, Zypern, die Slowakei, Tschechien und Irland in der EM-Qualifikation. Beim Spiel in Bratislava zeigten sich deutsche Hooligans mit dem Hitlergruß, überschütteten Kinder mit Bier, grölten „Wir sind Deutsche und ihr nicht!" und die erste Strophe des Deutschlandlieds, prügelten sich mit der Polizei, die WM war gerade drei Monate vergangen. Und den Bundesligaklubs wird in der Europapokalwertung gerade der Rang von Vereinen aus Rumänien und Portugal abgelaufen.

So ist das heute.

Aber was wurde nicht alles vor und während der WM reinfeuilletoniert in diese Sportveranstaltung! Eine erfolgreiche deutsche Mannschaft könnte die Wende im Land des Stillstands herbeiführen. So wie 1954 beim Wunder von Bern. Als wäre allen Ernstes das namensverwandte Wirtschaftswunder durch einen Kick gegen Ungarn ausgelöst worden. Als könnten

Jungs – wir schaffen das: Jürgen Klinsmann feuerte seine Spieler an. Ballack, Klose und Neuville waren wie im Rausch

DAS TAT GUT, DASS AUCH DIE ANDEREN UNS LOBTEN

82 Millionen regiert werden, wie man 23 Fußballspieler für ein paar Wochen trainiert. Ein Traum. Die WM war eine Insel in der Zeit. Es gab ein Davor. Und es gibt ein Danach. Und man erdrückt die Magie des Augenblicks, wenn man ihm zu viel Bedeutung auflädt. Es war ein Augenblick. Aber ein unwahrscheinlich schöner. Und er hat die Erinnerung gebracht, dass auch Deutschland fähig ist, solche Augenblicke zu schaffen.

IM MEER DER FAHNEN

Es war der Sommer der Deutschen. Sie schmissen vier Wochen lang eine gigantische Party, sie freuten sich, dass die Welt zu Gast war und die Sonne schien, und am meisten freuten sie sich, dass sie sich so freuen konnten. Wer hätte aber auch Anfang des Jahres gedacht, dass das Schwenken von Deutschland-Fahnen (wie hier auf der Fanmeile in Berlin) nichts mit Nationalismus zu tun haben muss, sondern nur mit Spaß? Nicht mal die Wissenschaftler, die jedoch fix einen Begriff für dieses neue Phänomen erfanden: entspannter Patriotismus. Die Deutschen waren tatsächlich sehr entspannt, und sie waren auch sehr gute Gastgeber. Sie schieden höflich im Halbfinale aus und begnügten sich mit Platz drei

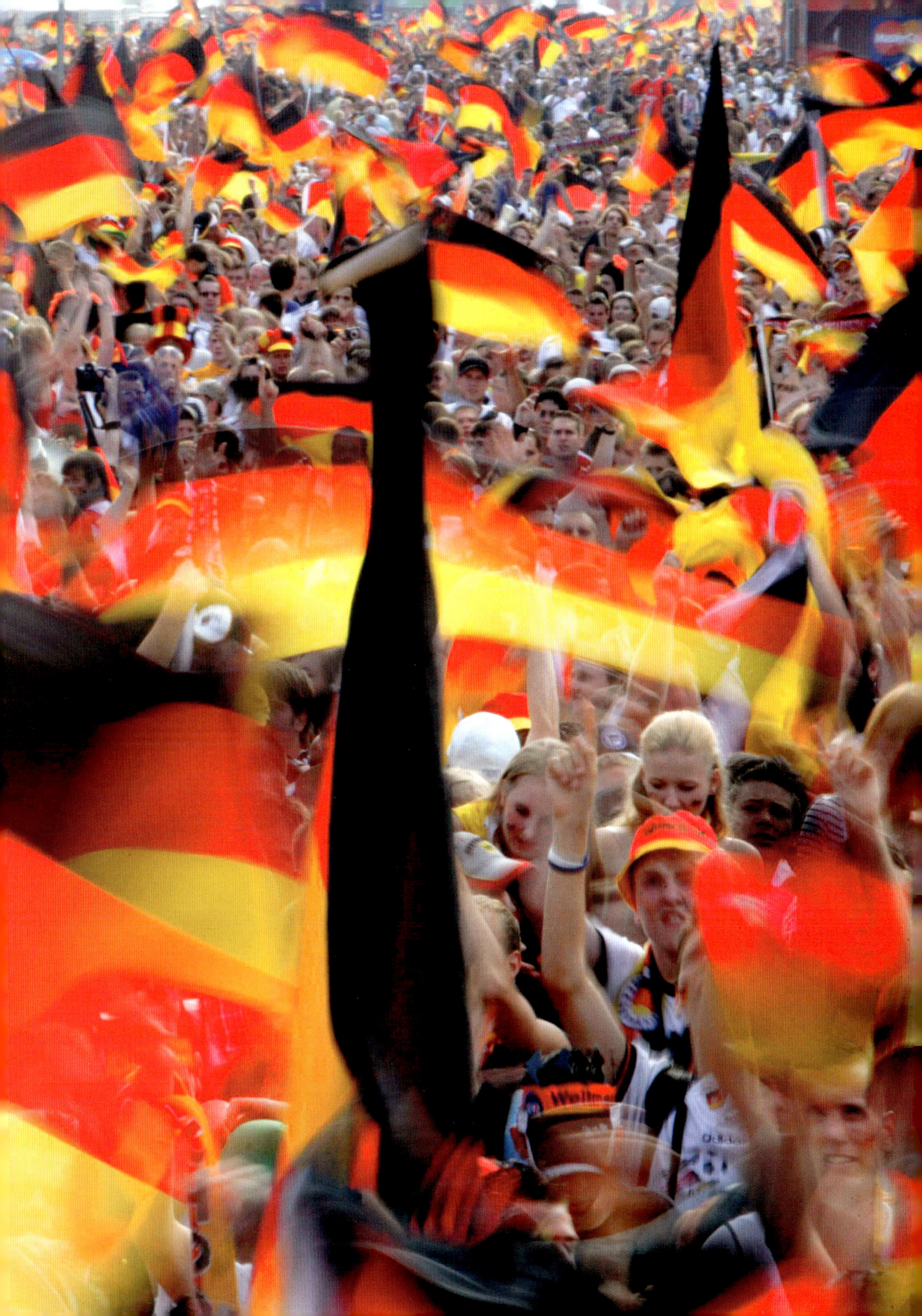

EIN MANN VON FORMAT

Dass er der Größte ist, davon ist Torwart-Titan Oliver Kahn ohnehin längst überzeugt – aber im Mai bestätigte die Sportartikelfirma Adidas es ihm auch noch mal bildlich. Satte 65 Meter streckte sich der Keeper auf einem gewaltigen Poster über eine Straße am Münchner Flughafen. Das Meister-Werk war Teil einer Werbekampagne, mit der das Unternehmen die Fußballweltmeisterschaft in Deutschland begleitete

Zone West

Zufahrt
500 m

Alle
Freising

...UND TOOOR!

So spektakulär kann es aussehen, wenn der Fußball im Netz landet, und so spektakulär ging sie los, die Fußball-WM: Unhaltbar für Costa Ricas Keeper José Porras, erzielt Deutschlands Verteidiger Philipp Lahm (nicht im Bild zu sehen) am 9. Juni im Münchner Stadion sechs Minuten nach dem Anpfiff den ersten Treffer gegen die Lateinamerikaner – und den ersten im Wettbewerb. Am Ende der Partie heißt es 4:2 für die Gastgeber

FUSSBALL-WM 269

WER SO GEWINNT...

Was war das für ein Fest, diese WM! Zum vierten Mal wollten die Deutschen Weltmeister werden und noch dazu mit ganz tollem Fußball und noch dazu als ganz tolle Gastgeber. Das Schöne: Es gelang auch fast alles. Das Trainer-trio Jürgen Klinsmann, Jogi Löw und Andreas Köpke (u.) formte noch rechtzeitig aus einem verunsicherten Haufen eine Mannschaft, die mutig, geradezu kunstvoll aufspielte und in der Miroslav Klose (l.) sich nicht nur in der Luft überschlug nach seinem Treffer gegen Ecuador, sondern im Turnier gleich so viele erzielte, dass er Torschützenkönig wurde

... DARF AUCH VERLIEREN

So kamen sie also weiter: gegen Costa Rica, Polen, Ecuador, Schweden und schließlich im Viertelfinale gegen einen Großen, zum ersten Mal seit Jahren! Nach Elfmeterschießen war Argentinien geschlagen! Zwar trat danach Leandro Cufre Verteidiger Per Mertesacker in die Kronjuwelen (r.), aber Deutschland war im Halbfinale. Und dann? Italien. Dortmund, 4. Juli, Verlängerung, 119. Minute, 0 : 1 durch Grosso (o.). Na gut: Freuen wir uns darüber, dass Deutschland am Ende Dritter wurde – und es großartig war

DIE HERREN ANTJES AUS HOLLAND

Es war wie immer: Die Jungs in Oranje waren wieder die buntesten und muntersten, trugen ein „prachtig verkleedkostuum" mit Kleid und Haube, wie hier auf der Herrentoilette im Stuttgarter Stadion. Da gewannen ihre Helden noch gegen die Elfenbeinküste. Die Niederländer waren ja mal wieder Mitfavoriten auf den Titel, hatten in der Qualifikation geglänzt, wie so oft vor einem Turnier. Bei der WM kamen sie bis ins Achtelfinale. Und dann fuhren sie nach Hause, ohne Pokal, aber mit lustigen Klocks. Eben wie immer

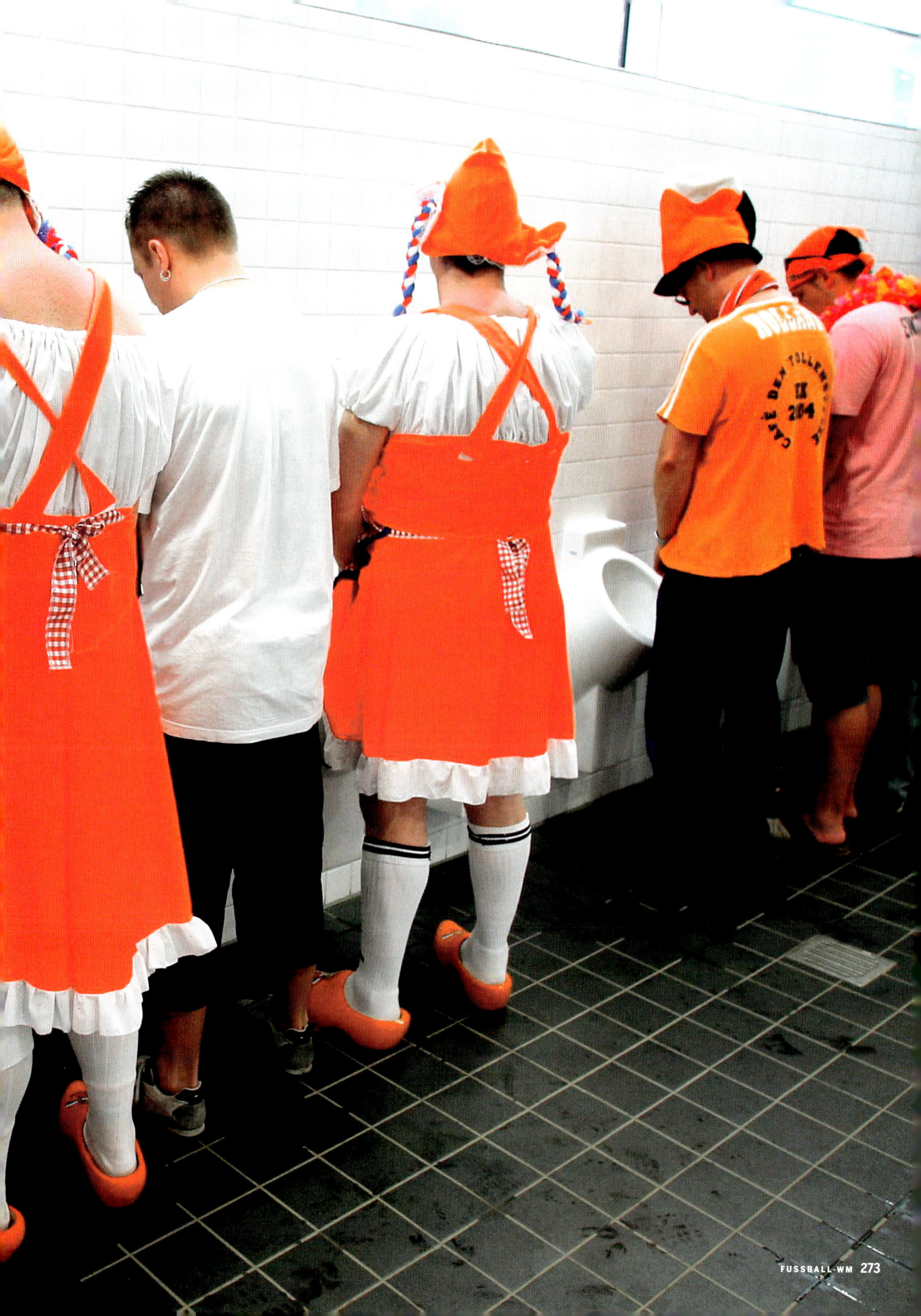

SHOWTIME IM DUSTERN

Laserstrahlen zerschneiden den Frankfurter Nachthimmel und tauchen ihn in bläuliches Licht, während an den Fassaden der Hochhäuser große Momente der Fußballgeschichte aufleuchten. „Sky Arena" heißt das Spektakel, mit dem sich die Stadt Anfang Juni als Austragungsort der WM feiert. Mehr als 10 000 Quadratmeter Projektionsfläche bieten die Wolkenkratzer – die Größe von zwei Fußballfeldern

FUSSBALL-WM 275

EIN STATIST REISST DIE KLAPPE AUF

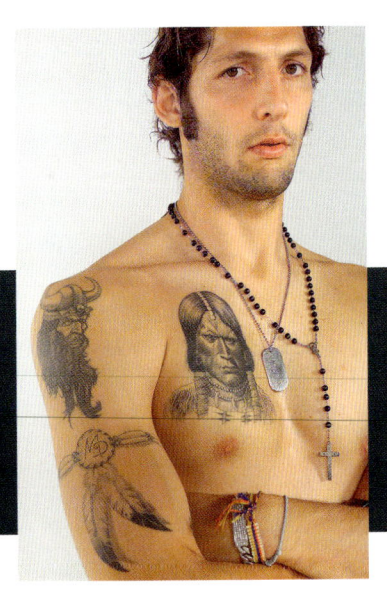

Eigentlich keiner, den man kennen muss: Marco Materazzi, der sich gern Bilder in die Haut stechen lässt, sonst ein Künstler der Blutgrätsche ist. Doch da gab es diesen Wortwechsel. Materazzi zerrt Zidane am Trikot. Zidane: „Ich geb's dir nach dem Spiel." Materazzi: „Ich will lieber deine Schwester." Zidane dreht durch. Materazzi war als Ersatz angereist, jetzt ist er berühmt: Sein Name wird in jeder Zidane-Biografie stehen

EIN STAR SIEHT DOPPELT ROT

Wohl wahr: Zinédine Zidane, der Große, schleppte sich zuletzt nur von Spiel zu Spiel. Doch bei der WM war der Kapitän der Franzosen der einzige überragende Spieler, zauberte, als wären Ronaldinho und Figo Randfiguren. Dann: Berlin, 9. Juli, Finale, Verlängerung. Der Italiener Materazzi beleidigt ihn, Zidane wirft sich, Kopf voraus, gegen seine Brust. Rot! Der letzte Auftritt von Zidane. Doch selbst in diesem Foul, so schien es, zeigte sich noch mal seine Größe: ein gewaltiger Stier, der einen übermütigen Bauernjungen umwuchtet. Ein Moment für die Geschichte. Übrigens: Italien wurde Weltmeister

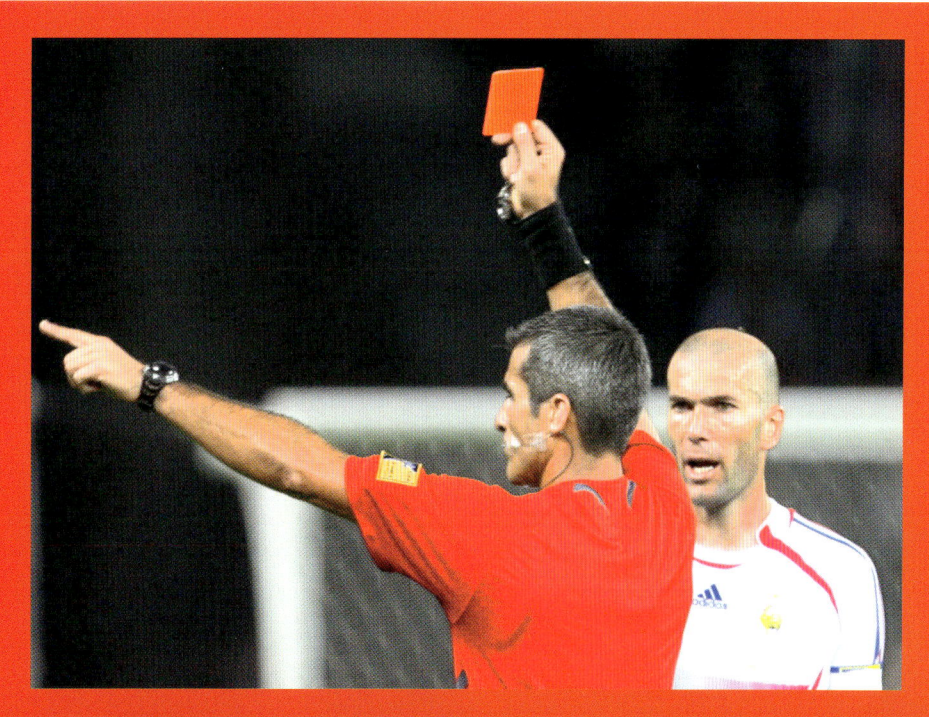

DA GIBT'S NICHTS ZU HALTEN

Auch wenn Fabien Barthez sich noch so streckt: Wie eine Kanonenkugel schlägt der Kopfball von Marco Materazzi (außerhalb des Bildes) im französischen Tor ein. 1:1, Italien hat den Ausgleich im WM-Finale geschafft. Keeper Barthez richtet sich verbittert die Hose und sieht dabei aus wie Borat im Schwimmanzug. Es kommt noch schlimmer für die Franzosen: Italien gewinnt das Elfmeterschießen mit 5:3 und erobert den Pokal

FUSSBALL-WM 279

FUSSBALL-WM

WENN DER SIEG INS WASSER FÄLLT

Die Legende sagt: Wer eine Münze in Roms Trevi-Brunnen wirft, kommt in die Ewige Stadt zurück. Wer zwei opfert, verliebt sich in eine Römerin oder einen Römer. Wer drei reinplumpsen lässt, heiratet seine römische Liebe. Und seit diesem Sommer wissen wir: Wer sich selbst in den Brunnen schmeißt, ist Fußballweltmeister. Oft nur mit einer Unterhose bekleidet, feierten die Tifosi den Sieg (6:4 nach Elfmeterschießen) im Finale gegen Frankreich. Rein modisch waren sie damit ihren Helden sehr nahe – die liefen nämlich im Berliner Olympiastadion auch nur mit einem Lendenschurz über den Rasen

GESTORBEN

DIE TOTEN DES JAHRES

Johannes Rau

„Bruder Johannes" nannte man ihn in Nordrhein-Westfalen, und tatsächlich hatte der Wuppertaler Predigersohn, der sich zeitlebens zu seinem Christentum bekannte, nie Probleme damit, auf seine Mitmenschen zuzugehen und sie mit einer Anekdote oder einem seiner legendären Witze für sich einzunehmen. 1957 trat der gelernte Verlagsbuchhändler der SPD bei und machte rasch Karriere. Bereits ein Jahr später wurde er in den Düsseldorfer Landtag gewählt, ab 1978 war er für 20 Jahre Ministerpräsident von Nordrhein-Westfalen. Als großer Erneuerer ging er nicht in die Geschichte ein, doch mit seinem Motto „Versöhnen statt Spalten" galt er als moralische Instanz in seiner Partei, die ihn 1987 erfolglos als Kanzlerkandidaten aufstellte und ihn – nach einem ersten missglückten Anlauf 1994 – 1999 erfolgreich für das Amt des Bundespräsidenten nominierte. Der 75-Jährige starb am 27. Januar in Berlin.

Rudi Carrell

Dass die mit Talenten nicht eben gesegnete deutsche TV-Unterhaltung in den Sechzigern bis in die Achtziger doch Sternstunden erlebte, verdankte sie nicht zuletzt dem Komödiantensohn aus dem holländischen Alkmaar. Mit ruppigem Charme riss der Showmaster, nach seinem erfolgreichen Debüt mit der „Rudi Carrell Show", Witze am „Laufenden Band", veräppelte die Großen der Welt in „Rudis Tagesschau" und präsentierte seine Späße mit so professioneller Leichtigkeit, dass sein Publikum nichts von der harten Arbeit merkte, die dahinter steckte. Doch Carrell wusste, dass man Asse nur aus dem Ärmel schütteln konnte, wenn man sie vorher hineingesteckt hatte, wie er einmal bemerkte. Der Kettenraucher starb am 7. Juli mit 71 in Bremen an Lungenkrebs.

Robert Altman

Mit der Militärsatire „M*A*S*H" wurde er 1970 berühmt, mit seinem Gesamtwerk von gut 50 Filmen einer der großen Moralisten des US-Kinos. Am 20. November starb er mit 81 Jahren in Los Angeles.

Rut Brandt

Mit ihrer Klugheit und ihrem Charme war sie eine der beliebtesten Politikerehefrauen der Republik – und am Aufstieg von Willy Brandt beteiligt. 86-jährig starb sie am 28. Juli in Berlin.

James Brown

Beim inbrünstigen Schreien (und Schwitzen) legte sich der Mann so ins Zeug, dass er zum „Godfather of Soul" ernannt wurde. Der 73-Jährige starb am 25. Dezember in Atlanta, Georgia.

Milton Friedman

Er predigte das freie Spiel der Marktkräfte und wurde damit zum – 1976 Nobelpreis-geadelten – Propheten des Neoliberalismus. Am 16. November starb der Ökonom mit 94 in San Francisco.

Heinrich Harrer

Die Flucht nach Tibet im Zweiten Weltkrieg gehört zu den Höhepunkten im abenteuerlichen Leben des Bergsteigers und Schriftstellers. Er starb 93-jährig am 7. Januar in Friesach/Kärnten.

Thilo Koch

Er zählte zu den Pionieren des deutschen Nachkriegsjournalimus, berichtete 1963 als Erster live im Fernsehen aus den USA. Am 12. September starb er mit 85 in Hausen ob Verena.

Bernard Lacoste

1963 übernahm er den kleinen Familienbetrieb mit der Krokodil-Marke und machte ihn zu einem international bekannten Textilunternehmen. Er starb mit 74 am 21. März in Paris.

GESTORBEN

Syd Barrett
Er gründete die Kult-Band Pink Floyd – doch schon nach den ersten Erfolgen quittierte der sensible Sänger-Gitarrist das Showbusiness. Der 60-Jährige starb am 7. Juli in Cambridge.

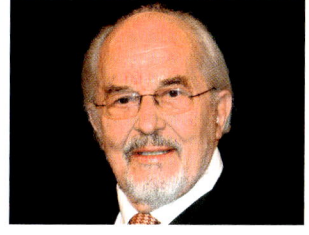

Rainer Barzel
So ehrgeizig wie er war in den 60ern und 70ern keiner in der CDU. 1972 verfehlte er knapp die Kanzlerschaft. Später wurde er ein gelassener Elder Statesman; am 26. August starb er mit 82 in München.

Frank Beyer
Mit Filmen wie „Spur der Steine" und „Jakob der Lügner" verschaffte er dem sonst eher biederen DDR-Kino internationales Renommee. Der Regisseur starb 74-jährig am 1. Oktober in Berlin.

Holger Börner
Er kam noch als Arbeiter zur SPD. 1985 ernannte er als hessischer Ministerpräsident Joschka Fischer zum ersten Grünen-Minister. Der 75-Jährige erlag am 2. August in Kassel einem Krebsleiden.

Drafi Deutscher
Sein „Marmor, Stein und Eisen bricht" wurde einer der großen Hits des deutschen Schlagers, und auch als Produzent war der Berliner erfolgreich. Am 9. Juni starb er mit 60 in Frankfurt/Main.

Oriana Fallaci
Sie war mutiger – und zorniger als die meisten ihrer Zunft. Unvergessen ihre Interviews, Bücher und ihr wütender Kampf gegen den Islam. Die Journalistin starb am 14. September mit 76 in Florenz.

Glenn Ford
Als Westernheld sah ihn das Kinopublikum am liebsten, doch auch in differenzierteren Rollen verschaffte sich der Schauspieler Respekt. Am 30. August starb er mit 90 in Los Angeles.

Betty Friedan
Ihr 1963 erschienener Bestseller „Der Weiblichkeitswahn" machte sie zur „Urmutter der Frauenbewegung". Die 85-Jährige starb am 4. Februar in Washington, D.C.

Stanislaw Lem
In über 30 Romanen bewies der studierte Mediziner, dass Science-Fiction auch intelligent und witzig sein kann. Polens international erfolgreichster Autor starb mit 84 am 27. März in Krakau.

György Ligeti
Musik war für ihn vor allem ein unerschöpfliches Experimentierfeld, auf dem er immer neue Klangwelten entdeckte. Der eigenwillige Komponist starb mit 83 am 12. Juni in Wien.

Nagib Mahfus
Der Literatur-Nobelpreisträger von 1988 schrieb in über 40 Romanen gegen soziales Elend, Behördenwillkür und Intoleranz in seiner ägyptischen Heimat an. Mit 94 starb er am 30. August in Kairo.

Ulrich de Maizière
Der spätere Generalinspekteur der Bundeswehr erfand den „Staatsbürger in Uniform" und verschaffte dem Nachkriegsmilitär wieder erstes Ansehen. 94-jährig starb er am 26. August in Bonn.

Joachim C. Fest

Gern umgab er sich mit der Aura des Unnahbaren; der Titel „Ich nicht" seiner Erinnerungen legt davon noch einmal Zeugnis ab. Doch der Lehrersohn aus Berlin, der seine Dissertation abbrach, um Journalist zu werden, engagierte sich durchaus. Immer wieder setzte er sich in Artikeln und Büchern, darunter die hochgerühmte Hitler-Biografie, mit dem Nationalsozialismus und dem „Dritten Reich" auseinander; als Mitherausgeber der „FAZ" initiierte er 1986 den Historikerstreit. Im Sommer 2006 erhielt der konservative Bildungsbürger Fest für sein publizistisches Lebenswerk noch den Henri Nannen Preis; 79-jährig starb er am 11. September in Kronberg/Taunus.

Max Merkel

Der Offizierssohn war ein begnadetes Lästermaul und ein famoser Fußballtrainer. Viermal brachte er Teams zu Meisterehren. Am 28. November starb der 87-Jährige in seinem Haus bei München.

Anita O'Day

Sie war die letzte der großen US-Jazz-Diven – und die coolste: Mit so lässiger Perfektion ist das American Songbook selten interpretiert worden. Die 87-Jährige starb am 23. November in Los Angeles.

Nam June Paik

In den 60ern entdeckte der studierte Musiker das Medium Fernsehen und wurde mit immer neuen Monitor-Installationen zum Pionier der Videokunst. Er starb am 29. Januar mit 73 in Miami.

Augusto Pinochet

Unbarmherzig regierte er Chile 17 Jahre lang bis 1990. Mindestens 3000 Menschen wurden von Staats wegen ermordet. Der Ex-Diktator starb am 10. Dezember mit 91 in Santiago de Chile.

Jack Palance

Mit so einer Visage spielte man am besten harte Kerle, und das tat der Schauspieler so erfolgreich, dass er 1992 sogar einen Oscar erhielt. Am 10. November starb er mit 87 in Montecito, Kalifornien.

Heinz Sielmann

Jahrzehntelang unternahm er für seine TV-Gemeinde „Expeditionen ins Tierreich", beobachtete Gorillas ebenso neugierig wie Giraffen oder Gemsen. Am 6. Oktober starb er mit 89 in München.

Paul Spiegel

Seit 2000 leitete der dem Holocaust Entkommene den Zentralrat der Juden in Deutschland, verstand sich als Mittler und Mahner. Am 30. April starb der 68-Jährige in Düsseldorf.

Mickey Spillane

Der Name sagte alles: So hart wie Privatdetektiv Mike Hammer schlug keiner zu. In 13 Brachial-Krimis mit Millionenauflage trat er an. Am 17. Juli starb sein Autor mit 88 in Murrells Inlet, S. Carolina.

Carola Stern

Biografien waren ihr Thema – sei es die eigene oder die von Prominenten wie Walter Ulbricht oder Willy Brandt. Die Autorin und Publizistin starb mit 80 am 19. Januar in Berlin.

GESTORBEN

Slobodan Milošević
Dass der Balkan in den 90ern in Kriegen versank, war vor allem sein Werk. Seit 2001 wurde dem Serben der Prozess gemacht. In UN-Haft in Scheveningen/Niederlande starb er am 11. März mit 64.

Anna Moffo
Weil sie hinreißend sang – und ebenso aussah, gehörte die Sopranistin lange Zeit zu den Stars der internationalen Opernbühnen. Am 9. März starb die 73-Jährige in New York.

Philippe Noiret
Sein stets leicht melancholisches Gesicht täuschte: In über 100 Filmen bewies der wandlungsfähige Franzose gern, dass er etwas vom „savoir vivre" verstand. Am 23. November starb er mit 76 in Paris.

Sven Nykvist
Das Licht in allen Nuancen hatte es dem schwedischen Kameramann angetan. Für seinen Landsmann Ingmar Bergman fing er es in über 20 Filmen ein. Der 83-Jährige starb am 20. September in Stockholm.

Anna Politkowskaja
Sie machte sich einen Namen als mutige Kritikerin von Kremlchef Putin und seinem brutalen Tschetschenien-Krieg. Am 7. Oktober wurde die engagierte Journalistin mit 48 in Moskau ermordet.

John Profumo
Wegen einer Callgirl-Affäre trat er 1963 als britischer Kriegsminister zurück und widmete sich fortan ebenso unauffällig wie konsequent sozialen Aufgaben. Der 91-Jährige starb am 10. März in London.

Ferenc Puskás
Er war der Star der ungarischen „Wunderelf", die erst 1954 von den Deutschen in Bern geschlagen werden konnte, danach glänzte er bei Real Madrid. Am 17. November starb er mit 79 in Budapest.

Elisabeth Schwarzkopf
Konsequent sang sich die Lehrertochter mit dem makellosen Sopran zur Diva empor, die in Opern ebenso brillierte wie bei Liederabenden. Mit 90 starb sie am 3. August in Schruns/Österr.

Elisabeth Volkmann
Als redselige „Klimbim"-Klamauknudel kam die gelernte Sängerin zu Ruhm. Später trat sie auch in Fassbinder-Filmen auf. Die 70-Jährige wurde am 27. Juli tot in ihrer Münchner Wohnung gefunden.

Markus Wolf
Eitel war er – und effizient. Von 1956 bis 1986 leitete er den gefürchteten DDR-Geheimdienst, ehe er nach der Wende auch Autorenmeriten erwarb. Der 83-Jährige starb am 9. November in Berlin.

Robert Gernhardt
Wenn einer dem neueren deutschen Humor zu Glanz und Eleganz verholfen hat, dann war es der Mann aus dem estnischen Tallinn. Für die Satirezeitschrift „Pardon" zeichnete und reimte er ab 1964 seine genial-hintersinnigen Späße in der legendären Rubrik „Welt im Spiegel", die zur Keimzelle der stilbildenden Neuen Frankfurter Schule wurde. Allein und mit seiner ersten Frau Almut Ullrich veröffentlichte er zahlreiche (Bilder-)Bücher, für den ostfriesischen Komiker Otto schrieb er zusammen mit einer Handvoll Gleichgesinnter Sketche und Drehbücher. Schließlich machte er sich noch als Lyriker und Kritiker einen Namen. Der 68-Jährige starb am 30. Juni in Frankfurt/Main.

Das war 2006

Eine ★ Chronik der wichtigsten Ereignisse des Jahres

JANUAR

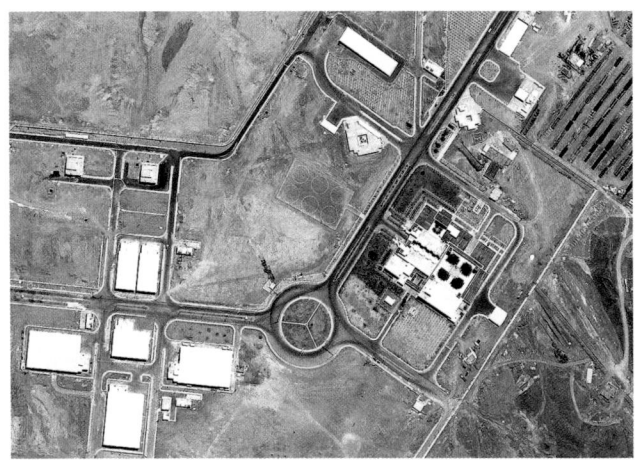

10. JANUAR: In der iranischen Atomanlage Natans nimmt das Land die Forschungen zur Urananreicherung wieder auf

1. Januar

– Nachdem die Ukraine es abgelehnt hat, an Russland neue, deutlich erhöhte Gaspreise zu bezahlen, stellt der russische Energiekonzern Gasprom die Lieferungen an das Nachbarland ein.

– In der Bundesrepublik tritt das Informationsfreiheitsgesetz in Kraft. Damit erhält jeder Bürger Zugang zu amtlichen Informationen der Bundesbehörden, ohne ein berechtigtes Interesse nachweisen zu müssen. Nur der Daten- und Geheimnisschutz ist zu beachten; außerdem sind einige Informationen kostenpflichtig.

– Österreich übernimmt von Großbritannien für die nächsten sechs Monate die Ratspräsidentschaft in der EU.

– In Baden-Württemberg müssen sich einbürgerungswillige Muslime fortan einer Loyalitätsprüfung unterziehen. Anhand von insgesamt 30 Fragen will das Bundesland – als erstes in der Republik – etwa ergründen, wie der Bewerber zur Gleichstellung von Mann und Frau steht oder wie er es mit der Religionsfreiheit hält. Der Islamrat bezeichnet den Gesinnungstest, der ausdrücklich nur für Muslime gilt, als verfassungswidrig.

2. Januar

– In Bad Reichenhall bringen tonnenschwere Schneemassen das Dach einer Eissporthalle zum Einsturz; 15 Menschen kommen ums Leben, 34 werden zum Teil schwer verletzt.

3. Januar

– Iran kündigt an, seine Forschungen zum nuklearen Brennstoffkreislauf wiederaufnehmen zu wollen. Die EU und die Internationale Atomenergie-Organisation hatten im November eine Aussetzung dieser Aktivitäten zur Voraussetzung für neue Verhandlungen über das Atomprogramm Teherans gemacht.

4. Januar

– Die Ukraine und Russland einigen sich in ihrem Gasstreit auf einen Kompromiss; die Gasprom nimmt ihre Lieferungen wieder auf.

– Die Vogelgrippe fordert ihr erstes Todesopfer außerhalb von Südostasien. Im Krankenhaus der osttürkischen Stadt Van stirbt ein 14-jähriger Junge an der Seuche. Auch zwei Geschwister fallen kurz darauf dem Virus zum Opfer.

– Der israelische Ministerpräsident Ariel Sharon erleidet einen schweren Schlaganfall und wird nach mehrstündigen Notoperationen in ein künstliches Koma versetzt. Anstelle des 77-Jährigen führt Vize-Regierungschef Ehud Olmert vorläufig die Amtsgeschäfte weiter.

7. Januar

– Bundeskanzlerin Merkel, die am 13. Januar zu ihrem Antrittsbesuch in die USA fliegen wird, fordert in einem Interview mit dem „Spiegel", das umstrittene US-Gefangenenlager Guantánamo auf Kuba zu schließen. Eine solche Institution, so die Regierungschefin, „kann und darf auf Dauer so nicht existieren".

– Gleich mehrere Korruptionsskandale bringen die Republikanische Partei im US-Kongress in schwere Bedrängnis. Ihr einflussreicher Fraktionschef im Abgeordnetenhaus, Tom DeLay, legt sein Amt nieder. Ihm werden illegale Parteienfinanzierung und Geldwäsche vorgeworfen.

8. Januar

– Die Zahl der Asylbewerber in der Bundesrepublik hat im Vorjahr einen neuen Tiefstand erreicht. 28 914 Menschen haben 2005 Asyl beantragt, das ist ein Rückgang gegenüber 2004 von fast 19 Prozent und die niedrigste Quote seit 1983. Nur knapp ein Prozent der Anträge wurde von den Behörden anerkannt.

9. Januar

– Auf seiner Klausurtagung in Schloss Genshagen einigt sich das schwarz-rote Bundeskabinett auf ein Investitionsprogramm in Höhe von 25 Milliarden Euro.

10. Januar

– Trotz zahlreicher internationaler Proteste entfernen Techniker Siegel an der iranischen Atomreicherungsanlage Natans: Damit nimmt Teheran die seit Ende 2004 ausgesetzten Forschungen zur Urananreicherung wieder auf.

– Das ukrainische Parlament übt heftige Kritik an dem Gaskompromiss mit Russland und entlässt per Abstimmung die Regierung. Staatspräsident Wiktor Juschtschenko bezeichnet diesen Schritt allerdings als verfassungswidrig.

– Die Stiftung Warentest stellt wenige Monate vor Beginn der Fußballweltmeisterschaft in allen zwölf Stadien, in denen das Turnier ausgetragen wird, zum Teil gravierende Sicherheitsmängel fest. Vor allem die Fluchtwege und der Brandschutz seien vielerorts unzureichend. Das WM-Organi-

12. JANUAR: Bei einer Massenpanik im saudi-arabischen Wallfahrtsort Mekka kommen mehr als 350 muslimische Pilger ums Leben

sationskomitee erklärt dagegen die Stadien für sicher.

11. Januar

– Neue Wendung im Streit um einen möglichen Umzug der Bahnzentrale von Berlin nach Hamburg: Bahnchef Mehdorn bezeichnet die Berichte darüber als „Missverständnis".

12. Januar

– Der Bundesnachrichtendienst hatte laut Medienberichten noch nach der Schließung der deutschen Botschaft in Bagdad am 17. März 2003 zwei Agenten im Irak stationiert, die die US-Truppen bei der Erfassung feindlicher Ziele unterstützt haben sollen. Bundesaußenminister Steinmeier, 2003 für die Nachrichtendienste zuständig, bestätigt die Stationierung, doch hätten die Mitarbeiter nur auf Ziele hingewiesen, die nicht bombardiert werden sollten.

– Im saudi-arabischen Wallfahrtsort Mekka sterben bei einer Massenpanik über 350 Menschen, als muslimische Pilger über Gepäckstücke stolpern und von nachdrängenden Wallfahrern zu Tode getrampelt werden.

– Ali Agca, der Papst Johannes Paul II. bei einem Attentat 1981 schwer verletzte, wird nach 25-jähriger Haft in Istanbul aus dem Gefängnis entlassen. Am 20. Januar entscheidet der Oberste Gerichtshof der Türkei jedoch, dass Agca erneut hinter Gitter muss, weil die Haftzeit falsch berechnet worden sei.

– Die Bundesrepublik hat zum vierten Mal in Folge die im Maastricht-Vertrag festgelegte Defizitquote überschritten: Das Haushaltsminus betrug 2005 nach Angaben des Statistischen Bundesamtes 3,5 Prozent vom Bruttoinlandsprodukt und lag damit einen halben Prozentpunkt über der zulässigen Obergrenze. Allerdings fiel das Defizit geringer aus als von Regierung und EU erwartet.

13. Januar

– Die Fifa entscheidet, dass die von André Heller entwickelte Gala-Show zur Eröffnung der Fußballweltmeisterschaft in Berlin nicht stattfindet. Als Grund werden mögliche Probleme mit dem Rasen genannt.

– Die Hansestadt Hamburg wird mit der Bahn nicht weiter über einen Einstieg des Unternehmens in die Hafen- und Nahverkehrsbetriebe der Stadt verhandeln, nachdem Bahnchef Mehdorn einen Umzug der Bahnzentrale an die Elbe ausgeschlossen hat.

– Trotz deutlicher Differenzen bei der Bekämpfung des internationalen Terrorismus wird Bundeskanzlerin Merkel bei ihrem Antrittsbesuch in Washington von US-Präsident Bush betont freundlich empfangen. Obwohl Merkel ihre Kritik am Gefangenenlager Guantánamo wiederholt, bezeichnet Bush Deutschland als „wertvollen Verbündeten".

15. Januar

– Mit der Sozialistin Michelle Bachelet, die aus der Präsidentenstichwahl in Chile mit 53,5 Prozent der Stimmen als Siegerin hervorgeht, wird erstmals eine Frau in Südamerika gewähltes Staatsoberhaupt.

16. Januar

– Bundeskanzlerin Merkel trifft zu ihrem Antrittsbesuch in Moskau ein. Nach Unterredungen mit Präsident Putin, bei denen sie auch antidemokratische Entwicklungen in Russland und den Tschetschenien-Konflikt anspricht, trifft sich die Kanzlerin unter anderem mit Vertretern von Bürgerrechtsgruppen und der Opposition.

17. Januar

– Um den Wettbewerb auf dem deutschen Gasmarkt zu fördern, untersagt das Bundeskartellamt dem Marktführer Eon Ruhrgas langfristige Lieferverträge, die das Unternehmen mit vielen Stadtwerken abgeschlossen hat. Sie verstießen gegen deutsches und europäisches Wettbewerbsrecht und hinderten den Endverbraucher daran, den Anbieter wechseln zu können, erklärt die Bonner Behörde.

– Im Streit um fünf Bilder des Jugendstilmalers Gustav Klimt, die in der NS-Zeit beschlagnahmt wurden und inzwischen bis zu 200 Millionen Euro wert sind, muss die Republik Österreich eine Niederlage hinnehmen. Ein Schiedsgericht entscheidet, dass die Werke der Erbin des einstigen Besitzers zurückzugeben sind.

18. Januar

– Beim größten Ärztestreik, den die Republik seit mehreren Jahren erlebt, gehen bundesweit Tausende von niedergelassenen Ärzten auf die Straße. Allein in Berlin versammeln sich 20 000 Mediziner; viele Arztpraxen bleiben geschlossen. Die Demonstrationen richten sich vor allem gegen sinkende Einkommen und zu viel Bürokratie.

– Der im Dezember beim EU-Gipfel mühsam erreichte Finanzkompromiss wird vom Europaparlament abgelehnt. Die politischen und wirtschaftlichen Ziele der Union könnten mit dem für die Jahre 2007 bis 2013 verabredeten EU-Haushalt von insgesamt gut 862 Milliarden Euro nicht erreicht werden, heißt es zur Begründung. Die Abgeordneten verlangen Mittel in Höhe von knapp 975 Milliarden Euro.

– Eine internationale Geberkonferenz in Peking stellt zur Bekämpfung der Vogelgrippe fast zwei Milliarden Dollar zur Verfügung und fordert die teilnehmenden Staaten und Organisationen in einer „Pekinger Erklärung" zu „koordiniertem, schnellem und entschlossenem" Handeln auf.

19. Januar

– Der Bundestag lehnt einen Antrag, den Abriss des Berliner Palastes der Republik aufzuschieben, den die Grünen ins Parlament eingebracht haben, mit großer Mehrheit ab. Auch ein Antrag der Linkspartei, einen Abriss-Stopp zu beschließen, wird zurückgewiesen. Damit ist der Weg frei, im Februar mit der endgültigen Demontage des Bauwerks zu beginnen.

– In einer Rede auf dem Atom-U-Boot-Stützpunkt Ile Longue

19. JANUAR: Der frühere DDR-Palast der Republik in Berlin darf nach einem Beschluss des Bundestages endgültig abgerissen werden

droht Frankreichs Staatspräsident Chirac Staaten, „die gegen uns auf terroristische Mittel zurückgreifen", den Einsatz von Atomwaffen an. Obwohl er keine Länder nennt, wird allgemein angenommen, dass die Äußerungen vor allem gegen den Iran gerichtet sind.

— Die Nasa schießt vom Weltraumbahnhof Cape Canaveral in Florida ihre Raumsonde „New Horizons" an Bord einer Atlas-V-Rakete ins All. Die Sonde soll zum Planeten Pluto am Rande unseres Sonnensystems fliegen, der damit erstmals das Ziel einer Weltraumexpedition ist. Im Juli 2015, so hoffen die Wissenschaftler, wird „New Horizons" Pluto erreicht haben.

— Das Weltraum-Navigationssystem Galileo, Europas Konkurrenzprojekt zum US-System GPS, kann gebaut werden: In Berlin unterzeichnen die Europäische Weltraumorganisation ESA und das Firmenkonsortium Galileo Industries einen Eine-Milliarde-Euro-Vertrag über die ersten vier Satelliten. Im Jahr 2008 sollen sie ins All geschossen werden; 2010 soll das gesamte System arbeitsfähig sein.

21. Januar

— Der Energiekonzern Eon Ruhrgas, der wegen langfristiger Lieferverträge mit vielen deutschen Stadtwerken in die Kritik geraten ist, teilt mit, nach Ermittlungen der Kölner Staatsanwaltschaft über die Finanzierung von Reisen für Kommunalpolitiker durch das Unternehmen werde man alle „Kundenveranstaltungen mit sofortiger Wirkung einstellen".

22. Januar

— Aníbal Cavaco Silva, früherer portugiesischer Ministerpräsident, wird zum neuen Staatschef des Landes gewählt. Der 66-jährige konservative Wirtschaftswissenschaftler erreicht

19. JANUAR: Die Raumsonde „New Horizons" startet vom Weltraumbahnhof Cape Canaveral in Richtung Pluto

bereits im ersten Wahlgang die absolute Mehrheit der Stimmen.

23. Januar

— In Kanada verliert die seit über zwölf Jahren regierende Liberale Partei die Parlamentswahlen; neue stärkste Kraft werden die Konservativen. Der neue Regierungschef Stephen Harper verfehlt allerdings die absolute Mehrheit und kann nur ein Minderheitskabinett bilden, das sich auf wechselnde Allianzen stützen muss.

— Der Axel-Springer-Verlag darf die TV-Gruppe Pro-Sieben-Sat-1 Media AG nicht kaufen, entscheidet das Bundeskartellamt, da durch den Erwerb die Medien-und Werbemacht des Konzerns zu groß werde.

— Nach Milliardenverlusten will Ford, zweitgrößter Autoproduzent der USA, auf dem heimischen Markt 14 Werke schließen und bis zu 30 000 Arbeitsplätze abbauen, kündigt Unternehmenschef Bill Ford an.

24. Januar

— In der irakischen Stadt Baidschi werden die deutschen Ingenieure René Bräunlich und Thomas Nitzschke auf dem Weg zu einer Fabrik von bewaffneten Unbekannten entführt. In einem Video, das drei Tage später im arabischen TV-Sender al Jazeera ausgestrahlt wird, drohen die Kidnapper, ihre Opfer, die im Auftrag einer sächsischen Firma in das Land gereist sind, zu töten, wenn Berlin nicht jede Zusammenarbeit mit Bagdad einstelle und sämtliche deutsche Unternehmen den Irak verließen.

— Zum „Unwort des Jahres" 2005 wählt eine Jury von fünf Sprachexperten den Begriff „Entlassungsproduktivität".

— In einem Zwischenbereicht teilt Dick Marty, Sondererermittler des Europarats, mit, keine Beweise für die Existenz von CIA-Geheimgefängnissen in Europa gefunden zu haben.

— Bei Daimler-Chrysler werden bis 2008 in der Verwaltung 6000 Stellen gestrichen, kündigt der neue Konzernchef Dieter Zetsche an. Die Zentrale des Unternehmens zieht von Stuttgart-Möhringen nach Untertürkheim, um näher an der Produktion zu arbeiten.

25. Januar

— Bei den Parlamentswahlen in den palästinensischen Autonomiegebieten erringt die von der EU und den USA als Terrororganisation betrachtete Hamas mit 74 von 132 Sitzen die absolute Mehrheit und löst damit die bislang regierende Fatah als stärkste politische Kraft ab. EU und USA machen eine weitere finanzielle Unterstützung der Palästinenser von einem Gewaltverzicht der Hamas abhängig; Israel lehnt Verhandlungen mit einer Regierung unter Hamas-Beteiligung kategorisch ab.

— Weil FDP und Linkspartei bei ihrem Gruppenantrag das nötige Quorum von 154 Stimmen verfehlen, wird der Bundestag vorläufig keinen Untersuchungsausschuss zu den Aktivitäten der deutschen Geheimdienste während des Irak-Kriegs einsetzen.

27. Januar

— Erstmals wird weltweit der im Oktober 2005 von den Vereinten Nationen beschlossene „Tag des Gedenkens an die Opfer des Holocaust" begangen. Der Gedenktag erinnert an die Befreiung des Konzentrationslagers Auschwitz am 27. Januar 1945 durch die Rote Armee. In der Bundesrepublik ist der 27. Januar bereits seit 1996 der Erinnerung an „die Opfer des Nationalsozialismus" gewidmet.

28. Januar

— 63 Menschen kommen ums Leben, als im polnischen Kattowitz das Dach einer Messehalle – vermutlich unter dem Druck einer mächtigen Schneedecke – einstürzt.

29. Januar

— Bundeskanzlerin Merkel reist zu Antrittsbesuchen für zwei Tage nach Israel und ins Westjordanland und führt dort unter anderem Gespräche mit dem amtierenden israelischen Ministerpräsidenten Olmert und Palästinenserpräsident Abbas.

— Neuer Lebensmittelskandal in Bayern: Die Passauer Firma Berger-Wild soll insgesamt zwölf Tonnen ungenießbares Wildfleisch verkauft haben. Zwei Betriebsstätten des Unternehmens werden von den Behörden geschlossen.

31. Januar

— Im Atomstreit gerät der Iran unter neuen Druck. Die Außenminister der USA, Frankreichs, Großbritanniens, Deutschlands, Russlands und Chinas beschließen zusammen mit dem EU-Außenbeauftragten, den Konflikt vor den UN-Sicherheitsrat zu bringen.

FEBRUAR

1. Februar

— Zwölf Mohammed-Karikaturen, die im September 2005 in der dänischen Zeitung „Jyllands-Posten" veröffentlicht wurden, sorgen vier Monate später für einen dramatischen Kulturkampf. Nachdem Islamisten aus Dänemark die Zeichnungen in mehreren muslimischen Ländern vorgezeigt haben, kommt es in vielen Orten zu Massenkundgebungen, bei denen mehrere Menschen getötet und zahlreiche westliche Botschaften in Brand gesteckt werden. In den nächsten Wochen gewinnt der Streit trotz etlicher Beschwichtigungsversuche zunehmend an Schärfe; bei neuerlichen Demonstrationen verlieren etwa in Nigeria mehr als 30 Christen ihr Leben. Insgesamt sind weit über 100 Tote zu beklagen.

— Die im Koalitionsvertrag von SPD und CDU vorgesehene Rente mit 67 soll, so beschließt es das Bundeskabinett auf Vorschlag von Arbeitsminister Franz Müntefering, schon im Jahr 2029 realisiert werden. Um die Rentenkassen zu entlasten, wird bereits ab 2012 das Renteneintrittsalter kontinuierlich nach hinten verschoben.

— Der Springer-Verlag verzichtet nach monatelangen Auseinandersetzungen darauf, die TV-Sendergruppe Pro-Sieben-Sat-1 Media AG zu kaufen. Seit der Konzern im August 2005 die Übernahmepläne publik gemacht hatte, war das Projekt sowohl beim Bundeskartellamt als auch bei der Kommission zur Ermittlung der Konzentration im Medienbereich auf Ablehnung gestoßen.

2. Februar

— In der Ostsee vor Rostock wird der Bau der ersten deutschen Offshore-Windkraftanlage mit der Installation des Rotors und der drei Flügel beendet. Die Anlage hat eine Nennleistung von 2,5 Megawatt und kann damit rund 1800 Haushalte mit Strom versorgen.

3. Februar

— Beim Untergang der ägyptischen Fähre „Al Salam Boccaccio 98" im Roten Meer kommen über 1000 Menschen ums Leben; nur knapp 400 Passagiere können gerettet werden. Nachdem kurz nach dem Ablegen aus dem saudi-arabischen Hafen Dhiba an Bord ein Feuer ausgebrochen war, soll zu viel Löschwasser das überalterte Schiff zum Kentern gebracht haben.

— Der Rat für deutsche Rechtschreibung verabschiedet zum Abschluss seiner Arbeit letzte Änderungen an der umstrittenen Rechtschreibreform; vor allem bei der Getrennt- und Zusammenschreibung werden noch kritische Einwendungen berücksichtigt. Am 2. März bestätigt die Kultusministerkonferenz die Korrekturen, die damit ab dem kommenden Schuljahr für den Unterricht verbindlich werden.

4. Februar

— Der Gouverneursrat der Internationalen Atomenergie-Organisation (IAEO) in Wien beschließt, den Streit mit dem Iran vor den UN-Sicherheitsrat zu bringen. Einen Tag später kündigt Teheran das freiwillige Zusatzprotokoll zum Atomwaffensperrvertrag, das unangemeldete Kontrollen der IAEO ermöglicht.

6. Februar

— In Baden-Württemberg beginnt der größte Streik im öffentlichen Dienst seit 14 Jahren. Weil die Gewerkschaft Verdi die von den Arbeitgebern verlangte 40-Stunden-Woche ablehnt, legen zunächst die Beschäftigten in der Müllabfuhr, in den Krankenhäusern und in den Klärwerken die Arbeit nieder. In zwölf Bundesländern treten nach Gewerkschaftsangaben in den nächsten Wochen insgesamt mehr als 40 000 Mitarbeiter in den Ausstand.

— In der Nähe von Washington beginnt mit dem Prozess gegen Zacarias Moussaoui das bislang einzige Gerichtsverfahren in den USA gegen einen Terroristen im Zusammenhang mit den Anschlägen vom 11. September 2001. Dem gebürtigen Marokkaner, der französischer Staatsbürger ist und im August 2001 in Oklahoma inhaftiert wurde, weil er sich verdächtig gemacht hatte, droht die Todesstrafe. Moussaoui hat zwar zugegeben, Al-Qaeda-Mitglied zu sein, eine Mittäterschaft an den Anschlägen aber stets bestritten.

7. Februar

— Der Bundesgerichtshof entscheidet, dass der Energiekonzern EnBW offenlegen muss, wie er die Preise kalkuliert, die er von anderen Stromhändlern für die Nutzung seines Netzes verlangt. Damit soll die Transparenz und Wettbewerbsfähigkeit auf dem Strommarkt verbessert werden.

— Nachdem das Bundesverfassungsgericht einer Beschwerde des als Terroristen verurteilten Marokkaners Mounir el Motassadeq stattgegeben hat, ordnet das Hamburger Oberlandesgericht seine Entlassung aus der Untersuchungshaft an, bis über eine Revision des Strafprozesses entschieden ist.

8. Februar

— Gegen den Willen von Nationaltrainer Jürgen Klinsmann beschließt der Deutsche Fußball-Bund, Matthias Sammer zum Sportdirektor beim DFB zu machen.

— In sechs bayerischen Landkreisen rufen die Behörden nach heftigen Schneefällen Katastrophenalarm aus. Zahlreiche Dächer brechen unter der Last der Schneemassen ein; die Höhe der Gebäudeschäden wird auf rund 70 Millionen Euro geschätzt.

9. Februar

— Im Karikaturenstreit wirft US-Außenministerin Condoleezza Rice den Regierungen in Syrien und im Iran vor, die gewalttätigen Massenproteste gegen die Verhöhnung des Propheten Mohammed gezielt geschürt zu haben.

10. Februar

— In Turin werden die XX. Olympischen Winterspiele feierlich eröffnet. 2500 Sportler aus 80 Ländern kämpfen bis zum 26. Februar in 84 Wettbewerben um die Medaillen.

— Die Zeugen Jehovas werden nach einem über zwölf Jahre

10. FEBRUAR: Zum Eröffnungsspektakel der XX. Olympischen Winterspiele in Turin gehören auch die illuminierten Olympischen Ringe

27. FEBRUAR: Der „Da Vinci Code" gerät in die Kritik, Autor Dan Brown muss wegen Plagiatsverdachts vor Gericht

währenden Rechtsstreit vom Bundesverwaltungsgericht in Leipzig als Körperschaft des öffentlichen Rechts anerkannt. Damit besitzt die Religionsgemeinschaft die gleichen Rechte wie die großen Kirchen.

— VW-Chef Bernd Pischetsrieder kündigt in Wolfsburg ein umfassendes Sanierungsprogramm an, um die Ertragslage von Europas größtem Autoproduzenten wieder zu verbessern. Den Umstrukturierungen können in den nächsten drei Jahren bis zu 20 000 Arbeitsplätze zum Opfer fallen.

11. Februar

— Bei toten Schwänen in Griechenland und Italien wird der Virus H5N1, der auch für Menschen gefährlich ist, nachgewiesen. Damit hat die aus Asien kommende Vogelgrippe die Europäische Union erreicht.

— Bei einer Wachteljagd in Texas schießt US-Vizepräsident Dick Cheney versehentlich auf einen anderen Jagdteilnehmer. Das Opfer wird von Schrotkugeln im Gesicht, am Hals und in der Brust getroffen und muss für sechs Tage ins Krankenhaus.

12. Februar

— Auf einem Video, das von mehreren britischen TV-Sendern ausgestrahlt wird, sind englische Soldaten zu sehen, die im südirakischen Basra Jugendliche verprügeln und sie treten. Die Regierung kündigt eine genaue Untersuchung der Vorfälle an; drei Soldaten werden festgenommen.

13. Februar

— Ein brutaler Mord erschüttert die Öffentlichkeit in Frankreich. Der 23-jährige Ilan Halimi wird schwerverletzt südlich von Paris aufgefunden, auf dem Weg ins Krankenhaus stirbt er. Drei Wochen zuvor ist der junge Mann von einer Bande, die sich die „Barbaren" nennt, gekidnappt und anschließend immer wieder gefoltert worden. Weil die Entführer aus dem muslimischen Einwanderungsmilieu kommen und ihr Opfer Jude war, wird zunächst ein rassistisch motiviertes Verbrechen vermutet; der Anführer der Bande, der nach der Tat in seine Heimat Elfenbeinküste flieht und bald darauf an Frankreich ausgeliefert wird, gibt bei seiner Verhörung jedoch an, man habe Halimi entführt, weil man Juden grundsätzlich für wohlhabend gehalten und deshalb geglaubt habe, von ihnen ein hohes Lösegeld erpressen zu können.

14. Februar

— Kulturrevolution in Englands Pubs und Clubs: Das Parlament in London beschließt mit großer Mehrheit, dass in beiden Institutionen künftig nicht mehr geraucht werden darf.

15. Februar

— Die Vogelgrippe erreicht Deutschland. Auf der Ostseeinsel Rügen wird in mehreren toten Schwänen der gefährliche Erreger H5N1 festgestellt. Innerhalb der nächsten Tage werden über 100 Tiere entdeckt, die sich mit dem Virus infiziert haben; die zuständige Landrätin erklärt Rügen nach anfänglichem Zögern zum Katastrophengebiet. Außer in Mecklenburg-Vorpommern wird H5N1 bis Ende Februar auch in den Bundesländern Baden-Württemberg, Bayern, Brandenburg und Schleswig-Holstein nachgewiesen.

— Der australische Fernsehsender SBS strahlt neue Folterbilder aus dem US-Gefängnis Abu Ghreib bei Bagdad aus. Sie sollen, wie die Aufnahmen, die 2005 für einen weltweiten Skandal sorgten, bereits 2003 entstanden sein und zeigen neben schwerverletzten auch tote Iraker. Washington bezeichnet die Veröffentlichung der Bilder als „unglücklich", da sie neuerliche antiamerikanische Reaktionen in der islamischen Welt auslösen könnten.

— Die Volksrepublik China hat unter dem Namen „Delphin" eine eigene Magnetschwebebahn entwickelt. Sie soll im Juli in Shanghai, wo seit Dezember 2002 ein von deutschen Firmen gebauter Transrapid verkehrt, eine erste Testfahrt unternehmen. Deutsche Technologie sei aber bei dem chinesischen Projekt nicht verwendet worden.

— Die Bundesregierung beschließt, dass die 130 000 Bundesbeamten ab 1. März wieder 41 Stunden arbeiten müssen; am 22. Februar wird zudem entschieden, dass sie statt bislang 60 nur noch 30 Prozent eines Monatsgehalts als Weihnachtsgeld erhalten. Damit soll der Bundeshaushalt um eine Milliarde Euro entlastet werden.

— Das Bundesverfassungsgericht befindet, dass das 2004 verabschiedete Luftsicherheitsgesetz, das den Abschuss entführter Passagierflugzeuge erlaubt, wenn ein Terroranschlag anders nicht abwendbar ist, mit dem Grundrecht auf Leben und der Menschenwürde unvereinbar ist.

16. Februar

— Bei der Föderalismusreform einigen sich Bund und Länder nach zähen Verhandlungen auf einen Kompromiss. Um die Gesetzgebung wieder effizienter zu machen und Blockaden in Bundestag und Bundesrat zu erschweren, sollen in der größten Verfassungsreform seit dem Inkrafttreten des Grundgesetzes 1949 vor allem die Kompetenzen in den Bereichen Bildung, Justiz, Umwelt und Besoldung neu geregelt werden. Zahlreiche Details bleiben jedoch trotz der grundsätzlichen Einigung, die zwischen der Bundesregierung, den Ministerpräsidenten und den Fraktionsspitzen der Großen Koalition erzielt wird, umstritten.

— Die EU-Dienstleistungsrichtlinie, die vor allem in Deutschland wegen der potenziellen Vernichtung heimischer Arbeitsplätze auf heftige Kritik gestoßen war, wird vom Europaparlament in wichtigen Punkten entschärft. So wird das Herkunftslandprinzip, nach dem Dienstleister ihre Arbeit im EU-Ausland nach den Regeln ihres Heimatlandes anbieten dürfen, abgeschafft.

— Die UN-Menschenrechtskommission kritisiert das US-Gefangenenlager Guantánamo auf Kuba und fordert die Vereinigten Staaten auf, die Anlage zu schließen. Washington weist die Vorwürfe zurück.

17. Februar

— Ein Erdrutsch auf der philippinischen Insel Leyte fordert über 1000 Todesopfer.

— Das Arbeitslosengeld II in Ostdeutschland wird ab Juli 2006, so beschließt es der Bundestag, auf das Westniveau angehoben. Erwerbslose zwischen 18 und 25 Jahren, die bei ihren Eltern leben, bekommen dagegen in Zukunft nur noch 80 Prozent der bisherigen Unterstützung.

18. Februar

— Der italienische Reformminister Roberto Calderoli von der rechtspopulistischen Lega Nord tritt nach heftigen Protesten gegen einen TV-Auftritt, bei dem er ein T-Shirt mit Mohammed-Karikaturen getragen hat, von seinem Amt zurück. In Libyen sterben bei Protesten gegen den Politiker elf Menschen.

— Die Olympischen Winterspiele in Turin werden von einem Skandal überschattet: Das österreichische Lager, in dem der wegen einer Dopingaffäre für die Spiele gesperrte Langlauftrainer Walter Mayer aufgetaucht ist, wird von der italienischen Polizei bei einer Großrazzia durchsucht. Es werden Spritzen und Medikamente gefunden; Mayer flüchtet und wird später gestellt.

— Bei den 56. Internationalen Filmfestspielen in Berlin wird der bosnische Antikriegsfilm „Grbavica" mit dem Goldenen Bären ausgezeichnet.

21. Februar

— Der UN-Sonderbeauftragte für Bildungsfragen, der Costa Ricaner Vernor Muñoz, kritisiert zum Abschluss seiner neuntägigen Inspektionsreise durch die Bundesrepublik das deutsche Schulsystem vor allem wegen seiner zu frühen Aufteilung und seiner ungleichen Bildungschancen.

22. Februar

— Nachdem der Askari-Schrein im nordirakischen Samarra, eines der wichtigsten Heiligtümer der Schiiten, bei einem Bombenanschlag schwer beschädigt wird, kommt es zwischen Schiiten und Sunniten zu bürgerkriegsartigen Auseinandersetzungen mit zahlreichen Todesopfern.

— Bei einem spektakulären Raubüberfall im südenglischen Tonbridge erbeuten Gangster umgerechnet fast 78 Millionen Euro. Ein Teil der Summe wird bald darauf in London sichergestellt.

23. Februar

— Die Bundesregierung legt ihren Bericht über die Bundesrepublik betreffende CIA-Aktivitäten und zu den Irak-Einsätzen des Bundesnachrichtendienstes vor. Darin stellt sie fest, dass der BND im Jahr 2003 entgegen der bisherigen Darstellung doch Informationen über militärische Ziele an die USA weitergegeben hat.

26. Februar

— Kompromissversuch im Atomstreit mit dem Iran: Moskau und Teheran führen Gespräche über eine gemeinsame Urananreicherung in Russland.

— Krise in der Linkspartei: Bei den Berliner Abgeordnetenhauswahlen im September will die WASG unabhängig von der PDS antreten.

27. Februar

— Bestsellerautor Dan Brown muss sich vor einem englischen Gericht gegen einen Plagiatsvorwurf wehren. Für seinen Historien-Thriller „The Da Vinci Code" (deutscher Titel „Sakrileg") soll er ein bereits 1982 erschienenes Sachbuch allzu intensiv genutzt haben.

28. Februar

— Auf Rügen wird in einer toten Katze das Virus H5N1 entdeckt. Damit ist die Vogelgrippe erstmals in Deutschland bei einem Säugetier nachgewiesen.

— Der schwedische Electrolux-Konzern erklärt sich bereit, sein Abfindungsangebot im Zusammenhang mit der für Ende 2007 vorgesehenen Schließung des ihm gehörenden AEG-Werks in Nürnberg auf 150 Millionen Euro zu erhöhen. Damit findet der heftige Arbeitskampf mit den 1700 Beschäftigten des Werkes nach über fünf Wochen ein Ende.

MÄRZ

1. März

— Irans Staatspräsident Mahmud Ahmadinedschad beharrt erneut auf dem Recht seines Landes, in seinen Atomanlagen Uran anzureichern. Das könnte auch zur Produktion von Nuklearwaffen benutzt werden. Damit sind die Fronten im Atomstreit mit dem Westen wieder verhärtet, zumal auch der Kompromissvorschlag einer gemeinsamen Urananreicherung auf russischem Boden ohne konkretes Ergebnis geblieben ist.

— Im Defizitverfahren wegen des fortgesetzten Verstoßes gegen die EU-Stabilitätsvorgaben drohen der Bundesregierung Sanktionen. Zwar bekommt Berlin bis 2007 Zeit, die Staatsverschuldung wieder unter die 3-Prozent-Marke zu drücken, doch schreibt die EU-Kommission der Regierung vor, innerhalb von vier Monaten die Maßnahmen mitzuteilen, mit denen sie dieses Ziel erreichen will.

— Vor seinem Staatsbesuch in Indien trifft US-Präsident Bush überraschend in Kabul ein, um die Position seines afghanischen Amtskollegen Hamid Karzai zu stärken. Mit Indien schließt Bush am folgenden Tag einen spektakulären Atomvertrag ab, der dem Land, das sich stets geweigert hat, den Atomwaffensperrvertrag zu unterzeichnen, nach 30 Jahren Boykott erstmals wieder die Lieferung von US-Atomtechnologie und -material für zivile Zwecke sichert. Der US-Kongress muss dem Abkommen allerdings noch zustimmen.

2. März

— Die umstrittene Rechtschreibreform von 1996 wird noch einmal korrigiert, beschließen die Kultusminister der Länder und stellen damit sicher, dass das Regelwerk ab August 2006 bundesweit gilt. Bayern und Nordrhein-West-

22. FEBRUAR: Der Askari-Schrein in der nordirakischen Stadt Samarra ist durch ein Bombenattentat schwer beschädigt worden

18. MÄRZ: Serbien-Fan Peter Handke nimmt in Belgrad an der Trauerfeier für den verstorbenen Ex-Präsidenten Slobodan Milošević teil

fallen hatten die Umsetzung der Reform zuvor für ihre Schulen ausgesetzt.

3. März

— Russland brüskiert den Westen: In Moskau wird eine Delegation der Palästinenser-Bewegung Hamas, die von den USA und der EU als Terrororganisation betrachtet wird, vom russischen Außenminister Sergej Lawrow empfangen.

5. März

— Der frühere Serbenführer Milan Babić, der wegen Kriegsverbrechen vom Kriegsverbrechertribunal in Den Haag zu 13 Jahren Haft verurteilt worden ist, begeht in seiner Zelle im niederländischen Scheveningen Selbstmord.

— Nach 48 Stunden ununterbrochenem Schneefall versinkt Süddeutschland im Verkehrschaos. Züge und Flüge fallen aus, auf den Straßen in Bayern und Baden-Württemberg bilden sich kilometerlange Staus.

6. März

— Das Rassendrama „L.A. Crash" des Regisseurs Paul Haggis wird in Hollywood bei der 78. Oscar-Verleihung als bester Film des Jahres ausgezeichnet.

8. März

— Der erste Deutschlandbesuch des neuen polnischen Staatspräsidenten Lech Kaczynski wird von offenen Differenzen überschattet und endet am nächsten Tag mit einem Eklat, als Schwule und Lesben versuchen, einen Auftritt des Gastes, der für seine kritische Einstellung gegenüber Homosexuellen bekannt ist, in der Berliner Humboldt-Universität zu verhindern.

— Die Berliner WASG opponiert in einer Urabstimmung gezielt gegen ihren Bundesvorstand und beschließt, bei der Wahl zum Abgeordnetenhaus im September in Konkurrenz zur Linkspartei anzutreten. Eigentlich ist geplant, dass sich WASG und die frühere PDS bis 2007 bundesweit zusammenschließen.

— Der Waffenhändler Karlheinz Schreiber, der seit 1999 in Kanada lebt, muss nach jahrelangem juristischem Tauziehen nun doch noch damit rechnen, unfreiwillig nach Deutschland zurückzukehren. Das oberste Berufungsgericht der kanadischen Provinz Ottawa lehnt es ab, das Auslieferungsverfahren gegen Schreiber zu stoppen.

9. März

— Als erste deutsche Kommune verkauft Dresden seinen gesamten Wohnungsbestand. Die Stadt erhält für die rund 48 000 Wohnungen von der US-Investorengruppe Fortress 1,7 Milliarden Euro und kann damit unter anderem ihre Schulden von rund 740 Millionen Euro komplett tilgen.

— Auf der Ostseeinsel Rügen wird die Vogelgrippe erstmals weltweit bei einem Steinmarder nachgewiesen. Das Tier hat sich vermutlich beim Fressen toter Vögel infiziert.

10. März

— Die Föderalismusreform nimmt ihre erste parlamentarische Hürde: Nach ersten Beratungen im Bundestag und im Bundesrat wird die größte Verfassungsänderung in der Geschichte der Bundesrepublik in die Ausschüsse verwiesen. Details bleiben jedoch umstritten. Vor allem die geplante alleinige Kompetenz der Länder im Bildungsbereich stößt weiter auf Kritik.

— Nach zähen Verhandlungen einigt sich die Opposition im Bundestag darauf, die Aktivitäten des BND im Irak-Krieg und bei der Terrorbekämpfung von einem Parlamentarischen Untersuchungsausschuss klären zu lassen.

13. März

— Die ostdeutschen Länder haben nach Angaben des Bundesfinanzministeriums 2005 im Rahmen des Länderfinanzausgleichs und der Bundestransfers insgesamt 28,6 Milliarden Euro erhalten. Das sind rund 90 Prozent der zur Verfügung stehenden Gelder.

— Das rumänische Städtchen Cernavoda, in dem das Vogelgrippevirus festgestellt wurde, kommt vollständig unter Quarantäne.

14. März

— Im palästinensischen Jericho stürmen Spezialeinheiten der israelischen Armee ein Gefängnis und nehmen den dort einsitzenden Palästinenserführer Ahmed Saadat und weitere Häftlinge in Gewahrsam. Sie werden verdächtigt, 2001 an der Ermordung des israelischen Tourismusministers Rechavam Seevi beteiligt gewesen zu sein.

15. März

— Bei dem Test eines neuen Medikaments in einer britischen Klinik kommt es zu einer dramatischen Panne: Sechs Männer erleiden nach der Einnahme des im fränkischen Würzburg entwickelten Präparats, das unter anderem bei Multipler Sklerose und Blutkrebs helfen soll, einen schweren allergischen Schock; zwei schweben mehrere Tage in Lebensgefahr.

— Der Deutsche Achim Steiner, bislang Generaldirektor der Weltnaturschutzunion, wird Nachfolger seines Landsmanns Klaus Töpfer als Chef des UN-Umweltprogramms.

— Als erstes postkommunistisches Land verabschiedet Tschechien ein Gesetz, das Ehen unter Homosexuellen zulässt. Das Parlament setzt sich damit über

3. MÄRZ: Der russische Außenminister Sergej Lawrow (r.) begrüßt in Moskau eine Delegation der Palästinenserbewegung Hamas

Václav Klaus hinweg, der das Paragrafenwerk als „tragischen Irrtum" bezeichnet hat.

— Gegen den Willen der USA beschließen die UN die Gründung eines Menschenrechtsrats, der an die Stelle der umstrittenen Menschenrechtskommission treten soll. Washington kritisiert das nach seiner Meinung zu laxe Auswahlverfahren für die Mitglieder des neuen Rates.

16. März

— Nach jahrelangem Rechtsstreit entscheidet das Bundesverwaltungsgericht, dass der umstrittene Flughafen Berlin Brandenburg International im Süden der Hauptstadt gebaut werden darf. Mit der Genehmigung sind strenge Auflagen verbunden; so wird ein Nachtflugverbot angeordnet.

— In ganz Deutschland legen Tausende von Klinikärzten die Arbeit nieder. Sie wollen bessere Arbeitsbedingungen und eine höhere Bezahlung durchsetzen.

— Mit einem Großangriff auf Rebellen nördlich der Stadt Samarra starten amerikanische und irakische Truppen die umfangreichste Militäroffensive seit dem Beginn des Irak-Kriegs vor drei Jahren.

17. März

— Mit dem kongolesischen Warlord Thomas Lubanga Dyilo, dem die Verantwortung für Massaker und die Rekrutierung von Kindersoldaten vorgeworfen wird, hat der Internationale Strafgerichtshof in Den Haag seinen ersten Gefangenen. Dyilo war seit März 2005 in Kinshasa inhaftiert und wurde jetzt in die Niederlande überstellt.

18. März

— Die Belgrader Trauerfeier für den vor einer Woche verstorbenen serbischen Diktator Slobodan Milošević gerät zu einer Großdemonstration serbischer Nationalisten mit 60 000 Teilnehmern. Bei der anschließenden Beerdigung in Miloševićs Geburtsort hält der Schriftsteller Peter Handke eine Rede.

19. März

— Aus den Präsidentschaftswahlen in Weißrussland geht Amtsinhaber Alexander Lukaschenko mit 83 Prozent der Stimmen als Sieger hervor. Opposition und internationale Beobachter protestieren jedoch übereinstimmend gegen massive Manipulationen, die das Ergebnis verfälscht haben. Am Abend kommt es trotz zahlreicher Drohungen der Behörden in der Hauptstadt Minsk zu einer Großdemonstration von Regimegegnern.

20. März

— Der Nordosten Australiens wird von dem Wirbelsturm „Larry" verwüstet, der zeitweise Geschwindigkeiten von bis zu 300 Stundenkilometern erreicht. Die Schäden, die der Zyklon anrichtet, werden auf etwa 600 Millionen Euro geschätzt.

21. März

— Die schwedische Außenministerin Laila Freivalds tritt zurück, weil ihre Behauptung, die Schließung einer Internetseite mit den umstrittenen Mohammed-Karikaturen nicht betrieben zu haben, eine Lüge war.

22. März

— Die baskische Separatistenorganisation Eta verkündet nach fast 40 Jahren Terror eine „dauerhafte Waffenruhe". Sie soll einen „demokratischen Prozess" eröffnen, in dem die Basken frei über ihre Zukunft entscheiden können. Die spanische Regierung unter Ministerpräsident Zapatero reagiert zurückhaltend auf die Offerte.

— Die Regierungen der 25 EU-Staaten beschließen in Brüssel, die Wahlen, die im Juni im Kongo stattfinden sollen, mit rund 1500 Soldaten abzusichern. Das Kontingent wird unter deutscher Führung stehen; die Bundeswehr soll etwa 500 Soldaten stellen.

23. März

— Die Verschuldung der Bundesrepublik hat nach einem Bericht der Deutschen Bundesbank 2005 einen neuen Rekordstand erreicht: Sie betrug 1,52 Billionen Euro. Das bedeutet pro Einwohner ein Minus von 18 500 Euro.

— Die Bayer AG kündigt an, das Berliner Pharmaunternehmen Schering für 16,3 Milliarden Euro übernehmen zu wollen. Durch die Fusion entstünde der größte deutsche Arzneimittelproduzent, weltweit käme der neue Konzern auf Platz sieben.

— Im Irak werden drei westliche Geiseln, die sich seit knapp vier Monaten in der Hand von Entführern befanden, von britischen und amerikanischen Soldaten befreit.

24. März

— In Berlin demonstrieren rund 30 000 niedergelassene Ärzte und ihre Mitarbeiter gegen Sparpläne im Gesundheitswesen. Die bislang größte Aktion der Mediziner ist der Auftakt zu einer bundesweiten Protestwoche.

25. März

— Bei einer Großkundgebung gegen das autoritäre Regime von Staatspräsident Lukaschenko kommt es in der weißrussischen Hauptstadt Minsk zu Auseinandersetzungen: Die Polizei nimmt mehrere Hundert Demonstranten fest.

26. März

— Die Landtagswahlen in Baden-Württemberg, Rhein-

5. MÄRZ: In Süddeutschland werden nach 48 Stunden Schneefall viele Straßen wie hier die zwischen Bad Wörishofen und Mindelheim gesperrt

land-Pfalz und Sachsen-Anhalt enden ohne Überraschungen. In allen drei Ländern werden die Amtsinhaber, Günther Oettinger (CDU), Kurt Beck (SPD) und Wolfgang Böhmer (CDU), bestätigt; allerdings scheidet die FDP sowohl in Rheinland-Pfalz als auch in Sachsen-Anhalt aus der Regierung aus. Die Wahlbeteiligung erreicht in allen drei Ländern ein Rekordtief; in Sachsen-Anhalt gibt nicht einmal die Hälfte der Wahlberechtigten ihre Stimme ab.

— Bei den Parlamentswahlen in der Ukraine gewinnt die prorussische Opposition deutlich an Stimmen. Dennoch sind die Parteien der „Orange-Koalition" in der Lage, auch die nächste Regierung zu stellen.

— Der Airbus A380 nimmt in Hamburg eine entscheidende Hürde auf dem Weg zur Flugzulassung. Innerhalb von 78 Sekunden werden 873 Insassen aus dem Großflugzeug evakuiert. Das vorgeschriebene Limit liegt bei 90 Sekunden.

27. März

— Bis zum Jahr 2032 wird in der Europäischen Union ein einheitlicher Führerschein eingeführt, der vor allem die Jagd auf Verkehrssünder erleichtern soll. Darauf einigen sich die EU-Verkehrsminister auf einem Treffen in Brüssel.

— Ein Tornado richtet im Süden Hamburgs in wenigen Minuten schwere Schäden an; zwei Menschen kommen ums Leben.

28. März

— Die EU-Kommission kündigt an, das Telefonieren mit Handys innerhalb der Europäischen Union deutlich billiger zu machen: Per Verordnung will sie die Betreiber der Mobilfunknetze zwingen, die hohen Gebühren für grenzüberschreitende Gespräche zu senken.

— Die Kadima-Partei des amtierenden Ministerpräsidenten Ehud Olmert geht – mit einem allerdings enttäuschend schwachen Ergebnis – aus den Parlamentswahlen in Israel als Sieger hervor.

— Mit den größten Protestkundgebungen seit den Mai-Unruhen von 1968 demonstrieren Gewerkschaften und Studenten in Frankreich gegen die Arbeitsmarktreform von Ministerpräsident Villepin. Besonders umstritten ist die Neuregelung des Kündigungsschutzes.

— Der Ex-Muslim Abdul Rahman, der sich wegen seines Übertritts zum Christentum in seiner Heimat Afghanistan vor Gericht verantworten und mit der Todesstrafe rechnen musste, kann dank westlicher Interventionen das Land verlassen und erhält in Italien Asyl.

29. März

— Der UN-Sicherheitsrat beschließt eine Erklärung, in der der Iran aufgefordert wird, innerhalb von 30 Tagen alle Arbeiten an einer Urananreicherung einzustellen. Vor allem Russland und China haben sich lange gegen eine solche Erklärung gesträubt.

30. März

— Das Lehrerkollegium der Rütli-Hauptschule in Berlin-Neukölln bittet den Senat um Auflösung der Schule, weil der Gewalt unter den Schülern nicht mehr beizukommen sei. Der Ausländeranteil an der Schule liegt bei über 80 Prozent.

30. MÄRZ: Weil die Gewalttätigkeit an der Berliner Rütli-Schule überhandnimmt, schlägt das Lehrerkollegium die Schließung der Schule vor

APRIL

16. APRIL: Der aus Äthiopien gebürtige Ingenieur Ermyas M. – hier an seinem Arbeitsplatz – wird in Potsdam brutal zusammengeschlagen

1. April

— Mit knapp 80 Prozent der Stimmen spricht sich die Basis der Wahlalternative Arbeit und Soziale Gerechtigkeit (WASG) bei einer Urabstimmung für einen Zusammenschluss mit der Linkspartei bis 2007 aus. Die WASG-Landesverbände Berlin und Mecklenburg-Vorpommern wollen gleichwohl bei den Landtagswahlen im Herbst mit eigenen Listen gegen die Linkspartei antreten.

2. April

— Der Aufsichtsratschef der Deutschen Bank, Rolf Breuer, der laut Bundesgerichtshof gegenüber dem Deutsche-Bank-Kunden Leo Kirch seine vertraglichen Pflichten verletzt hat, als er in einem Interview Zweifel an dessen Kreditwürdigkeit äußerte, kündigt an, am 3. Mai von seinem Amt zurückzutreten.

— Auf dem Berliner Energiegipfel spricht sich Bundeskanzlerin Merkel dafür aus, im Rahmen eines neuen Energiekonzepts, das bis Mitte 2007 entwickelt werden soll, die Rolle der Atomenergie neu zu bestimmen. Die Industrie kündigt auf dem Treffen an, in den kommenden sechs Jahren insgesamt 70 Milliarden Euro in die Energieversorgung zu investieren.

3. April

— Das Verwaltungsgericht Berlin entscheidet im Fall der Physiotherapeutin Reinhilt Weigel, die 2003 nach zweieinhalb Monaten Geiselhaft in Kolumbien wieder freikam, dass die Bundesrepublik von entführten Deutschen die Kosten für ihre Befreiung nicht zurückverlangen kann.

— Zum ersten Mal seit Juli 2001 klettert der deutsche Aktienindex Dax wieder über die 6000-Punkte-Marke.

4. April

— Erstmals in der Geschichte Kuwaits dürfen Frauen an einer Wahl teilnehmen und sich auch als Kandidatinnen aufstellen lassen. Damit ist Saudi-Arabien das letzte arabische Land, in dem Frauen weder das aktive noch das passive Wahlrecht besitzen.

— Ausländische Eltern, die ihre Kinder nicht an einem Deutschkurs im Kindergarten teilnehmen lassen, müssen in Bayern künftig ein Bußgeld zahlen.

5. April

— Nach neun Wochen Streik einigen sich die Kommunen und die Gewerkschaft Verdi in Baden-Württemberg auf einen neuen Tarifvertrag. Darin wird festgeschrieben, dass die 220 000 Beschäftigten der Gemeinden künftig 39 Stunden pro Woche arbeiten.

— Das Bundeskabinett beschließt, das Unterhaltsrecht zu reformieren und den Kindern bei Unterhaltszahlungen in Zukunft Vorrang vor den geschiedenen und derzeitigen Ehepartnern einzuräumen.

— Das gefährliche Vogelgrippevirus H5N1, das vor sieben

Wochen in Deutschland festgestellt wurde, taucht erstmals in einem Geflügelhof auf. Im sächsischen Wermsdorf müssen daraufhin insgesamt 30 000 Tiere getötet werden.

— Mit der Bundesrichterin Monika Harms soll nach dem Willen der Bundesregierung erstmals eine Frau den Posten des Generalbundesanwalts besetzen. Amtsinhaber Kay Nehm geht Ende Mai in den Ruhestand.

6. April

— Eine rätselhafte Mordserie, der seit 2000 in mehreren deutschen Städten bereits acht Ausländer – fast alle Türken – zum Opfer gefallen sind, wird mit einer weiteren Bluttat fortgesetzt: In Kassel wird ein 21-jähriger Türke in seinem Internetcafé erschossen. Die Tatwaffe ist dieselbe wie bei den anderen Verbrechen.

— Nachdem sich die Regierung nicht auf eine Finanzreform der Krankenkassen einigen kann, soll eine Kommission bis zum Sommer neue Vorschläge erarbeiten.

7. April

— Bei mehreren Anschlägen auf die schiitische Moschee von Buratha im Norden Bagdads kommen insgesamt 79 Menschen ums Leben.

— Der Parlamentarische Untersuchungsausschuss, der die Aktivitäten des BND im Antiterrorkampf und in Deutschland betreffende CIA-Aktionen untersuchen soll, nimmt seine Arbeit auf.

— Die Europäische Union und die USA stellen als Reaktion auf die Regierungsübernahme der – von ihnen als Terrororganisation eingestuften – Hamas-Bewegung in den Palästinensergebieten ihre finanzielle Unterstützung an die Palästinenser ein.

— Die Bundestagsabgeordnete Petra Pau, die anstelle des viermal durchgefallenen Lothar Bisky von der Linkspartei für den Posten einer Bundestagsvizepräsidentin nominiert wird, erreicht bereits im ersten Wahlgang das nötige Quorum.

— Die französische Regierung gibt den wochenlangen Protesten nach und kündigt an, die umstrittenen Arbeitsrechtsreformen zurückzuziehen, um sie zu überarbeiten.

8. April

— In Norddeutschland wächst die Gefahr einer Hochwasserkatastrophe. In einigen Elbgemeinden steigt der Wasserstand des Flusses über die Pegel der Jahrhundertflut von 2002.

10. April

— Das Mitte-Links-Bündnis von Oppositionschef Romano Prodi gewinnt mit knapper Mehrheit die zweitägigen Parlamentswahlen in Italien. Regierungschef Silvio Berlusconi weigert sich allerdings zunächst, seine Niederlage anzuerkennen, und fordert eine Überprüfung des Ergebnisses.

— Matthias Platzeck erklärt nach knapp fünf Monaten im Amt überraschend seinen Rücktritt als SPD-Chef. Er macht dafür gesundheitliche Gründe geltend; neuer Vorsitzender soll der rheinland-pfälzische Ministerpräsident Kurt Beck werden.

11. April

— In Sizilien wird der seit 1963 gesuchte Mafia-Chef Bernardo Provenzano, genannt „das Raubtier", festgenommen. In mehreren Prozessen ist der „Boss der Bosse" bereits in Abwesenheit zu lebenslanger Haft verurteilt worden.

— Der iranische Staatspräsident Ahmadinedschad teilt mit, dass es seinem Land gelungen sei, Uran zur Gewinnung von Atomenergie anzureichern.

Der „historische Erfolg" wird im Westen mit großer Besorgnis quittiert; aber auch Russland und China äußern Kritik.

— Die Ruhrmetropole Essen setzt sich im Finale gegen das sächsische Görlitz durch und wird von einer EU-Jury zur Europäischen Kulturhauptstadt 2010 gewählt.

13. April

— Im Berliner „Ehrenmord"-Prozess verurteilt das Landgericht einen zur Tatzeit 18-jährigen Türken, der seine Schwester im Februar 2005 erschossen hat, um „die Familienehre wiederherzustellen", zu neun Jahren und drei Monaten Jugendhaft. Seine beiden älteren Brüder werden freigesprochen. Die 23-jährige Hatun Sürücü war aus einer Zwangsehe ausgebrochen und hatte danach mit ihrem Sohn in Berlin ein Leben geführt, das mit den traditionellen Moralvorstellungen ihrer Familie nicht vereinbar war.

14. April

— Die Donau steigt in Osteuropa auf nie zuvor gemessene Pegelstände; ihr Hochwasser bedroht vor allem in Serbien, Ungarn und Rumänien zahlreiche Ortschaften und Regionen. Mehrere Tausend Menschen müssen vor den Wassermassen fliehen; erst Ende April normalisiert sich die Lage allmählich wieder.

15. April

— Moskau kündigt an, der neuen Palästinenser-Regierung, die vom Westen kein Geld mehr erhält, finanziell zu Hilfe zu kommen. Auch der Iran ist bereit, der von der radikal-islamischen Hamas-Bewegung geführten palästinensischen Autonomiebehörde 50 Millionen Dollar zur Verfügung zu stellen.

— In den USA fordern mehrere pensionierte Generäle, darunter auch der frühere Nato-Oberbefehlshaber Wesley Clark, den Rücktritt von US-Verteidigungsminister Donald Rumsfeld: Der Irak-Krieg, den Rumsfeld vehement befürwortete, sei ein „tragischer Fehler" gewesen; die Streitkräfte hätten kein Vertrauen mehr in den Minister.

16. April

— Ein brutales Verbrechen mit vermutlich fremdenfeindlichem Hintergrund sorgt für bundesweite Empörung: In Potsdam wird ein gebürtiger Äthiopier

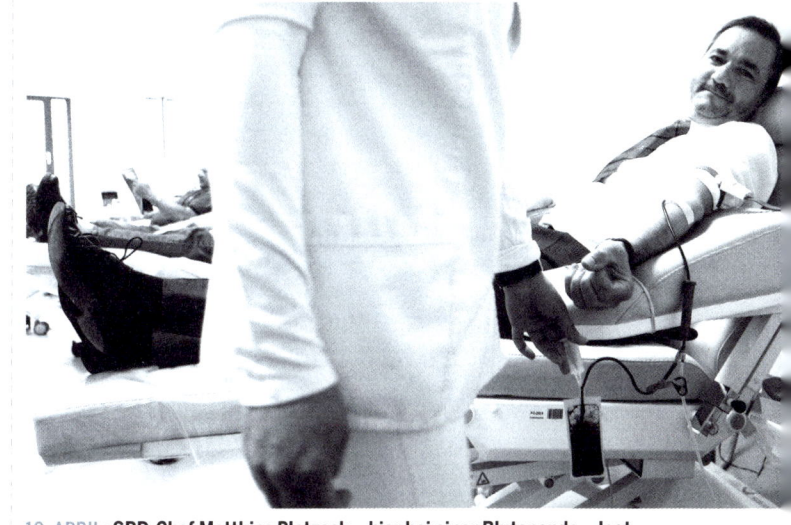

10. APRIL: SPD-Chef Matthias Platzeck – hier bei einer Blutspende – legt aus gesundheitlichen Gründen sein Amt überraschend nieder

29. APRIL: Demonstranten mit Masken von George W. Bush und seinen wichtigsten Kabinettsmitgliedern protestieren in New York gegen den Irak-Krieg

mit deutschem Pass von zwei Männern nachts an einer Bushaltestelle zusammengeschlagen und dabei lebensgefährlich verletzt. Nach zwei Tagen zieht Generalbundesanwalt Nehm die Ermittlungen an sich; am 20. April werden ein 29-jähriger und ein 30-jähriger Deutscher verhaftet.

18. April

— Chinas Staatspräsident Hu Jintao kommt zu einem viertägigen Besuch in die Vereinigten Staaten und wird am 20. April von Präsident Bush im Weißen Haus empfangen. Obwohl die beiden Staatschefs ihr Interesse an einer Zusammenarbeit betonen, erzielen sie in wichtigen Fragen wie dem Atomkonflikt mit dem Iran keine Einigung.

— Der Atomstreit mit Teheran treibt den Ölpreis auf ein neues Rekordhoch. Ein Barrel kostet erstmals über 71 Dollar.

19. April

— Nachdem sich die fünf Vetomächte im Weltsicherheitsrat nicht auf ein gemeinsames Vorgehen im Atomstreit mit dem Iran verständigen können, schließt US-Außenministerin Condoleezza Rice einen Alleingang ihres Landes nicht aus und droht Teheran mit einer „Koalition der Willigen". Mit einem solchen Bündnis haben die Vereinigten Staaten 2003 den Irak angegriffen.

— Das oberste Gericht Italiens bestätigt endgültig den Sieg des Mitte-Links-Lagers von Romano Prodi bei den Parlamentswahlen.

20. April

— Bundesfamilienministerin Ursula von der Leyen schließt mit der katholischen und der evangelischen Kirche ein „Bündnis für Erziehung" ab. Die beiden großen Religionsgemeinschaften leisteten einen wesentlichen Beitrag zur Kindererziehung, begründet die CDU-Politikerin ihre Entscheidung, die bei anderen Glaubensgemeinschaften, aber auch bei Parteien und Verbänden auf heftige Kritik stößt.

— Der russische Energiekonzern Gasprom kündigt an, der EU Gaslieferungen zu kürzen, falls Brüssel eine Expansion des Unternehmens im Westen behindern sollte.

21. April

— Nepals König Gyanendra gibt sich nach wochenlangen Massenprotesten kompromissbereit und erklärt, seine Alleinherrschaft beenden und die Macht „an das Volk zurückgeben" zu wollen.

— Die britische Königin Elisabeth II. feiert ihren 80. Geburtstag. Mit 54 Jahren auf dem Thron ist die rüstige Jubilarin zugleich die dienstälteste Monarchin der Welt.

— Erstmals erklärt mit Carlo Maria Martini, dem früheren Erzbischof von Mailand, ein hoher Würdenträger der katholischen Kirche Kondome für einen sinnvollen Schutz gegen Aids und vertritt damit nicht die harte Haltung, die der Vatikan bislang gegenüber der Empfängnisverhütung einnimmt. Zwei Tage später wird bekannt, dass der Heilige Stuhl offensichtlich bereit ist, von seiner strikten Linie abzurücken.

22. April

— In Nordrhein-Westfalen einigen sich die Tarifparteien der Metall- und Elektroindustrie auf einen Pilotabschluss, der Einkommenserhöhungen von drei Prozent ab 1. Juni vorsieht. Damit wird ein kostspieliger Arbeitskampf in der Branche vermieden.

23. April

— Der arabische Sender al Jazeera strahlt eine Tonbandbotschaft von Osama bin Laden aus; darin beklagt der Al-Qaeda-Chef, dass der Westen einen „Kreuzzug gegen den Islam" führe.

— Aus den Parlamentswahlen in Ungarn geht die regierende sozialliberale Koalition unter Ministerpräsident Ferenc Gyurcsany als klarer Sieger hervor.

24. April

— In dem Badeort Dahab auf der ägyptischen Sinai-Halbinsel explodieren drei Sprengsätze; 22 Menschen kommen ums Leben. Mehrere Dutzend Urlauber werden verletzt. Die Behörden gehen von einem Terroranschlag aus.

— In der SPD und in der CDU beginnen Diskussionen um neue Grundsatzprogramme. Die SPD legt Leitsätze vor, in denen sie einen „vorsorgenden Sozialstaat" fordert; die CDU will dagegen die Rolle des Staates eher einschränken.

25. April

— Der UN-Sicherheitsrat erteilt in einer Resolution der Europäischen Union den Auftrag, die Parlamentswahlen im Kongo abzusichern. Die Militärmission soll unter Führung der Bundeswehr stattfinden, die voraussichtlich 500 der insgesamt 1500 Soldaten stellen wird.

27. April

— Der Bundesgerichtshof spricht dem Fußballweltverband Fifa das Recht ab, die Fußball-WM exklusiv zu vermarkten. Insbesondere lehnen es die Richter ab, dem Begriff „Fußball WM 2006" Markenschutz zu verleihen. Es handele sich dabei vielmehr um eine „sprachübliche Bezeichnung", die alle benutzen könnten.

— Mit dem Eintreffen der ersten Bauarbeiter auf Ground Zero beginnt viereinhalb Jahre nach den Terroranschlägen vom 11. September 2001 und nach zähen Verhandlungen über die Gestaltung und Finanzierung des Projekts der Neubau des World Trade Center in New York.

28. April

— Im Atomstreit lässt der Iran das vom UN-Sicherheitsrat gesetzte Ultimatum verstreichen und führt seine Arbeiten zur Urananreicherung fort.

— In Bonn suspendiert der Leiter der Bertolt-Brecht-Gesamtschule zwei aus der Türkei stammende Schülerinnen wegen des Tragens einer Burka für zunächst zwei Wochen vom Unterricht. Durch die Verschleierung habe der Direktor den Schulfrieden gefährdet gesehen, erklärt die Stadt, die den Entschluss mitträgt.

29. April

— In New York demonstrieren Zehntausende gegen die Regierung Bush und für einen Abzug der amerikanischen Truppen aus dem Irak.

MAI

1. Mai

— In Bolivien verstaatlicht Präsident Evo Morales per Dekret alle Öl- und Gasvorkommen seines Landes; gleichzeitig lässt er die Förderanlagen vom Militär besetzen. Betroffen sind davon mehrere internationale Konzerne, darunter die britische BP und das französische Unternehmen Total.

— Drängeln auf der Autobahn wird deutlich teurer: Wer jetzt zu dicht auffährt, kann mit einem Bußgeld von bis zu 250 Euro und drei Monaten Führerscheinentzug bestraft werden.

2. Mai

— Silvio Berlusconi tritt offiziell von seinem Amt als italienischer Ministerpräsident zurück.

— Im Irak kommen die beiden deutschen Techniker René Bräunlich und Thomas Nitzschke nach über dreimonatiger Geiselhaft wieder frei.

— Die schwarz-rote Koalition beschließt, die Gesetzesvorhaben für das Elterngeld und die „Reichensteuer" in den Bundestag einzubringen und damit zwei zentrale Punkte ihres Koalitionsvertrages zu realisieren.

3. Mai

— Mit einem Gesetzentwurf, der rund 50 Änderungen umfasst, will die Bundesregierung den Missbrauch beim Arbeitslosengeld II bekämpfen.

— Die EU-Kommission setzt die Verhandlungen über ein Assoziierungsabkommen mit Serbien-Montenegro aus, weil das Land nicht „uneingeschränkt" mit dem Kriegsverbrechertribunal in Den Haag kooperiere. Vor allem wird die Regierung in Belgrad dafür verantwortlich gemacht, dass der seit Jahren gesuchte serbische Ex-General Ratko Mladić noch immer nicht gefasst ist.

— In Alexandria im US-Bundesstaat Virginia wird der gebürtige Franzose Zacarias Moussaoui als Mitverschwörer der Terroranschläge vom 11. September 2001 von einem Geschworenengericht zu lebenslanger Haft ohne die Möglichkeit der Begnadigung verurteilt. Der Staatsanwalt hatte die Todesstrafe gefordert; der 37-jährige Angeklagte, der sich im Prozess als schuldig bekannt hatte, legt am 14. Mai Berufung gegen das Urteil ein.

5. Mai

— Nach schweren Verlusten seiner Labour-Partei bei den Kommunalwahlen bildet der angeschlagene britische Premierminister Tony Blair seine Regierung in mehreren Schlüsselpositionen um. Der Innenminister muss gehen, der Außenminister wird Labour-Fraktionschef im Unterhaus. Mit der bisherigen Umweltministerin Margaret Beckett kommt erstmals eine Frau an die Spitze des Foreign Office.

— Porter Goss, Chef des US-Geheimdienstes CIA, tritt nach nur anderthalb Jahren Amtszeit von seinem Posten zurück. Zuvor war er vor allem wegen seines autoritären Führungsstils in die Kritik geraten; außerdem war es ihm nicht gelungen, den kriselnden und als weitgehend uneffizient geltenden Dienst zu reformieren.

— Die Innenminister der Länder verständigen sich nach zähen Verhandlungen auf einer Konferenz in Garmisch-Partenkirchen auf strengere Regeln für die Einbürgerung von Ausländern. So sind für Kandidaten künftig Sprach- und Einbürgerungskurse obligatorisch.

— Im Sudan einigen sich die Regierung und die Rebellen der Sudanesischen Befreiungsarmee auf ein Friedensabkommen für die Krisenregion Darfur. Dort sind seit Anfang 2003 bei blutigen Auseinandersetzungen zwischen Reiternomaden und Regierungsmilizen mehrere tausend Menschen getötet und mehr als eine Million vertrieben worden.

6. Mai

— Durch ein 1 : 1 beim 1. FC Kaiserslautern sichert sich der FC Bayern München vorzeitig die deutsche Fußballmeisterschaft. Es ist der 20. Titelgewinn des Rekordmeisters.

8. Mai

— Der anhaltende Machtkampf zwischen den rivalisierenden Palästinenserorganisationen Fatah und Hamas fordert erstmals seit dem Sieg der Hamas bei den Parlamentswahlen am 25. Januar Todesopfer. Nachdem im Gazastreifen zunächst ein Hamas-Mitglied getötet wird, sterben kurz darauf zwei Fatah-Aktivisten.

— Der iranische Staatspräsident Mahmud Ahmadinedschad erklärt in einem offenen Brief an US-Präsident George W. Bush die westlichen Demokratien für gescheitert und konstatiert, dass die Welt den USA mit wachsendem Hass begegne. Auf den schwelenden Atomstreit geht er nur indirekt ein.

9. Mai

— Im neuen UN-Menschenrechtsrat, der an die Stelle der umstrittenen Genfer Menschenrechtskommission tritt, ist Deutschland eines der 47 Mitglieder. Bei der Abstimmung über die Zusammensetzung des Gremiums erhält die Bundesrepublik mit 154 Stimmen in der Gruppe der westlichen Staaten die meisten Voten.

— In einem Revisionsprozess wird Armin Meiwes, der „Kannibale von Rotenburg", der im März 2001 einen Mann mit dessen Einverständnis tötete und aufaß, vom Frankfurter Landgericht wegen Lustmordes zu „lebenslänglich" verurteilt. Damit fällt der Schuldspruch deutlich höher aus als der des Kasseler Landgerichts, das den Angeklagten wegen Totschlags zu achteinhalb Jahren Haft verurteilt hatte. Der Bundesgerichtshof hatte dieses Urteil aufgehoben.

2. MAI: Die deutschen Techniker René Bräunlich (vorn) und Thomas Nitzschke werden nach über drei Monaten Geiselhaft im Irak freigelassen

10. Mai

— Das Bundeskabinett beschließt den Entwurf des Steueränderungsgesetzes 2007. Es sieht eine „Reichensteuer" für Spitzenverdiener vor; Pendlerpauschale und Sparerfreibetrag werden weiter gekürzt, und die

12. MAI: Der Film „Das Leben der Anderen" (mit Ulrich Mühe als Stasi-Hauptmann) wird mit dem Deutschen Filmpreis in Gold ausgezeichnet

Altersgrenze für Kindergeld und Kinderfreibetrag wird gesenkt. Dadurch sollen insgesamt gut fünf Milliarden Euro jährlich mehr in die Haushalte von Bund, Ländern und Gemeinden fließen.

— Das Antidiskriminierungsgesetz, mit dem Deutschland EU-Richtlinien in nationales Recht umsetzen muss, wird von der Bundesregierung gebilligt. Weil es jedoch zum Teil weit über die EU-Vorschriften hinausgeht und zudem mit zahlreichen bürokratischen Konsequenzen verbunden ist, stößt es vor allem in der Union auf heftige Kritik.

— Der 80-jährige Senator Giorgio Napolitano, einst bekennender Kommunist und inzwischen Mitglied der linksdemokratischen Partei DS, wird vom italienischen Parlament zum neuen Staatspräsidenten des Landes gewählt. Damit hat der designierte Ministerpräsident Romano Prodi einen wichtigen Sieg errungen.

11. Mai

— Nach einem Bericht der Zeitung „USA Today" hat der US-Geheimdienst NSA seit den Terroranschlägen vom 11. September 2001 heimlich die Daten von Telefongesprächen vieler Millionen Amerikaner aufgezeichnet. Grundlage der juristisch umstrittenen Aktion ist eine Anweisung von US-Präsident Bush, der bereits Ende 2005 wegen anderer von ihm angeordneter Lauschangriffe in die Kritik geraten war.

— Das deutsche Strafgesetzbuch wird um den Paragrafen 238 erweitert. Er behandelt das Delikt „Schwere Belästigung" und soll Bürger fortan vor Psychoterror durch das sogenannte Stalking schützen. Das Strafmaß kann bis zu zehn Jahren Haft reichen.

12. Mai

— Das Stasi-Drama „Das Leben der Anderen" des jungen Regisseurs Florian Henckel von Donnersmarck erhält in Berlin den Deutschen Filmpreis in Gold.

— Der Ärztestreik in Deutschland geht in den dritten Monat, nachdem ein weiteres Spitzengespräch zwischen der Tarifgemeinschaft der Länder und Vertretern der Mediziner ohne Ergebnis bleibt.

14. Mai

— Auf einem Sonderparteitag in Berlin wählt die SPD Kurt Beck zu ihrem neuen Vorsitzenden. Der 57-jährige Ministerpräsident von Rheinland-Pfalz erhält gut 95 Prozent der Stimmen und wird damit Nachfolger von Matthias Platzeck, der im April nach nur 146 Tagen im Amt aus gesundheitlichen Gründen zurückgetreten ist.

— Die Deutsche Akademie für Sprache und Dichtung teilt mit, dass der deutsch-rumänische Lyriker Oskar Pastior den diesjährigen Georg-Büchner-Preis erhalten wird.

15. Mai

— Die Bundesregierung weist den Bundesnachrichtendienst an, Journalisten in Zukunft nicht mehr zu bespitzeln oder als Quellen zu benutzen, um Lecks in den eigenen Reihen aufzuspüren. Berichte über Beschattungsaktionen des Dienstes und fragwürdige Kooperationen zwischen BND und Journalisten hatten in den vergangenen Tagen für lebhafte Diskussionen in der Öffentlichkeit gesorgt.

— Eine OECD-Studie bescheinigt dem deutschen Schulsystem, bei der Integration von Kindern mit Migrationshintergrund eklatant zu versagen. Während sich in fast allen 17 Nationen, die in der Studie untersucht wurden, die Leistungen der Zuwandererkinder im Laufe der Zeit verbesserten, wurden sie in Deutschland schlechter. Verantwortlich dafür ist laut Studie vor allem die zu frühe Verteilung der Kinder auf verschiedene Schulformen, bei der sich die Problemfälle in der Regel auf die Hauptschulen konzentrieren.

16. Mai

— Die Euro-Zone bekommt nach einem Beschluss der EU-Kommission Zuwachs: Zum Januar 2007 wird Slowenien den Euro einführen. Litauen dagegen wird der Beitritt wegen einer zu hohen Inflationsrate verweigert.

— Keine Entspannung im Atomkonflikt: Der Iran lehnt ein von der EU angekündigtes Kompromissangebot von vornherein ab.

— Der UN-Sicherheitsrat nimmt einstimmig eine von den USA eingebrachte Resolution an und beschließt eine Friedensmission für die sudanesische Krisenregion Darfur, um die Einhaltung des am 5. Mai geschlossenen Friedensabkommens zu überwachen.

17. Mai

— Die EU-Kommission lässt im Kampf gegen überhöhte Preise und mangelnden Wettbewerb die Geschäftsräume mehrerer europäischer Energiekonzerne, darunter Eon Ruhrgas und RWE, durchsuchen.

— Die 59. Internationalen Filmfestspiele in Cannes beginnen mit der Uraufführung des lange erwarteten US-Thrillers „The Da Vinci Code – Das Sakrileg", der von der Kritik allerdings durchweg verrissen wird.

— Durch ein 2:1 gegen den FC Arsenal gewinnt der spanische

17. MAI: Spieler des FC Barcelona feiern mit Uefa-Chef Johansson (l.) den 2:1-Sieg gegen Arsenal London im Finale der Fußball-Champions-League

Meister FC Barcelona die europäische Champions League.

– Das Bundeskabinett beschließt die Beteiligung von 780 Bundeswehrsoldaten an der Kongo-Mission der Europäischen Union. Die Absicherung der Wahlen in dem afrikanischen Staat am 30. Juli gilt als einer der gefährlichsten Einsätze in der Geschichte der Bundeswehr.

– Der ehemalige Regierungssprecher Uwe-Karsten Heye warnt ausländische Besucher der Fußballweltmeisterschaft davor, sich in bestimmten Gegenden Ostdeutschlands aufzuhalten. „Es gibt kleine und mittlere Städte in Brandenburg und anderswo, wo ich keinem, der eine andere Hautfarbe hat, raten würde, hinzugehen", sagt er in einem Interview.

19. Mai

– Der Bundestag beschließt die Erhöhung der Mehrwertsteuer auf 19 Prozent zum 1. Januar 2007. Mit den Mehreinnahmen aus der größten Steuererhöhung in der Geschichte der Republik will die schwarz-rote Koalition die Sanierung der öffentlichen Haushalte forcieren und die Lohnnebenkosten senken.

– Der dreimonatige Streik im öffentlichen Dienst wird durch einen neuen Tarifvertrag beendet, auf den sich die Länder (mit Ausnahme von Berlin und Hessen) mit der Gewerkschaft Verdi einigen und der für die meisten der etwa 800 000 Beschäftigten längere Arbeitszeiten vorsieht.

– Das UN-Komitee gegen Folter verlangt von den USA, das umstrittene Gefangenenlager Guantánamo auf Kuba ebenso zu schließen wie andere Geheimgefängnisse.

20. Mai

– Im Irak wird fünf Monate nach der Parlamentswahl die neue Regierung von Ministerpräsident Nuri al-Maliki vereidigt.

– Die finnischen Monster-Rocker der Band Lordi gewinnen mit ihrem Heavy-Metal-Stück „Hard Rock Hallelujah" überraschend den Eurovision Song Contest.

– Nach zwölf Jahren Bauzeit wird in China der riesige Drei-Schluchten-Damm fertiggestellt. Für den 660 Kilometer langen Stausee mit seiner über 2,3 Kilometer langen Staumauer mussten rund 1,3 Millionen Menschen umgesiedelt werden; die ökologischen Folgen des gewaltigen Bauwerks werden von Experten überwiegend kritisch beurteilt.

21. Mai

– Die Bevölkerung von Montenegro spricht sich in einem Referendum mit gut 55 Prozent der Stimmen für eine Trennung von Serbien aus. Damit wird das Balkanland zum jüngsten unabhängigen Staat Europas.

– In Begleitung von rund 40 Spitzenmanagern trifft Bundeskanzlerin Merkel zu ihrem ersten Staatsbesuch in Peking ein.

22. Mai

– In der Bundesrepublik hat laut dem Verfassungsschutzbericht 2005 die Bedrohung durch rechtsextremistische Gewalttäter im vergangenen Jahr deutlich zugenommen. Bundesinnenminister Schäuble bezeichnet die Zunahme als „sehr besorgniserregend".

– Ein Braunbär, der im bayerisch-österreichischen Grenzgebiet mehrere Schafe und Hühner gerissen hat, wird vom Münchner Umweltministerium zum Abschuss freigegeben.

23. Mai

– Die Jury des mit 50 000 Euro dotierten Heine-Preises der Stadt Düsseldorf spricht die Auszeichnung dem österreichischen Schriftsteller Peter Handke zu und sorgt damit für einen Eklat: Nach heftiger Kritik aus der Öffentlichkeit erklärt der Stadtrat, er werde die Entscheidung des Gremiums nicht akzeptieren; am 8. Juni verzichtet der Autor, der vor allem wegen seines Engagements für Serbiens Ex-Diktator Milošević umstritten ist, auf den Preis.

– DGB-Chef Michael Sommer wird bei den Vorstandswahlen seiner Organisation in Berlin in seinem Amt bestätigt; die umstrittene Vize-Vorsitzende Ursula Engelen-Kefer unterliegt dagegen in einer Kampfabstimmung ihrer vom Vorstand nominierten Konkurrentin Ingrid Sehrbrock und verlässt nach 16 Jahren ihren Posten.

25. Mai

– Die Bertelsmann AG kauft ihrem Minderheitsaktionär, der Groupe Bruxelles Lambert des belgischen Industriellen Albert Frère, für 4,5 Milliarden Euro seine 25,1-Prozent-Beteiligung an dem Unternehmen ab und verhindert damit den Börsengang des Konzerns.

– Der luxemburgische Ministerpräsident Jean-Claude Juncker erhält in Aachen „in Würdigung seines vorbildlichen Wirkens für ein soziales und geeintes Europa" den Karlspreis der Stadt.

– Papst Benedikt XVI. trifft zu einem viertägigen Besuch in Polen ein. Während seines Aufenthalts besucht er am 28. Mai auch das ehemalige Konzentrationslager Auschwitz.

26. Mai

– Der größte Bahnhofsneubau der Nachkriegszeit, der gut 700 Millionen Euro teure Berliner Hauptbahnhof, wird von Bundeskanzlerin Merkel und Bahnchef Hartmut Mehdorn feierlich eröffnet.

27. MAI: Nach einem Erdbeben werden auf der indonesischen Insel Java viele Opfer im Freien medizinisch versorgt

27. Mai

– Bei einem Erdbeben der Stärke 6,2 auf der Richterskala kommen auf der indonesischen Insel Java rund 6000 Menschen ums Leben, mindestens 30 000 werden verletzt.

31. Mai

– Die Arbeitslosigkeit in der Bundesrepublik ist im Mai um gut eine Viertelmillion auf 4,535 Millionen Erwerbslose gesunken – seit 1990 ist die Zahl in diesem Monat nie mehr so stark zurückgegangen.

JUNI

18. JUNI: Das 20 Jahre alte weitgehende Walfangverbot – hier der Kopf eines erlegten Schnabelwals – wird gelockert

1. Juni

— In Nordafghanistan übernimmt die in Masar-i-Sharif stationierte Bundeswehr das Kommando über die internationale Schutztruppe Isaf. Die Lage vor Ort wird vom kommandierenden Brigadegeneral Markus Kneip als „eindeutig nicht ruhig" eingeschätzt.

— Der Bundestag beschließt Korrekturen am Hartz-IV-Gesetz. So müssen Langzeitarbeitslose ab August mit einer Streichung aller Leistungen rechnen, wenn sie innerhalb eines Jahres dreimal Job- oder Schulungsangebote ablehnen.

— Die Vetomächte des UN-Sicherheitsrates und Deutschland kommen überein, dem Iran im andauernden Atomstreit ein neues gemeinsames Angebot zu machen. Sollte Teheran allerdings auf die Vorbedingung, sein Programm zur Urananreicherung zu stoppen, nicht eingehen, werde man „harte Maßnahmen" ergreifen.

2. Juni

— Aus den Parlamentswahlen in Tschechien geht die konservative Demokratische Bürgerpartei mit 35,4 Prozent der Stimmen als Siegerin hervor. Die regierenden Sozialdemokraten von Ministerpräsident Jiří Paroubek landen mit 32,3 Prozent der Stimmen auf Platz zwei.

4. Juni

— Der Sozialdemokrat Alan García gewinnt die Stichwahl um das Amt des peruanischen Staatspräsidenten. Von 1985 bis 1990 war der Politiker bereits einmal Staatsoberhaupt des Landes.

6. Juni

— Das Statistische Bundesamt veröffentlicht den Mikrozensus 2005: Danach hat Deutschland 15,3 Millionen Einwohner mit einem „Migrationshintergrund", das heißt, sie sind entweder Ausländer, Eingebürgerte, Aussiedler oder deren Nachkommen.

7. Juni

— In Frankfurt wird Charlotte Knobloch zur Präsidentin des Zentralrats der Juden in Deutschland gewählt. Die 73-Jährige bisherige Vizepräsidentin tritt die Nachfolge des im April verstorbenen Paul Spiegel an und ist die erste Frau an der Spitze der Organisation.

— Dick Marty, Sonderermittler des Europarats, hält 14 europäische Regierungen für schuldig, dem US-Geheimdienst CIA bei der Verschleppung von Terrorverdächtigen geholfen oder dessen Aktivitäten zumindest geduldet zu haben.

— Bei einem US-Luftangriff auf einen Ort nördlich von Bagdad wird Abu Mussab al-Zarqawi, der meistgesuchte Terrorist im Irak, gemeinsam mit sieben Komplizen getötet. Der 39-Jährige, der aus Jordanien stammt, ist für zahlreiche Attentate, Entführungen und Morde im Irak verantwortlich.

8. Juni

— Angesichts zunehmender Angriffe der wiedererstarkten Taliban beschließt die Nato eine Ausweitung ihres Afghanistaneinsatzes. Die bislang 9000 Soldaten umfassende Isaf-Truppe soll bis Ende des Jahres auf 25 000 Mann erhöht werden, um die Rebellen in „einem robusten und massiven Einsatz" zu bekämpfen.

— Erstmals weist die Bundesnetzagentur einen Energiekonzern an, weniger Stromnetzgebühren zu verlangen: Vattenfall Europe soll 18 Prozent weniger kassieren dürfen als beantragt. Das Unternehmen will gegen den Entscheid Berufung einlegen.

9. Juni

— Mit dem Spiel Deutschland gegen Costa Rica wird in München die 18. Fußballweltmeisterschaft eröffnet. Der Gastgeber schlägt die Lateinamerikaner mit 4:2.

— Durch Schüsse von einem Schiff der israelischen Marine sollen am Strand von Gaza elf Palästinenser getötet worden sein, unter ihnen eine siebenköpfige Familie. Das Militär teilt zu den Vorwürfen mit, man habe Stellungen angegriffen, von denen aus Raketen auf Israel abgefeuert worden seien. Die Palästinenserorganisation Hamas erklärt daraufhin, sie werde eine seit einem Jahr geltende Waffenruhe nicht mehr einhalten.

10. Juni

— Im umstrittenen US-Gefangenenlager Guantánamo auf Kuba haben sich nach einer Mitteilung des zuständigen US-Kommandos Süd drei Insassen erhängt. Zwei Saudi-Araber und ein Jemenit seien am Morgen tot in ihren Zellen aufgefunden worden. In der Vergangenheit hat es nach Angaben des Militärs bereits 41 Selbstmordversuche in dem Lager gegeben, die aber alle erfolglos waren.

12. Juni

— Die Außenminister der Europäischen Union beschließen offiziell, eine etwa 1500 Mann starke Truppe in den Kongo zu schicken, um die dort Ende Juli stattfindenden Parlamentswahlen zu sichern.

— Der Soziologe Wolf Lepenies, langjähriger Rektor des Berliner Wissenschaftskollegs, erhält den diesjährigen Friedenspreis des Deutschen Buchhandels. Er habe, so die Begründung, in seiner Amtszeit das Institut zu dem „vielleicht anregendsten und freiesten Ort Europas" gemacht.

13. Juni

— US-Präsident Bush absolviert einen fünfstündigen Überraschungsbesuch im Irak. Mit seiner Stippvisite will er Ministerpräsident Nuri al-Maliki den Rücken stärken, der eine neue Großoffensive gegen die Rebellen im Lande ankündigt.

14. Juni

— Der bislang so erfolgreiche europäische Flugzeugbauer Airbus gerät in schwere Turbulenzen: Der Großraumjet A380 wird vermutlich mindestens sechs Monate später als bisher veranschlagt ausgeliefert, und das Konzept des Langstreckenflugzeugs A350 muss nach massiver Kritik komplett überarbeitet werden. Die Aktie des Airbus-Mutterkonzerns EADS verliert angesichts dieser Probleme zeitweilig um mehr als 30 Prozent an Wert.

— Der Leverkusener Chemiekonzern Bayer behält im Übernahmekampf um das Berliner Pharmaunternehmen Schering die Oberhand, muss der konkurrierenden Darmstädter Merck-Gruppe für ihr 22-Prozent-Aktienpaket jedoch 89 statt 86 Euro pro Aktie zahlen. Mit einem Gesamtpreis von rund 17 Milliarden Euro ist die Transaktion der größte Kauf in der Geschichte von Bayer.

— Mindestens 1,4 Milliarden Dollar Hilfsgelder, die nach den Hurrikan-Katastrophen von „Katrina" und „Rita" zur Verfügung gestellt wurden, sind nach einem Bericht des US-Rechnungshofes veruntreut worden.

— Italien beginnt – drei Wochen nachdem Romano Prodi neuer Ministerpräsident geworden ist – mit dem Abzug seiner Truppen aus dem Irak. Bis zum Herbst sollen alle 3200 Soldaten das Land verlassen haben.

15. Juni

— In Sri Lanka werden bei einem Sprengstoffattentat auf einen Bus etwa 200 Kilometer nordöstlich der Hauptstadt Colombo mindestens 64 Menschen getötet. Die Regierung macht die tamilische Rebellenorganisation LTTE für den Anschlag verantwortlich, die damit einen 2002 vereinbarten Waffenstillstand gebrochen habe, und lässt Stellungen der Aufständischen im Nordosten der Insel bombardieren.

16. Juni

— In Afghanistan erreicht die größte Militäroffensive gegen die Taliban seit deren Sturz im Jahr 2001 einen Höhepunkt: Mehr als 10 000 Soldaten werden gegen die radikal-islamistischen Rebellen eingesetzt.

— Nach der Zustimmung des Bundesrats steht der umstrittenen Mehrwertsteuererhöhung auf 19 Prozent am 1. Januar 2007 nichts mehr im Wege.

— Nach dreimonatigem Streik einigen sich der Marburger Bund und die Tarifgemeinschaft der Länder auf einen neuen Tarifvertrag für die 22 000 Ärzte an Universitätskliniken.

18. Juni

— Bei der 58. Jahrestagung der Internationalen Walfangkommission (IWC) gelingt Japan und zwei weiteren Staaten erstmals seit Jahrzehnten ein Sieg: Mit 33 gegen 32 Stimmen setzen sie durch, dass die IWC in Zukunft nicht mehr für den Schutz der bedrohten Tiere, sondern für die Kontrolle des kommerziellen Walfangs zuständig sein soll. Tierschützer sehen in dem Beschluss einen ersten Schritt hin zur Aufhebung des seit 20 Jahren geltenden Walfangverbots.

19. Juni

— Spektakulärer Deal in der internationalen Telekommunikationsbranche: Der Münchner Siemens-Konzern legt seine defizitäre Netzwerksparte mit der des finnischen Konkurrenten Nokia zusammen. Das neue Gemeinschaftsunternehmen kommt auf einen Jahresumsatz von knapp 16 Milliarden Euro und beschäftigt rund 60 000 Mitarbeiter.

— Das Porträt „Adele Bloch-Bauer I" des österreichischen Jugendstilmalers Gustav Klimt wird in New York für umgerechnet 107 Millionen Euro versteigert. Das ist der höchste Preis, der jemals für ein Gemälde bezahlt wurde.

— Im Prozess gegen den ehemaligen irakischen Diktator Saddam Hussein beantragt der Staatsanwalt in Bagdad die Todesstrafe für den Angeklagten.

20. Juni

— Das Düsseldorfer Oberlandesgericht entscheidet, dass der Energiekonzern Eon Ruhrgas regionale Stadtwerke nicht durch langfristige Gaslieferverträge an sich binden darf, und bestätigt damit das Bundeskartellamt, das für mehr Wettbewerb auf dem Energiemarkt sorgen will.

— Charles Taylor, Ex-Staatschef von Liberia, wird in die Niederlande überstellt, um sich vor einem von den UN unterstützten Sondergericht in Den Haag wegen schwerer Verbrechen gegen die Menschlichkeit zu verantworten. Taylor, der Liberia jahrelang mit großer Brutalität regiert hatte, ehe er 2003 außer Landes gehen musste, war Ende März in seinem Exil in Nigeria verhaftet worden.

— Das Bundesverfassungsgericht stellt in einem Urteil fest, dass die Schulpflicht grundsätzlich Vorrang vor dem Erziehungsrecht der Eltern hat. Es weist damit die Beschwerde eines Ehepaars aus Hessen ab, das seine Töchter von der Gesamtschule abgemeldet hatte, weil es unter anderem den Sexualkundeunterricht für unvereinbar mit seinen religiösen Überzeugungen hielt und deshalb strafrechtlich belangt worden war.

— Nach den Ärzten an den Uni-Kliniken, die ihren Streik inzwischen beendet haben, treten nun die 70 000 Mediziner an den kommunalen Krankenhäusern in den Ausstand. Zuvor hat die Große Tarifkommission des Marburger Bundes die Verhandlungen mit den Arbeitgebern für gescheitert erklärt.

21. Juni

— Beim EU-Gipfel mit dem amerikanischen Präsidenten Bush in Wien einigen sich beide Seiten darauf, im Atomstreit mit dem Iran einen harten Kurs zu verfolgen. Zugleich signalisiert Bush die Bereitschaft, eine langfristige Lösung für das umstrittene Gefangenenlager Guantánamo zu finden.

22. Juni

— Trotz Milliardengewinnen kündigt Deutschlands größte Versicherung, die Allianz, an, in ihrem Unternehmen und bei der Tochter Dresdner Bank bis 2008 rund 7500 Jobs abzubauen.

23. Juni

— Im Bundestag verabschiedet die Große Koalition ihren ersten gemeinsamen Haushalt. Der Etat des Bundes für 2006 sieht Gesamtausgaben von knapp 262 Milliarden Euro vor; weil die Neuverschuldung deutlich über den geplanten Investitionen liegt, musste zuvor eine Störung des gesamtwirtschaftlichen Gleichgewichts festgestellt werden, um den Haushalt verfassungskonform beschließen zu können.

— ARD-Moderatorin Sabine Christiansen kündigt an, ihre sonntägliche Talkshow im Sommer 2007 aufzugeben. Ihr Nachfolger soll ab September 2007 RTL-Star Günther Jauch werden.

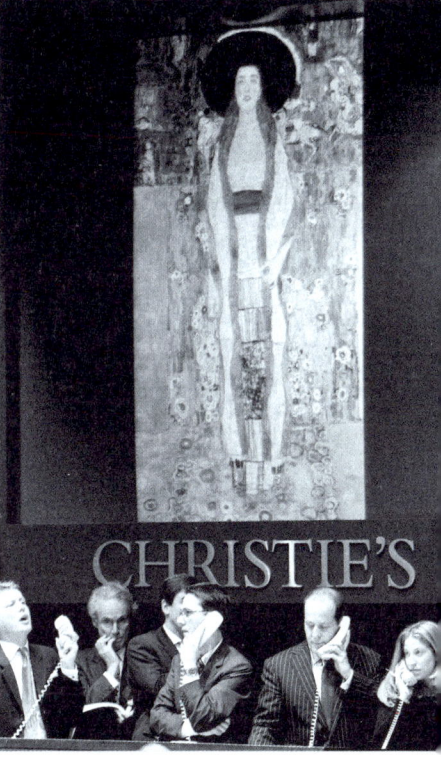

19. JUNI: Gustav Klimts Porträt „Adele Bloch-Bauer I" wird in New York für 107 Millionen Euro versteigert

25. Juni

— Der indische Stahlkonzern Mittal Steel und sein luxemburgischer Konkurrent Arcelor einigen sich nach fünfmonatigen, zum Teil heftigen Auseinandersetzungen auf einen Zusammenschluss, nachdem Mittal sein Übernahmeangebot noch einmal deutlich erhöht hat. Dadurch entsteht mit einer Produktion von 120 Millionen Tonnen und einem Umsatz

JULI

4. JULI: Die Crew der „Discovery" mit dem Deutschen Thomas Reiter (2. v. l.) startet zu ihrem Flug von Florida zur Internationalen Raumstation

von 57 Milliarden Euro pro Jahr der größte Stahlhersteller der Welt.

26. Juni

— In Bayern wird „Problembär" Bruno erlegt, der in den Wochen zuvor zahlreiche Schafe und andere Tiere gerissen hat und allen Versuchen, ihn einzufangen, entgangen ist.

27. Juni

— Die in den Palästinensergebieten regierende Hamas erkennt erstmals indirekt das Existenzrecht Israels an. Sie einigt sich mit der Fatah-Bewegung von Präsident Mahmud Abbas auf die „Zwei-Staaten-Lösung", die in einem Dokument vorgesehen ist, das von in israelischen Gefängnissen einsitzenden palästinensischen Häftlingen erarbeitet wurde.

— Mit einer kurzen Rede vor der Bundestagsfraktion der Grünen erklärt ihr langjähriger Spitzenmann Joschka Fischer seinen definitiven Abschied von der Politik. Ab September ist Fischer Gastdozent an der US-Universität Princeton.

28. Juni

— Nach der Verschleppung eines ihrer Soldaten durch Palästinenser am 25. Juni beginnt die israelische Armee eine Offensive im Gazastreifen, um den 19-jährigen Gilad Schalit zu befreien. Am Tag darauf setzt sie in Ramallah 64 führende Hamas-Mitglieder fest, unter ihnen mehrere Minister und Abgeordnete. Ein 18-jähriger israelischer Siedler wird von seinen Entführern erschossen.

29. Juni

— Die Militärtribunale, von denen die US-Regierung die in Guantánamo einsitzenden Gefangenen aburteilen lassen will, werden vom Obersten Gerichtshof der USA für illegal erklärt. Sie verstoßen nach einer 5 : 3-Entscheidung der Richter sowohl gegen die amerikanische Verfassung als auch gegen die Genfer Konventionen.

30. Juni

— Jan Ullrich und mehrere Dutzend weitere Radprofis, die offensichtlich in einen in Spanien aufgedeckten Dopingskandal verwickelt sind, werden einen Tag vor dem Start der 93. Tour de France vom größten Radrennen der Welt ausgeschlossen. Team-Sponsor T-Mobile suspendiert Ullrich.

— Der Bundestag beschließt die mit zwei Dutzend Grundgesetz-änderungen verbundene Föderalismusreform, die damit die umfangreichste Revision der Verfassung in der Geschichte der Bundesrepublik ist.

1. Juli

— Die Weltbank beginnt mit der größten Entschuldungsaktion ihrer Geschichte. Bis zum Jahr 2046 werden den ärmsten Ländern der Welt, die meisten davon afrikanische Staaten, insgesamt 37 Milliarden Dollar erlassen. Darauf hatten sich zuvor die sogenannten G-8-Staaten geeinigt, die den Ländern zuvor diese Kredite bewilligt hatten.

2. Juli

— Der Amtssitz des palästinensischen Ministerpräsidenten Ismail Hanija wird bei einem Angriff israelischer Kampfhubschrauber in Brand geschossen. Mit der Attacke will Tel Aviv den Druck auf die Palästinenser erhöhen, den von ihnen am 25. Juni entführten Soldaten Gilad Schalit freizulassen.

— In Mexiko wird ein neuer Staatspräsident gewählt. Am 6. Juli erklärt die Wahlkommission den konservativen Politiker Felipe Calderón zum Gewinner. Weil sein linker Konkurrent Andrés Manuel López Obrador den knappen Sieg jedoch nicht anerkennt, kommt es in den nächsten Wochen immer wieder zu Protestaktionen

— Die Staatschefs der Afrikanischen Union beschließen auf ihrem Gipfeltreffen in Gambias Hauptstadt Banjul, den ehemaligen Präsidenten des Tschad, Hissène Habré, wegen schwerer Verbrechen gegen die Menschlichkeit im Senegal, wo er 2005 verhaftet wurde, vor Gericht zu stellen. Habré wird unter anderem vorgeworfen, Tausende seiner Gegner gefoltert und umgebracht haben zu lassen.

3. Juli

— Nach einer nächtlichen Marathonsitzung einigt sich die Große Koalition in Berlin auf Eckpunkte der seit langem geplanten Gesundheitsreform. Sie sieht unter anderem die Einrichtung eines zentralen Gesundheitsfonds vor, in den alle Mittel für die Kassen eingezahlt werden sollen; die Beiträge für die gesetzlichen Krankenkassen steigen am 1. Januar 2007 um 0,5 Prozent. Obwohl Bundeskanzlerin Merkel die Einigung als „wirklichen Durchbruch" bezeichnet, wird der Kompromiss allgemein als unbefriedigend betrachtet und in den kommenden Wochen von vielen Seiten zum Teil heftig kritisiert.

— Bei einem U-Bahn-Unglück im spanischen Valencia kommen 43 Menschen ums Leben.

4. Juli

— Nach mehreren Verzögerungen startet die US-Raumfähre „Discovery" vom Weltraumbahnhof Cape Canaveral zu ihrem Flug zur Internationalen Raumstation ISS. Mit an Bord ist der deutsche Astronaut Thomas Reiter, der ein halbes Jahr lang im All bleiben soll. Am 17. Juli kehrt die „Discovery" wohlbehalten zur Erde zurück.

— Die deutsche Fußballnationalelf unterliegt im WM-Halbfinale Italien mit 0 : 2 und kann damit nur noch um den dritten Platz spielen.

5. Juli

— Trotz zahlreicher internationaler Proteste führt Nordkorea Raketentests durch und schießt mindestens sieben Projektile über das Japanische Meer. Alle Projektile stürzen ins Wasser, ohne Schaden anzurichten; auf Antrag Tokios tagt der UN-Sicherheitsrat. Am 6. Juli verkündet Pjöngjang, es werde die Versuche fortsetzen.

6. Juli

— Die Evangelische Kirche in Deutschland beginnt mit der umfassendsten Reform ihrer Geschichte und teilt mit, dass sie angesichts sinkender Mitgliederzahlen und Einnahmen die Zahl ihrer Landeskirchen bis 2030 von bislang 23 auf maximal ein Dutzend reduzieren wolle.

— Indien und China eröffnen nach 44 Jahren wieder den Grenzpass Nathu La an der historischen Seidenstraße, der 1962 nach einem Krieg zwischen den beiden Ländern geschlossen worden war.

7. Juli

— In der Ukraine ist die von Präsident Wiktor Juschtschenko unterstützte „Orangene Koalition" am Ende: Weil sich die potenziellen Partner auch dreieinhalb Monate nach der Parlamentswahl nicht einigen können, springen die Sozialisten ab und gehen ein Bündnis unter dem ehemaligen russlandfreundlichen Ministerpräsidenten Wiktor Janukowitsch ein.

— Das Verwaltungsgericht Stuttgart entscheidet, dass ein Kopftuchverbot für muslimische Lehrerinnen in Baden-Württemberg unzulässig ist. Es verstoße gegen das Gebot der religiösen Gleichbehandlung, das es Ordensschwestern an einer Schule in Baden-Baden erlaube, in Ordenstracht zu unterrichten.

8. Juli

— Nach einem 3:1-Sieg gegen Portugal beendet die deutsche Fußballelf die WM als Dritter.

9. Juli

— Italien besiegt Frankreich im WM-Finale mit 6:4 nach Verlängerung und Elfmeterschießen und ist damit zum vierten Mal Fußballweltmeister. Frankreichs Stürmerstar Zinédine Zidane sieht im letzten Spiel seiner Karriere nach einem spektakulären Kopfstoß-Foul die Rote Karte und muss in der 110. Minute vorzeitig vom Platz.

10. Juli

— Rechtsruck in Polen: Jaroslaw Kaczynski, dessen Zwillingsbruder Lech bereits Staatspräsident ist, übernimmt das Amt des Ministerpräsidenten.

— Der tschetschenische Terroristenführer Schamil Bassajew, der unter anderem 2004 für das Massaker in der Schule von Beslan verantwortlich war, bei dem 335 Menschen starben, wird vom russischen Geheimdienst im Nordkaukasus getötet.

11. Juli

— Im indischen Bombay explodieren während des Feierabendverkehrs in Vorortzügen und auf Bahnhöfen kurz hintereinander sieben Bomben. Sie töten mindestens 180 Menschen. Die Polizei vermutet, dass die Attentatsserie von islamistischen Extremisten verübt wurde, und nimmt bis zum 24. Juli vier Verdächtige fest.

— Nachdem der Oberste Gerichtshof der USA am 29. Juni entschieden hat, dass die geplanten Militärtribunale gegen nationales und internationales Recht verstoßen, kündigt die US-Regierung an, den im Anti-Terror-Kampf festgesetzten Gefangenen nun doch formell den Schutz der Genfer Konventionen zu gewähren.

12. Juli

— Weil der US-Softwarekonzern Microsoft weiterhin EU-Wettbewerbsentscheidungen missachtet, verhängt die EU-Kommission gegen den Konzern erneut ein Bußgeld, diesmal in Höhe von 280,5 Millionen Euro.

— Die israelische Armee marschiert nach der Entführung von zwei ihrer Soldaten durch die Hisbollah-Miliz erstmals seit ihrem Abzug im Jahr 2000 wieder in den Südlibanon ein.

— Jürgen Klinsmann erklärt seinen Rücktritt vom Posten des Bundestrainers der deutschen Fußballnationalmannschaft. Sein Nachfolger wird sein bisheriger Assistent Joachim Löw.

— US-Präsident Bush kommt zum dritten Mal während seiner Amtszeit nach Deutschland. Er besucht Bundeskanzlerin Merkel in ihrer Heimat Mecklenburg-Vorpommern und nimmt unter anderem an einem Spanferkelessen in dem Dorf Trinwillershagen teil.

10. JULI: Polens Staatspräsident Lech Kaczinsky (l.) gratuliert seinem Zwillingsbruder Jaroslaw zum Amt des Ministerpräsidenten

13. Juli

— Der israelische Vorstoß in den Libanon weitet sich zum Krieg aus. Die israelische Armee bombardiert den Flughafen von Beirut und verhängt eine Seeblockade; die Hisbollah feuert mehr als 60 Raketen auf Israel ab, von denen zwei die Stadt Haifa treffen.

— Die Regensburger Altstadt wird von der Unesco in die Liste des Weltkulturerbes aufgenommen.

14. Juli

— Beim ersten Integrationsgipfel, zu dem Bundeskanzlerin Merkel eingeladen hat, beraten in Berlin die Vertreter von Zuwandererverbänden mit Politikern, Wirtschafts- und Kirchenfunktionären über Möglichkeiten einer besseren Eingliederung von Ausländern in die Gesellschaft.

— Die Krise im Nahen Osten treibt den Ölpreis auf eine neue Rekordmarke. Für ein Barrel werden zeitweise 78,40 Dollar verlangt.

15. Juli

— Der UN-Sicherheitsrat verurteilt in einer einstimmig angenommenen Resolution das Raketenprogramm Nordkoreas und fordert das Land auf, alle Tests einzustellen. Das Regime in Pjöngjang weist die Resolution kategorisch zurück.

11. JULI: Bewohner von Bombay trauern nach Bombenanschlägen in Vorortzügen und Bahnhöfen um die über 180 Todesopfer

17. Juli
— UN-Generalsekretär Kofi Annan schlägt die Entsendung einer Stabilisierungstruppe und die Einrichtung einer Pufferzone im Südlibanon vor, um die militärischen Auseinandersetzungen zwischen Israel und der Hisbollah zu beenden.

18. Juli
— Die Europäische Union will den Luftverkehr mit seinen oft irreführenden Lockangeboten transparenter machen: Künftig soll nur noch der Gesamtpreis einschließlich aller Gebühren angegeben werden dürfen.

19. Juli
— Erstmals in seiner Amtszeit legt US-Präsident Bush sein Veto gegen ein Gesetz ein: Er stoppt die vom Kongress verabschiedete Regelung zur Ausweitung der Stammzellenforschung, weil sie die Verwendung von als überschüssig angesehenen Embryonen aus Fruchtbarkeitskliniken zulässt. Embryonen, so Bush, seien keine „Ersatzteile". Der US-Senat kann den Einspruch mit einer Zweidrittelmehrheit zurückweisen, die allerdings als unerreichbar gilt.

— Ab Herbst dürfen die Kinder in bayerischen Schulen nach einem Beschluss der CSU keine Handys mehr benutzen.

20. Juli
— Der des Dopings verdächtige Radsport-Star Jan Ullrich erhält von seinem Team-Sponsor T-Mobile per Fax die Kündigung seines Fahrervertrages.

21. Juli
— Nach heftiger Kritik wird der CDU-Politiker Norbert Röttgen das Amt des Hauptgeschäftsführers beim Bundesverband der Deutschen Industrie am 1. Januar 2007 nicht antreten. Da die neue Aufgabe mit seinem Mandat als Bundestagsabgeordneter nicht vereinbar sei, so Röttgen, habe er beschlossen, in der Politik zu bleiben.

31. JULI: Kubas Staatschef Fidel Castro – hier bei einer 1.-Mai-Demonstration – gibt wegen einer Operation erstmals die Regierungsgeschäfte ab

22. Juli
— Verbraucherschutzminister Horst Seehofer erklärt, dass es ab 2007 ein Rauchverbot für öffentliche Räume geben werde.

23. Juli
— Der Amerikaner Floyd Landis gewinnt die 93. Tour de France; der Deutsche Andreas Klöden belegt den dritten Platz. Wenige Tage nach Ende der Tour stellt sich heraus, dass sowohl die A- als auch die B-Dopingprobe von Landis deutlich erhöhte Testosteron-Mengen enthalten, daraufhin wird der Amerikaner, der seine Unschuld beteuert, von seinem Schweizer Phonak-Rennstall fristlos entlassen. Er muss zudem mit der Aberkennung seines Tour-Siegs und einer zweijährigen Sperre rechnen.

24. Juli
— Die sogenannte Doha-Runde, die Erleichterungen im globalen Handel ausarbeiten und dabei vor allem den armen Ländern der Erde helfen sollte, wird nach viereinhalbjährigen Verhandlungen auf unbestimmte Zeit vertagt. Dem Scheitern in Genf war ein heftiger Streit zwischen den USA und der Europäischen Union vorausgegangen, bei dem man sich vor allem bei der Frage der Öffnung der Agrarmärkte für Entwicklungsländer nicht einigen konnte.

— Die Führer von Serben und Kosovo-Albanern treffen sich zum ersten Mal seit dem Ende des Kosovokrieges in Wien, um über die Zukunft des von beiden Volksgruppen beanspruchten Kosovo zu beraten.

25. Juli
— Die Bundesagentur für Arbeit teilt mit, dass sie dank der günstigen konjunkturellen Entwicklung im ersten Halbjahr 2006 einen Einnahmeüberschuss von 3,8 Milliarden Euro verbuchen konnte.

— Bei einem israelischen Luftangriff auf einen Posten der Unifil im südlibanesischen Khiam kommen vier UN-Beobachter ums Leben. Die inzwischen noch rund 2000 Mann starken Unifil-Truppen sind seit 1978 im Südlibanon stationiert und hatten ursprünglich die Aufgabe, den Abzug israelischer Truppen aus dem Gebiet zu überwachen.

26. Juli
— In Rom findet eine internationale Nahost-Konferenz mit rund 20 Staaten statt, die sich jedoch nicht auf konkrete Maßnahmen zur Beendigung des neuen Nahost-Krieges verständigt. Die Konfliktparteien Israel, Hisbollah und Hamas nehmen an dem Treffen nicht teil.

— In einem zentralen Schadstoffregister sollen sich die Bürger nach einem Beschluss des Bundeskabinetts künftig per Internet über die Gifte informieren können, die von der Industrie in die Umwelt gelangen.

27. Juli
— Die Bundesrepublik ist nach einem Urteil des Landgerichts Konstanz allein für die Luftsicherheit in ihrem Hoheitsraum zuständig. Damit ist eine Klage der Bashkirian Airlines erfolgreich: Eine Maschine des Unternehmens war 2002 nach einem Fehler der Schweizer Flugsicherung Skyguide mit einem anderen Flugzeug über dem Bodensee kollidiert und abgestürzt; 71 Menschen kamen ums Leben. Die Übertragung der Flugkontrolle an die Schweizer Firma, so die Richter, sei unrechtmäßig gewesen.

28. Juli
— Schwere Schlappe für den US-Konzern Wal-Mart: Der größte Einzelhändler der Welt gibt nach acht Jahren sein Deutschland-Engagement wegen mangelnden Erfolgs auf und verkauft seine 85 Filialen an den Konkurrenten Metro.

30. Juli
— In der Demokratischen Republik Kongo finden erstmals seit 40 Jahren freie Parlaments- und Präsidentschaftswahlen statt. Der Urnengang, der von den Vereinten Nationen unterstützt wird, verläuft „überraschend friedlich". Die EU-Eingreiftruppe, die im Auftrag der UN die Wahlen überwacht, kommt nicht zum Einsatz.

31. Juli
— Kubas 79-jähriger Staatspräsident Fidel Castro muss sich einer schweren Darmoperation unterziehen und gibt deshalb nach 47 Jahren Amtszeit erstmals die Regierungsgeschäfte vorläufig an seinen jüngeren Bruder Raúl ab.

— Der UN-Sicherheitsrat verabschiedet eine Resolution, in der der Iran aufgefordert wird, bis zum 31. August seine umstrittene Urananreicherung einzustellen. Andernfalls drohen Teheran diplomatische und wirtschaftliche Sanktionen. Das Mullah-Regime erklärt, die Resolution habe keine rechtliche Grundlage und sei inakzeptabel.

AUGUST

1. August
– Nachdem auf Bahnhöfen in Koblenz und Dortmund Koffer mit Sprengstoff entdeckt wurden, ermittelt die Bundesanwaltschaft wegen der Mitgliedschaft in einer terroristischen Vereinigung gegen unbekannt.

– Gegen den einst größten russischen Ölkonzern Jukos wird in Moskau das Insolvenzverfahren eröffnet. Der frühere Energieriese, der inzwischen vom Staat zerschlagen wurde, soll über 14 Milliarden Euro Schulden haben; sein Ex-Chef und Kreml-Kritiker Michail Chodorkowskij war 2005 wegen schweren Betrugs und Steuerhinterziehung zu acht Jahren Lagerhaft verurteilt worden.

2. August
– Die Stasi-Unterlagen-Behörde gibt die Stasi-Akten von insgesamt 16 Bundestagsabgeordneten frei, die vom DDR-Geheimdienst als sogenannte Informelle Mitarbeiter mit Arbeitsakte geführt wurden. Die meisten sind allerdings wohl ohne Wissen von der Stasi abgeschöpft worden.

3. August
– Israels Ministerpräsident Ehud Olmert erklärt in einem Interview, er „wäre sehr glücklich", wenn sich deutsche Soldaten an einem UN-Einsatz im Libanon beteiligten.

4. August
– Der bisherige, russlandfreundliche Oppositionsführer Wiktor Janukowitsch wird nach einer viermonatigen Regierungskrise vom Parlament in Kiew zum neuen Ministerpräsidenten der Ukraine gewählt. Zuvor hat er sich verpflichten müssen, den vom – inzwischen zerstrittenen – Bündnis der Orangenen Revolution begonnenen Westkurs des Landes fortzusetzen.

5. August
– Die Analyse der sogenannten B-Probe ergibt endgültig, dass der diesjährige Tour-de-France-Sieger Floyd Landis gedopt war. Trotz des eindeutigen Ergebnisses bestreitet der Amerikaner weiterhin die Einnahme von Aufputschmitteln.

7. August
– Das Verwaltungsgericht Koblenz urteilt, dass ein Ausländer auch dann eingebürgert werden kann, wenn er zuvor gerichtlich zu einer Geld- oder Haftstrafe verurteilt wurde. Die Richter kassieren damit eine Ablehnung des Landkreises Mayen-Koblenz und verweisen auf das Recht der zuständigen Behörde, nach eigenem Ermessen zu entscheiden.

9. August
– Deutschlands Apotheken müssen sich erstmals mit einem unliebsamen Konkurrenten abfinden: Das Landgericht Saarbrücken entscheidet in einem Eilverfahren, dass die erste deutsche Filiale des holländischen Internet-Arzneihändlers DocMorris nicht zu schließen braucht. Die Niederlassungsfreiheit innerhalb der EU erlaube den Betrieb, ein unlauterer Wettbewerb, den die Klägerin behauptet hatte, liege nicht vor.

– Nach einer neuen Umfrage haben nur noch 17 Prozent der Deutschen Vertrauen in die Große Koalition; Bundeskanzlerin Angela Merkel kommt nur noch auf eine Zustimmung von gut 30 Prozent.

10. August
– In Berlin wird die umstrittene Ausstellung „Erzwungene Wege – Flucht und Vertreibung im Europa des 20. Jahrhunderts" eröffnet. Kritiker, vor allem aus Polen und Tschechien, werfen den Initiatoren um Erika Steinbach, der Vorsitzenden des Bundes der Vertriebenen, vor, die bis zum 29. Oktober im Kronprinzenpalais zu sehende Ausstellung relativiere deutsche Verbrechen, die während des Zweiten Weltkriegs begangen wurden.

– Auf dem Markt der irakischen Pilgerstadt Najaf sprengt sich ein Selbstmordattentäter bei einer Polizei-Razzia in die Luft und reißt 41 Menschen mit in den Tod.

– Die britische Polizei kann nach eigenen Angaben einen neuen, offenbar unmittelbar bevorstehenden Terrorakt vereiteln: Attentäter hätten geplant, bis zu zehn Passagierflugzeuge auf dem Weg von Großbritannien in die USA über dem Atlantik mit Flüssigsprengstoff explodieren zu lassen. 24 Verdächtige vornehmlich aus dem islamistischen Milieu werden festgenommen; gegen 14 wird im Laufe des Monats Anklage erhoben. Auf zahlreichen internationalen Flughäfen werden die Sicherheitsbestimmungen deutlich verschärft.

10. AUGUST: Nach vereitelten Bombenattentaten verschärft die britische Polizei die Sicherheitsmaßnahmen auf dem Londoner Flughafen Heathrow

11. August
– Der UN-Sicherheitsrat verabschiedet ohne Gegenstimmen die Resolution 1701, in der Israel und die Hisbollah aufgefordert werden, ihre Feindseligkeiten einzustellen und den Krieg im Libanon zu beenden. Israel soll sich aus dem Nachbarland zurückziehen; die UN-Truppe Unifil soll auf 15 000 Mann verstärkt werden, um die Einhaltung der Waffenruhe zu überwachen.

– Um der wachsenden Zahl von Bootsflüchtlingen Herr zu werden, die aus Afrika vor allem auf die zu Spanien gehörenden Kanarischen Inseln kommen wollen, startet die Europäische Union unter dem Codenamen „Hera-II" eine größere Patrouillenaktion mit Schiffen und Flugzeugen.

12. August
– Literaturnobelpreisträger Günter Grass gibt in einem Zeitungsgespräch zu, am Ende des Zweiten Weltkriegs für einige Monate bei der Waffen-SS gewesen zu sein. Das überraschende Geständnis des 78-Jährigen wenige Tage vor dem Erscheinen seiner Autobiografie „Beim Häuten der Zwiebel" löst eine lebhafte öffentliche Diskussion aus und macht das neue Grass-Buch zum Bestseller.

13. August
– Das israelische Kabinett stimmt der UN-Resolution 1701 zu; am folgenden Morgen um sieben Uhr soll die Waffenruhe in Kraft treten.

14. August
– Das Statistische Bundesamt teilt mit, dass die deutsche Wirtschaft im zweiten Quartal 2006 um 0,9 Prozent gewachsen ist. Das ist der höchste Wert seit fünf Jahren. Neben der Baubranche legt vor allem der private Konsum deutlich zu.

15. August
– Die Bundeswehr wird sich an einem Nahost-Einsatz der

21. AUGUST: Iraks Ex-Diktator Saddam Hussein muss sich in einem zweiten Prozess in Bagdad wegen Völkermords verantworten

Vereinten Nationen im Rahmen der Resolution 1701 beteiligen, meldet die Deutsche Presse-Agentur aus Regierungskreisen in Berlin.

— Nach einer prononciert anti-israelischen Rede des syrischen Staatspräsidenten Baschar al-Assad sagt Bundesaußenminister Frank-Walter Steinmeier eine geplante Damaskusreise kurzfristig ab.

16. August

— Die deutsche Fußballnationalelf kommt im ersten Spiel nach der WM unter ihrem neuen Trainer Joachim Löw in Gelsenkirchen zu einem 3:0-Sieg über Schweden.

— Machtwechsel in Tschechien: Nacht acht Jahren sozialdemokratischer Regierung wird Mirek Topolánek von der konservativen Bürgerpartei neuer Regierungschef in Prag.

— In der deutschen Wirtschaft kommt es an einem Tag zu zwei spektakulären Übernahmen: Die Fluggesellschaft Air Berlin schluckt den Konkurrenten dba, die Baumarktkette Praktiker kauft das alteingesessene Hamburger Familienunternehmen Max Bahr.

17. August

— Erstmals seit 38 Jahren übernimmt die libanesische Armee die Kontrolle im Süden des Landes, in dem die radikalislamischen Hisbollah-Milizen jedoch weiterhin eine entscheidende Rolle spielen.

— Im lippischen Horn-Bad Meinberg wird die erste Senioren-Universität der Bundesrepublik eröffnet. 35 Studenten im Alter von 45 bis 80 haben sich für das zweijährige „Studium Generale" eingeschrieben, für das sie pro Jahr 1200 Euro bezahlen müssen.

— An den kommunalen Krankenhäusern der Bundesrepublik gibt es erstmals zwei Tarifverträge: Nach der Gewerkschaft Verdi, die mit den öffentlichen Arbeitgebern bereits am 1. August eine neue Regelung traf, einigt sich jetzt auch der Marburger Bund, der ausschließlich die gut 70 000 Ärzte vertritt, mit den Kommunen auf neue Konditionen.

18. August

— Im Zusammenhang mit den Sprengstoffkoffern, die auf zwei deutschen Bahnhöfen gefunden wurden, veröffentlicht das Bundeskriminalamt die Aufnahmen von zwei verdächtigen jungen Männern. Die Bilder stammen von einer Überwachungskamera auf dem Kölner Hauptbahnhof. Einen Tag später nimmt die Polizei in Kiel einen 21-Jährigen Libanesen fest, der als einer der beiden Täter identifiziert wird.

21. August

— Vor einem Gericht in Bagdad beginnt der zweite Prozess gegen den einstigen irakischen Diktator Saddam Hussein. Diesmal muss sich der Gewaltherrscher wegen Völkermordes verantworten: Ein von ihm befohlener Feldzug gegen die aufständischen Kurden im Norden des Landes, bei dem auch Giftgas eingesetzt wurde, kostete 1988 vermutlich bis zu 100 000 Menschen das Leben.

22. August

— In der kongolesischen Hauptstadt Kinshasa werden dreitägige blutige Auseinandersetzungen, bei denen es zahlreiche Tote gab, mit einer Waffenruhe beendet. Anlass der Kämpfe war die Nachricht, dass Kongos Präsident Joseph Kabila in einer Stichwahl gegen seinen Herausforderer, Rebellenführer Jean-Pierre Bemba, sein Amt verteidigen muss. Bei der ersten Wahl am 30. Juli hat keiner der beiden Kandidaten die erforderliche absolute Mehrheit erhalten.

— Die EU und die USA halten die iranische Antwort auf ihre Vorschläge zur Beilegung des Atomstreits für unzureichend. Vor allem fehle eine Zusage, die umstrittene Urananreicherung zumindest vorläufig einzustellen.

23. August

— Ein spektakulärer Kriminalfall, der Ende der 90er Jahre in Österreich Aufsehen erregte, findet ein ebenso spektakuläres Ende: In Wien gelingt es der inzwischen 18-jährigen Natascha Kampusch, die 1998 auf dem Weg zur Schule entführt wurde, ihrem Kidnapper zu entkommen und sich der Polizei anzuvertrauen. Ihr Peiniger, der 44-jährige Wolfgang Priklopil, begeht kurz darauf Selbstmord. Er hatte das Mädchen acht Jahre lang in einem Verließ unter seiner Garage gefangen gehalten.

24. August

— Nachdem er über vier Jahre in dem US-Gefangenenlager Guantánamo eingesessen hat, kehrt der Bremer Türke Murat Kurnaz nach Deutschland zurück. Der mittlerweile 24-Jährige wurde Ende 2001 in Pakistan festgenommen und 2002 nach Guantánamo gebracht, weil er angeblich für das Terrornetzwerk al Qaeda gearbeitet habe. Der Vorwurf konnte allerdings nie bewiesen werden.

— Der zweite Mann, der verdächtigt wird, Bombenkoffer in Zügen der Deutschen Bahn platziert zu haben, ein 20-jähriger Libanese, stellt sich in seinem Heimatland der Polizei.

— Die Welt ist um einen Planeten ärmer: Die Internationale Astronomische Union nimmt Pluto mangels Masse diesen Status. Damit gibt es im Sonnensystem fortan nur noch acht Planeten.

— Die günstige Konjunktur in der Bundesrepublik hat erfreuliche Konsequenzen: Mit 2,5 Prozent liegt das Staatsdefizit im ersten Halbjahr 2006 nach langer Zeit wieder deutlich unter der EU-verbindlichen Maastricht-Quote von 3 Prozent; außerdem teilt die Nürnberger Bundesagentur für Arbeit mit, dass sie für dieses Jahr mit einem Rekordüberschuss von bis zu zehn Millionen Euro rechnet.

25. August

— Die Europäische Union will bis zu 7000 Soldaten für den geplanten Unifil-Einsatz im Libanon bereitstellen, teilt UN-Generalsekretär Kofi Annan nach einer Sonderkonferenz der EU-Außenminister in Brüssel mit.

26. August

— Nach 20 Jahren Bürgerkrieg einigt sich die Regierung von Uganda mit der „Widerstandsarmee des Herrn" auf einen Waffenstillstand. Bei den blutigen Auseinandersetzungen sind Tausende von Menschen umgekommen; 1,6 Millionen wurden zur Flucht gezwungen.

28. August

— Kurdische Terroristen verüben in Istanbul und mehreren türkischen Urlaubsorten eine Serie von Anschlägen und töten dabei in Antalya drei Menschen.

— Das Statistische Bundesamt teilt mit, dass erstmals in der Geschichte der Bundesrepublik im Jahr 2005 mehr Deutsche das Land verlassen haben als gekommen sind. 145 000 Auswanderern standen 128 000 Zugezogene gegenüber.

29. August

— Knapp 20 Jahre nach der höchst umstrittenen Volkszählung von 1987, bei der Kritiker vor dem drohenden Überwachungsstaat warnten, beschließt die Bundesregierung, in den Jahren 2010/11 einen neuen Zensus durchzuführen, der im Rahmen einer EU-weiten Zählung stattfinden und überwiegend bereits vorliegende Daten nutzen soll.

— Drei Tage vor Ablauf des UN-Ultimatums erklärt Irans Staatspräsident Ahmadinedschad in Teheran, sein Land werde sich den Forderungen nicht beugen und die Urananreicherung fortsetzen.

31. August

— „Der Schrei" und „Madonna", die im August 2004 aus dem Osloer Munch-Museum geraubten Meisterwerke des norwegischen Expressionisten Edvard Munch, sind wieder da. Wie die weltberühmten und damit unverkäuflichen Bilder sichergestellt werden konnten, teilt die Polizei nicht mit. Die Täter sind bereits im Mai zu hohen Haftstrafen verurteilt worden.

— Auf einer Geberkonferenz in Stockholm einigen sich die Vertreter von fast 60 Staaten darauf, den Wiederaufbau des zerstörten Libanon mit insgesamt mehr als 700 Millionen Euro zu unterstützen.

— Bei einem Fleischgroßhändler in München stellt die Polizei nach einem anonymen Hinweis rund 60 Tonnen Gammelfleisch sicher, dessen Haltbarkeit zum Teil bereits vor vier Jahren abgelaufen war. Der Inhaber der Firma begeht am 6. September Selbstmord.

SEPTEMBER

1. September

— In Dresden wird 61 Jahre nach seiner Zerstörung im Zweiten Weltkrieg das restaurierte weltberühmte „Grüne Gewölbe" wiedereröffnet. Die im Residenzschloss gelegenen Ausstellungsräume zählen mit ihren rund 4000 Exponaten zu den bedeutendsten Schatzkammern Europas. Ihren historischen Rang erhielten sie im 18. Jahrhundert durch den sächsischen Kurfürsten und leidenschaftlichen Kunstsammler August den Starken.

— Der syrische Staatspräsident Baschar al-Assad gibt UN-Generalsekretär Kofi Annan die Zusage, künftig keine Waffen mehr an die Hisbollah zu liefern.

2. September

— Im Zusammenhang mit den in zwei Zügen der Deutschen Bahn entdeckten Kofferbomben erhebt der Generalstaatsanwalt im Libanon gegen fünf Libanesen und einen Syrer Anklage wegen geplanten Massenmordes.

3. September

— Tennis-Star André Agassi beendet seine internationale Karriere bei den US Open in Flushing Meadows mit einer Vier-Satz-Niederlage und verabschiedet sich mit Tränen von dem applaudierenden Publikum.

— Der Flüchtlingsstrom aus Afrika auf die Kanarischen Inseln erreicht einen neuen Höhepunkt: Innerhalb von 36 Stunden landen dort mehr als 1100 Afrikaner.

4. September

— Nach langwierigen Verhandlungen einigen sich die Innenminister von Bund und Ländern darauf, eine gemeinsame Anti-Terror-Datenbank für Polizei und Geheimdienste einzurichten. Umstritten ist bis zuletzt, ob auch Informationen wie etwa die über die Religionszugehörigkeit in die Datei aufgenommen werden sollen.

5. September

— In Berlin-Schönefeld beginnen nach 15-jähriger Planung die Bauarbeiten für den neuen Flughafen Berlin Brandenburg International. Der Airport, gegen dessen Errichtung zahlreiche Prozesse geführt wurden, soll bis 2011 fertiggestellt werden und dann – nach Frankfurt und München – der drittgrößte der Republik sein.

3. SEPTEMBER: Mit Tränen beendet Tennis-Star André Agassi seine Karriere

— Erstmals seit 2001 wird die Bundesrepublik in diesem Jahr wieder die Vorgaben des EU-Stabilitätspaktes einhalten, kündigt Bundesfinanzminister Peer Steinbrück an.

6. September

— US-Präsident George W. Bush gibt erstmals zu, dass der Geheimdienst CIA im Ausland geheime Gefängnisse unterhält. Deren Insassen seien inzwischen in das US-Gefängnis Guantánamo auf Kuba verlegt worden; dort werden sie wie alle anderen Häftlinge ab sofort nach den Genfer Konventionen behandelt, wie das Verteidigungsministerium in Washington anordnet.

22. AUGUST: Im Kongo kommt es während des Wahlkampfs um das Amt des Staatspräsidenten immer wieder zu gewalttätigen Ausschreitungen

17. SEPTEMBER: Berlins Regierungschef Klaus Wowereit (r.) und Freund Jörn Kubicki freuen sich bei der Wahl zum Abgeordnetenhaus über den Sieg der SPD

— Der erste Auftritt von Entführungsopfer Natascha Kampusch gerät zum Medienspektakel: Die Ausstrahlung des Interviews verschafft dem österreichischen Sender ORF die dritthöchste Einschaltquote der vergangenen 15 Jahre (vorher wurden keine Quoten gemessen); die Senderechte werden laut ORF an 120 Medienunternehmen weltweit verkauft.

— Jubel in Japan: Erstmals seit mehr als 40 Jahren gibt es im Kaiserhaus wieder männlichen Nachwuchs. Per Kaiserschnitt wird Prinzessin Kiko von einem Sohn entbunden. Er bekommt den Namen Hisahito und steht in der Thronfolge nach seinem Onkel, Kronprinz Naruhito, und seinem Vater, Prinz Akishino, an dritter Stelle.

— Nach dem neuen Weltbevölkerungsbericht der UN leben mit 191 Millionen Migranten mehr Menschen außerhalb ihres Heimatlandes als je zuvor. Für viele ihrer Herkunftsländer sind sie ein bedeutender Wirtschaftsfaktor: Insgesamt haben sie 2005 über 230 Milliarden Dollar in ihre Heimatstaaten überwiesen.

7. September

— Nach anhaltender heftiger Kritik aus der eigenen Labour-Partei an seiner Amtsführung kündigt der britische Premierminister Tony Blair an, dass er innerhalb der nächsten zwölf Monate zurücktreten werde. Ein genaues Datum nennt er allerdings nicht.

8. September

— Theo Zwanziger, bislang Geschäftsführender Vorsitzender, wird zum neuen Präsidenten des Deutschen Fußball-Bundes gewählt und damit Nachfolger von Gerhard Mayer-Vorfelder, mit dem er seit 2004 gemeinsam an der Spitze des größten Sportverbandes der Welt stand.

9. September

— Beim 63. Filmfestival in Venedig wird der chinesische Regisseur Jia Zhang-Ke für seinen Film „Still Life", der sich mit dem Bau des umstrittenen Drei-Schluchten-Staudamms am Jangtse auseinandersetzt, mit dem Goldenen Löwen ausgezeichnet.

— Besuch in der Heimat: Papst Benedikt XVI. kommt für sechs Tage nach Bayern. Seine Reise unter dem Motto „Wer glaubt ist nie allein" führt ihn am 12. September auch nach Regensburg, wo er in der Universität in einer Rede über Religion und Gewalt ein kritisches Urteil über den Islam aus dem Mittelalter zitiert und damit in der muslimischen Welt heftige Empörung erntet.

— Nach vier abgebrochenen Starts hebt die US-Raumfähre „Atlantis" in Cape Canaveral zu ihrem Flug zur Internationalen Raumstation ISS ab. An Bord: zwei Sonnensegel, die an der ISS angebracht werden sollen.

10. September

— Michael Schumacher, siebenfacher Formel-1-Weltmeister, kündigt nach seinem 90. Grand-Prix-Sieg beim Großen Preis von Italien in Monza an, am Ende der Saison seine Rennfahrer-Karriere zu beenden.

11. September

— US-Präsident Bush verteidigt am 5. Jahrestag der Flugzeug-Attentate auf das World Trade Center den Irak-Krieg, gibt allerdings zu, dass Ex-Diktator Saddam Hussein nicht für die Anschläge verantwortlich gewesen sei.

12. September

— Die Bundesrepublik bekommt in Sachen Bildung ein weiteres Mal schlechte Noten: Der OECD-Bildungsbericht 2006 stellt fest, dass es in Deutschland zu wenig Abiturienten- und Akademikernachwuchs gibt und die Republik im internationalen Vergleich zurückfällt.

13. September

— Die Bundesregierung beschließt den Einsatz deutscher Marineeinheiten vor der libanesischen Küste im Rahmen der Unifil-Friedensmission. Der Bundestag, der den Beschluss bestätigen muss, gibt am 20. September seine Zustimmung.

— Erstmals wird in der Bundesrepublik nicht zugelassener Gen-Reis entdeckt. Wie die aus den USA stammende Sorte in den Einzelhandel in Baden-Württemberg gelangen konnte, bleibt zunächst ungeklärt.

14. September

— An der Universität Potsdam werden erstmals seit dem Ende des Zweiten Weltkriegs in Deutschland wieder Rabbiner ordiniert. Das Abraham-Geiger-Kolleg der Potsdamer Hochschule ist das einzige Rabbinerseminar in der Bundesrepublik.

— Angesichts der günstigen Konjunktur in der Bundesrepublik setzt der Internationale Währungsfonds seine Wachstumsprognose 2006 für die deutsche Wirtschaft von 1,3 auf 2 Prozent herauf.

16. September

— Nach anhaltenden Protesten aus der islamischen Welt bedauert Papst Benedikt XVI. in einer Erklärung, dass seine Rede am 12. September in Regensburg zu Missverständnissen geführt habe. Das von ihm benutzte Zitat eines mittelalterlichen Textes sei aus dem Zusammenhang gerissen worden und gebe zudem „in keiner Weise" seine persönliche Meinung wieder.

17. September

— Bei den Landtagswahlen in Mecklenburg-Vorpommern erleidet die SPD deutliche Verluste, bleibt aber mit 30,2 Prozent der Stimmen stärkste Partei. In Berlin, wo Wahlen zum Abgeordnetenhaus stattfinden, bleiben die Sozialdemokraten mit leichten Zugewinnen ebenfalls Spitzenreiter. Die CDU muss in beiden Bundesländern Verluste hinnehmen. Die NPD schafft in Mecklenburg-Vorpommern mit überraschenden 7,3 Prozent den Sprung in den Landtag.

— Aus den Reichstagswahlen in Schweden gehen die Konservativen unter ihrem Parteichef Fredrik Reinfeldt als Sieger hervor. Der bisherige sozialdemokratische Ministerpräsident Göran Persson kündigt seinen Rücktritt als Regierungs- und Parteichef an.

— In Ungarn werden Ausschnitte aus einer Rede des sozialistischen Ministerpräsidenten Ferenc Gyurcsany vor seiner Parlamentsfraktion im Mai 2006 bekannt, in der er zugibt, die Öffentlichkeit in den vergangenen zwei Jahren systematisch belogen und bei der Regierungsarbeit eklatant versagt zu haben. Die Geständnisse führen in Budapest zu heftigen Protesten und Krawallen; den immer wieder geforderten Rücktritt lehnt der im April 2006 im Amt bestätigte Regierungschef jedoch ab.

19. September

— In einer Rede vor der UN-Vollversammlung in New York fordert US-Präsident Bush die Welt auf, ihn bei seinem Demokratisierungsprogramm für den Nahen Osten zu unterstützen; gleichzeitig bekundet er seinen „Respekt" vor dem Islam, der nicht von Terroristen „pervertiert" werden dürfe. Der iranische Staatspräsident Ahmadinedschad nutzt seine Rede vor demselben Gremium, um dem Westen vorzuwerfen, den UN-Sicherheitsrat als Instrument der Bedrohung zu missbrauchen.

20. September

— In Japan wählt die regierende Liberaldemokratische Partei ihren bisherigen Regierungssprecher Shinzo Abe als Nachfolger von Junichiro Koizumi zum neuen Parteivorsitzenden. Damit wird der als Hardliner geltende Abe, der vor allem für eine selbstbewusstere Außen- und Verteidigungspolitik seines Landes eintritt, auch neuer Ministerpräsident.

— Die Europäische Weltraumorganisation ESA teilt in Paris mit, dass auf der Nordhalbkugel der Erde das Eis deutlich schneller und weitreichender schmilzt als bisher angenommen. So seien Ende des Sommers 2006 Lücken festgestellt worden, deren Fläche die von Großbritannien übertraf.

21. September

— Die Mailänder Staatsanwaltschaft lässt 20 Verdächtige festnehmen, die über Jahre hinweg die Telefongespräche von zahlreichen Prominenten, vor allem aus Politik und Wirtschaft, abgehört haben sollen.

22. September

— Nach jahrelangem Streit stimmt der Bundesrat dem Ende Juni vom Bundestag verabschiedeten Verbraucherinformationsgesetz zu, das den Schutz der Konsumenten vor verdorbenen Lebensmitteln verbessern soll. Angesichts komplizierter Vorschriften ist die Effizienz des Paragrafenwerks allerdings stark umstritten.

— Auf der Versuchsstrecke des Magnetschwebebahnzuges Transrapid im niedersächsischen Lathen prallt ein Zug mit rund 170 Stundenkilometern auf einen Werkstattwagen. 23 Menschen sterben, 10 werden verletzt. Ursache des Unglücks ist menschliches Versagen.

25. September

— Die Intendantin der Deutschen Oper Berlin setzt die Wiederaufnahme der Mozart-Oper „Idomeneo", die in der Inszenierung des Regisseurs Hans Neuenfels bereits 2003 Premiere an dem Haus hatte, vom Spielplan ab, weil sie islamistische Ausschreitungen befürchtet. In der Schlussszene der Aufführung werden die abgeschlagenen Köpfe von Religionsstiftern wie Jesus und Mohammed gezeigt. Der Schritt der Intendantin stößt weltweit auf lebhafte Kritik.

26. September

— Die EU-Kommission empfiehlt in einem Bericht für das Europaparlament, Rumänien und Bulgarien zum 1. Januar 2007 in die Europäische Union aufzunehmen. Der Beitritt ist jedoch mit rigiden Auflagen verbunden. So werden die beiden osteuropäischen Staaten aufgefordert, beim Aufbau einer unabhängigen Justiz und bei der Bekämpfung der Korruption noch erhebliche Anstrengungen zu unternehmen, um die vorgeschriebenen EU-Kriterien zu erfüllen.

— Das südhessische Atomkraftwerk Biblis A soll nicht – wie bisher vereinbart – bis 2008, sondern bis 2011 in Betrieb bleiben. Das verlangt der Energiekonzern RWE in einem Antrag. Bundesumweltminister Sigmar Gabriel kündigt eine förmliche Prüfung an und gibt zugleich zu erkennen, dass er nicht vorhabe, von dem im Jahr 2000 vereinbarten Ausstieg aus der Kernenergie abzuweichen.

27. September

— In Berlin wird die erste deutsche Islamkonferenz eröffnet. Auf Einladung von Bundesinnenminister Wolfgang Schäuble nehmen daran je 15 Vertreter des Staates und der in Deutschland lebenden Muslime teil. Innerhalb von maximal drei Jahren soll das Gremium Vorschläge zur besseren Integration der mehr als drei Millionen in der Bundesrepublik lebenden Muslime erarbeiten.

— In Georgien werden vier russische Offiziere unter dem Verdacht der Spionage verhaftet. Damit eskaliert der Streit zwischen den Nachbarstaaten, bei dem es um zwei umstrittene Grenzregionen geht, die beide Länder für sich beanspruchen. Nachdem Moskau indirekt mit militärischen Maßnahmen droht, werden die Offiziere nach fünf Tagen abgeschoben.

28. September

— In Brüssel beschließt der Nato-Rat, dass die von dem Bündnis geführte Schutztruppe Isaf so schnell wie möglich ganz Afghanistan kontrollieren soll. Das betrifft vor allem den heftig umkämpften Osten des Landes, in dem die Taliban seit einiger Zeit immer häufiger aktiv werden.

— BenQ Mobile, das Tochterunternehmen des taiwanischen Elektronikunternehmens BenQ, das vor einem knappen Jahr die kriselnde Handysparte des deutschen Siemens-Konzerns übernommen hat, reicht beim Amtsgericht in München einen Insolvenzantrag ein. Angesichts der überraschenden Pleite, die in Deutschland 3000 Arbeitsplätze bedroht, gerät Vorbesitzer Siemens in heftige Kritik.

25. SEPTEMBER: Die umstrittene Inszenierung der Mozart-Oper „Idomeneo" wird vom Spielplan der Deutschen Oper Berlin abgesetzt

OKTOBER

1. Oktober

— Bei den Parlamentswahlen in Österreich muss die ÖVP unter Bundeskanzler Wolfgang Schüssel überraschend deutliche Verluste von über acht Prozent hinnehmen und landet mit 34,3 Prozent der Stimmen nur auf Platz zwei hinter den Sozialdemokraten, die auf 35,3 Prozent kommen. Das im April 2005 von dem rechtspopulistischen Jörg Haider gegründete Bündnis Zukunft Österreich schafft mit 4,1 Prozent knapp den Sprung in den Nationalrat.

— Aus den Präsidentschaftswahlen in Brasilien geht Amtsinhaber Luiz Inácio Lula da Silva zwar mit 48,6 Prozent der Stimmen als Sieger hervor, da er aber die absolute Mehrheit verfehlt, muss er sich Ende Oktober einer Stichwahl stellen.

— Knapp sieben Wochen nach dem Abschluss einer Waffenruhe im Libanonkonflikt zieht Israel bis auf wenige Soldaten seine letzten Truppen aus dem Nachbarstaat im Norden ab.

2. Oktober

— In Mailand zerschlägt die Polizei eine islamistische Terrorzelle. Sechs Männer, die offensichtlich Anschläge in ihrem Heimatland Algerien planten, werden festgenommen.

— Der Siemens-Vorstand verzichtet angesichts der Pleite bei der vor einem Jahr an den taiwanischen BenQ-Konzern verkauften Handysparte auf die bereits beschlossene 30-prozentige Gehaltserhöhung und spendet das Geld für einen Hilfsfonds, aus dem betroffene BenQ-Mitarbeiter unterstützt werden sollen.

3. Oktober

— Der Airbus-Mutterkonzern EADS muss für die misslungene Planung des Super-Jets A380 mit schweren finanziellen Verlusten rechnen. Bis 2010 werden Mindereinnahmen von insgesamt 4,8 Milliarden Euro erwartet. Angesichts der schwierigen Sanierung von Airbus tritt Vorstandschef Christian Streiff nach nur drei Monaten Amtszeit am 9. Oktober zurück; sein Nachfolger wird EADS-Co-Chef Louis Gallois. Die Auslieferung des A380 verzögert sich voraussichtlich um mindestens ein weiteres Jahr.

— In Berlin wird der von Regisseur Sönke Wortmann gedrehte Fußball-WM-Film „Deutschland. Ein Sommermärchen" vor einem begeisterten Publikum uraufgeführt.

4. Oktober

— Die Bundesnetzagentur setzt ihren Kampf gegen zu hohe Gaspreise fort und ordnet bei zwei Tochterfirmen der Energiekonzerne Eon und RWE deutliche Kürzungen der Gas-Netzentgelte an.

5. Oktober

— Knapp fünf Jahre nach dem Sturz der Taliban-Regierung übernimmt die internationale Schutztruppe Isaf auch im besonders heftig umkämpften Osten von Afghanistan das Kommando. Damit trägt sie nun die Verantwortung für das ganze Land.

— Bei der umstrittenen Gesundheitsreform einigt sich die schwarz-rote Koalition in Berlin auf einen neuen Kompromiss, der vor allem eine Verschiebung des geplanten Gesundheitsfonds auf 2009 vorsieht.

8. Oktober

— Der SPD-Vorsitzende Kurt Beck warnt in einem Zeitungsinterview vor einem „Unterschichten-Problem" in der Bundesrepublik. Es sei besorgniserregend, dass es immer mehr Menschen gebe, die sich nicht mehr um einen sozialen Aufstieg bemühten. Nach einer von der SPD-nahen Friedrich-Ebert-Stiftung in Auftrag gegebenen Studie, die wenige Tage später veröffentlicht wird, gehören diesem „abgehängten Prekariat" rund acht Prozent der Bevölkerung an.

9. Oktober

— Trotz zahlreicher internationaler Warnungen unternimmt Nordkorea seinen ersten (unterirdischen) Atomwaffentest, der weltweit für heftige Proteste sorgt. Das kommunistische Regime in Pjöngjang rechtfertigt den Test als Reaktion auf die ständige „Aggression" der USA.

10. Oktober

— Im Kühlschrank einer Bremer Wohnung wird die Leiche eines zweieinhalbjährigen Jungen entdeckt. Der kleine Kevin ist vor seinem Tod offensichtlich vom drogensüchtigen Lebensgefährten seiner verstorbenen Mutter schwer misshandelt worden. Angesichts massiver Vorwürfe, die nach dem Fund gegen das für das Kind zuständige Jugendamt erhoben werden, tritt die Bremer Sozialsenatorin Karin Röpke am nächsten Tag von ihrem Posten zurück.

— Der FC Schalke 04 hat einen neuen Sponsor: Ab 1. Januar 2007 wird auf den Trikots der Mannschaft das Logo des russischen Energiekonzerns Gasprom auftauchen.

— Der russische Präsident Putin trifft zu einem zweitägigen Besuch in Deutschland ein. Erste Station ist Dresden, wo er von 1985 bis 1990 als KGB-Offizier Dienst tat. Die Visite soll vor allem die wirtschaftliche Zusammenarbeit zwischen den beiden Staaten fördern; allerdings wird sie überschattet von dem Mord an der Kreml-kritischen Journalistin Anna Politkowskaja, die am 7. Oktober in Moskau erschossen wurde.

12. Oktober

— Der Schriftsteller Orhan Pamuk erhält als erster Türke den Literaturnobelpreis. In seinen zahlreichen Romanen setzt sich der 54-jährige Autor immer wieder mit den kulturellen Unterschieden zwischen Ost und West auseinander.

13. Oktober

— Muhammad Yunus, Wirtschaftsfachmann aus Bangladesch, wird mit dem Friedensnobelpreis 2006 ausgezeichnet. Der 66-Jährige vergibt über seine Grameen-Bank vor allem Kleinkredite an Arme und fördert damit, so das Preiskomitee, die „wirtschaftliche und soziale Entwicklung von unten".

— Aus dem sogenannten Exzellenz-Wettbewerb der Deutschen Forschungsgesellschaft und des

26. OKTOBER: Ex-Bundeskanzler Gerhard Schröder stellt auf einer Pressekonferenz in Berlin sein Erinnerungsbuch „Entscheidungen" vor

Wissenschaftsrates gehen die Technische Hochschule Karlsruhe und die beiden Münchner Universitäten als Sieger hervor.

– Die UN-Vollversammlung bestimmt per Akklamation den südkoreanischen Außenminister Ban Ki Moon zum neuen Generalsekretär der Vereinten Nationen und folgt damit einem Vorschlag des UN-Sicherheitsrates. Moon wird Nachfolger von Kofi Annan.

14. Oktober

– Der UN-Sicherheitsrat verurteilt den nordkoreanischen Atomwaffentest und verhängt gegen das Land Handels- und Reisebeschränkungen. Pjöngjang weist die Sanktionen zurück und droht Gegenmaßnahmen an.

15. Oktober

– Die Deutsche Marine übernimmt offiziell das Kommando des Unifil-Friedenseinsatzes vor der libanesischen Küste. Sie soll den Waffenschmuggel für die Hisbollah-Milizen auf dem Seeweg verhindern.

16. Oktober

– Bei einem Selbstmordanschlag, den die um ihre Selbstständigkeit kämpfenden Tamilen auf Sri Lanka verüben, kommen mehr als 100 Menschen ums Leben.

17. Oktober

– Nach knapp achtjähriger Sanierung wird auf der Berliner Museumsinsel das im Zweiten Weltkrieg schwer beschädigte Bode-Museum wiedereröffnet. Es ist vor allem für seine Skulpturensammlung berühmt, die Werke von der Spätantike bis zum Beginn des 19. Jahrhunderts umfasst.

18. Oktober

– Der Schwarzgeldskandal, der Ende der 90er Jahre die hessische CDU erschütterte, muss noch einmal juristisch gewürdigt werden: Der Bundesgerichtshof hebt das Urteil gegen den einstigen Landeschef und Bundesinnenminister Manfred Kanther teilweise auf.

– Deutsche Elitesoldaten haben, wie das Verteidigungsministerium jetzt zugibt, 2002 in Afghanistan Kontakt zu dem aus Bremen stammenden Türken Murat Kurnaz gehabt. Er sei jedoch nicht, wie er behauptet, von den Soldaten misshandelt worden.

19. Oktober

– Die Ministerpräsidenten der Bundesländer beschließen, dass ab 2007 für Computer mit Internetanschluss eine monatliche Gebühr von 5,52 Euro fällig ist. Wer bereits einen Radio- oder TV-Apparat angemeldet hat, muss nicht zahlen.

– Berlin hat keinen Anspruch auf zusätzliche finanzielle Hilfen vom Bund. Das Bundesverfassungsgericht urteilt, das hochverschuldete Land befinde sich „nicht in einer extremen Haushaltslage" und könne sich „mit großer Wahrscheinlichkeit" selbst helfen.

22. Oktober

– Bei einer Volksabstimmung spricht sich die Bevölkerung von Panama für einen Ausbau des Panama-Kanals aus, damit auch sehr große Schiffe die 1914 eingeweihte Wasserstraße befahren können.

– Wegen eines Reifenschadens kommt Formel-1-Fahrer Michael Schumacher beim Großen Preis von Brasilien in São Paulo nur auf Platz vier und muss damit auf seine achte Weltmeisterschaft verzichten. Den Titel holt sich wie im Vorjahr der Spanier Fernando Alonso, dem in São Paulo ein zweiter Platz reicht.

24. Oktober

– Mit seiner Weigerung, das nach seiner Auffassung nicht verfassungskonforme Gesetz zur Neuregelung der Flugsicherung zu unterschreiben, stoppt Bundespräsident Horst Köhler die Privatisierung der Deutschen Flugsicherung. Union und SPD überlegen jetzt, das Grundgesetz zu ändern, um die Privatisierung doch noch zu ermöglichen.

– Die israelische Luftwaffe feuert über dem deutschen Aufklärungsschiff „Alster", das vor der libanesischen Küste in internationalen Gewässern fährt, Warnschüsse ab und zwingt einen deutschen Hubschrauber zur Landung. Tel Aviv entschuldigt sich für den Zwischenfall; doch am 27. Oktober nähern sich erneut israelische Militärmaschinen einem deutschen Hubschrauber.

25. Oktober

– Die Bundesregierung verabschiedet den weiterhin umstrittenen Gesetzentwurf zur Gesundheitsreform.

– Die „Bild"-Zeitung veröffentlicht Fotos, auf denen deutsche Soldaten in Afghanistan mit obszönen Gesten einen Totenschädel in die Kamera halten. Die Aufnahmen, von denen noch weitere auftauchen, sind vermutlich Anfang 2003 entstanden.

26. Oktober

– Vor dem Düsseldorfer Landgericht wird der sogenannte Mannesmann-Prozess neu eröffnet, nachdem der Bundesgerichtshof den Freispruch aus dem ersten Verfahren im Dezember 2005 aufgehoben hat. Im Zusammenhang mit der Übernahme des Mannesmann-Konzerns durch den Konkurrenten Vodafone im Jahr 2000 wurden Prämien und Pensionsabfindungen von 57 Millionen Euro bewilligt, die nach Meinung des Bundesgerichtshofs den „objektiven Tatbestand der Untreue" erfüllen.

– Auf einer Pressekonferenz im Berliner Willy-Brandt-Haus stellt Ex-Bundeskanzler Gerhard Schröder sein Erinnerungsbuch „Entscheidungen – Mein Leben in der Politik" vor. Die Memoiren kommen mit einer Startauflage von 160 000 Exemplaren auf den Markt.

29. Oktober

– Brasiliens Staatspräsident Luiz Inácio Lula da Silva, der in mehrere Korruptionsaffären verwickelt ist, wird in einer Stichwahl für weitere vier Jahre in seinem Amt bestätigt.

30. Oktober

– Der polnische Ministerpräsident Jaroslaw Kaczynski trifft zu seinem Antrittsbesuch in Berlin ein. Obwohl die Regierungschefs ihr Interesse an gutnachbarlichen Beziehungen bekräftigen, bleiben die Differenzen, etwa bei dem Vetriebenenthema, dem deutsch-russischen Gaspipeline-Projekt und in der Europapolitik, bestehen.

17. OKTOBER: Das im Krieg schwer beschädigte und nun restaurierte Bode-Museum auf der Berliner Museumsinsel wird wieder eröffnet

NOVEMBER

14. NOVEMBER: Der neue James-Bond-Film „Casino Royale" (hier Hauptdarsteller Daniel Craig mit Partnerin) hat in London Weltpremiere

1. November
— Die israelische Armee geht mit einer neuerlichen Gaza-Offensive gegen militante Palästinenser vor, die Israel mit Raketen beschießen. Bis zum 7. November werden nach Armeeangaben insgesamt 60 Personen getötet.

2. November
— CDU und SPD einigen sich auf eine Unternehmenssteuerreform. Sie wird die Firmen alljährlich um fünf Milliarden Euro entlasten.

— Unser Geld zerfällt: Immer häufiger tauchen Euroscheine auf, die unter der Hand zerbröseln. Das merkwürdige Phänomen ist vermutlich auf Säurespuren aus Reinigungsmitteln zurückzuführen.

— Neuer Rekordpreis für ein Gemälde: Jackson Pollocks Bild „No. 5, 1948" wird bei einer Auktion in New York für umgerechnet 110 Millionen Euro zugeschlagen.

4. November
— Nach einem Stromausfall, der auf die Abschaltung einer Hochspannungsleitung im Emsland zurückgeht, sitzen in Westeuropa zehn Millionen Menschen bis zu einer Stunde im Dunkeln.

5. November
— Ein Sondertribunal verurteilt in Bagdad den irakischen Ex-Diktator Saddam Hussein wegen Verbrechen gegen die Menschlichkeit zum Tode durch den Strang.

— In Nicaragua wird der frühere Rebellenchef Daniel Ortega zum neuen Staatspräsidenten gewählt.

6. November
— In Nairobi beginnt die Weltklimakonferenz, auf der Verteter von 189 Staaten darüber beraten, wie das 2012 auslaufende Kyoto-Abkommen zum Schutz der Erdatmosphäre fortgesetzt werden kann.

— Die Palästinenserorganisationen Hamas und Fatah einigen sich nach monatelangen Verhandlungen auf die Bildung einer Koalitionsregierung in den Palästinensergebieten.

7. November
— Bei den sogenannten Midterm-Elections in den USA, bei denen das gesamte Repräsentantenhaus und ein Drittel der Senatoren neu gewählt werden, müssen die Republikaner, die bislang in beiden Kammern die Mehrheit stellen, empfindliche Niederlagen hinnehmen. Das Ergebnis gilt in erster Linie als Kritik an US-Präsident George W. Bush und dessen desaströser Irak-Politik.

— Der VW-Konzern gibt überraschend bekannt, dass der erst vor wenigen Monaten im Amt bestätigte Vorstandschef Bernd Pischetsrieder zum Jahresende das Unternehmen verlässt. Sein Nachfolger wird Audi-Chef Martin Winterkorn.

8. November
— Die EU-Kommission kündigt an, die Beitrittsverhandlungen mit der Türkei abzubrechen, wenn sich das Land bis Mitte Dezember nicht bereit erklärt, das EU-Mitglied Zypern anzuerkennen.

— US-Verteidigungsminister Donald Rumsfeld, einer der Hauptverantwortlichen für das Irak-Fiasko der USA, muss als Folge des Wahlergebnisses vom Vortag seinen Posten räumen. Sein Nachfolger wird Ex-CIA-Chef Robert Gates.

— Die schwarz-rote Koalition verständigt sich auf eine Teilprivatisierung der Deutschen Bahn bis 2009. Schienennetz und Bahnhöfe behält der Bund, der weiterhin auch 50,1 Prozent der Aktien besitzen soll.

9. November
— Nach dreijähriger Bauzeit wird am Sankt-Jakobs-Platz in München mit der Synagoge „Zelt Jakobs" der größte Neubau einer jüdischen Gemeinde in Europa nach dem Ende des Zweiten Weltkriegs eröffnet.

— Als erstes Bundesland gibt Berlin die Ladenöffnungszeiten frei und erlaubt damit – außer an Sonn- und Feiertagen – das Einkaufen rund um die Uhr.

10. November
— Der Bundestag verlängert das Bundeswehrmandat für den Afghanistaneinsatz bis zum November 2007.

— Nach jahrelangen zähen Verhandlungen einigen sich Washington und Moskau auf die Aufnahme Russlands in die Welthandelsorganisation WTO.

11. November
— In der Justizvollzugsanstalt Siegburg wird ein 20-Jähriger von drei Mithäftlingen zu Tode gefoltert. Die Tat löst eine heftige Diskussion über Gewalt in deutschen Gefängnissen aus.

13. November
— Nato-Generalsekretär Jaap de Hoop Scheffer fordert, dass die im Norden Afghanistans stationierten Bundeswehreinheiten auch in den übrigen, mehr umkämpften Teilen des Landes eingesetzt werden können. Die Bundesregierung lehnt das ab.

23. NOVEMBER: Polizeiexperten untersuchen im Mordfall Litwinenko ein Auto in der Nähe von Hamburg auf radioaktive Spuren

14. November

— Der Hamburger Zoll gibt bekannt, in den vergangenen Wochen im Hamburger Hafen 117 Container mit Plagiaten im Rekordwert von 383 Millionen Euro beschlagnahmt zu haben. Die aus asiatischen Ländern stammenden gefälschten Markenartikel werden vernichtet.

— Englands Königin Elisabeth II. ist der erlauchteste Gast bei der Londoner Premiere des jüngsten James-Bond-Films „Casino Royale" mit dem neuen Bond-Darsteller Daniel Craig. Der Thriller erhält allgemein positive bis begeisterte Kritiken.

— Wegen Untreue und Begünstigung erhebt die Staatsanwaltschaft Braunschweig Anklage gegen den früheren VW-Personalchef Peter Hartz. Ab 17. Januar muss sich der einstige Top-Manager vor Gericht verantworten.

— Wieder ein Störfall in einem schwedischen Atomkraftwerk: Nach einem Brand wird der Reaktor 3 in Ringhals abgeschaltet.

15. November

— Im Münchner Siemens-Konzern werden bei einer Groß-Razzia zahlreiche Büros durchsucht. Die Staatsanwaltschaft ermittelt wegen schwarzer Kassen, in die mehrere hundert Millionen Euro geflossen sein sollen.

16. November

— Der Bundesgerichtshof bestimmt, dass der Marokkaner Mounir el Motassadeq, der im Zusammenhang mit den Terroranschlägen vom 11. September 2001 vom Hamburger Oberlandesgericht bereits wegen Mitgliedschaft in einer terroristischen Vereinigung zu sieben Jahr Haft verurteilt worden ist, wegen Beihilfe zum Mord bestraft werden muss. Das Hamburger Gericht ist damit verpflichtet, ein neues, schärferes Urteil zu fällen.

— Die 53-jährige Ségolène Royal wird von der Sozialistischen Partei Frankreichs als erste Frau zur Kandidatin für die Präsidentschaftswahlen im Frühjahr 2007 gewählt.

17. Novemer

— Die Konferenz der Innenminister verständigt sich auf eine Bleiberechtsregelung für bislang in der Bundesrepublik geduldete Ausländer. 20 000 können ab sofort dauerhaft in Deutschland bleiben.

20. November

— Bei einem Amoklauf in der Geschwister-Scholl-Realschule im westfälischen Emsdetten verletzt ein 18-jähriger Schüler insgesamt 37 Menschen und erschießt sich anschließend selbst. Weil er als leidenschaftlicher Fan von PC-Killerspielen bekannt war, kommt es nach seiner Tat zu einer neuerlichen öffentlichen Debatte über ein Verbot solcher Games.

— Ein 28-jähriger Krankenpfleger, der in einer Sonthofener Klinik 28 Patienten durch Injektionen umgebracht hat, wird vom Landgericht Kempten zu lebenslanger Haft verurteilt.

21. November

— Nach einem Bericht der Vereinten Nationen sind weltweit fast 40 Millionen Menschen HIV-infiziert. Die meisten neuen Opfer findet die Seuche seit einiger Zeit in Osteuropa und Zentralasien.

— Der frühere VW-Betriebsratschef Klaus Volkert kommt wegen Verdunkelungsgefahr in Untersuchungshaft. Er soll versucht haben, den einstigen VW-Personalmanager Klaus-Joachim Gebauer, gegen den wegen der 2005 aufgeflogenen VW-Affäre ebenfalls ermittelt wird, zur Änderung seiner Aussagen zu bewegen.

— Der libanesische Industrieminister Pierre Gemayel wird in einem Vorort von Beirut von unbekannten Attentätern erschossen.

23. November

— In einer Londoner Klinik stirbt unter mysteriösen Umständen der einstige russische Geheimdienstmitarbeiter Alexander Litwinenko. Der 44-Jährige, der im Mordfall der erschossenen Journalistin Anna Politkowskaja recherchierte und als heftiger Kritiker des russischen Präsidenten Putin galt, ist offensichtlich Anfang November in einer Londoner Sushi-Bar mit dem radioaktiven Element Polonium-210 vergiftet worden. In den nächsten Tagen und Wochen werden an zahlreichen Orten, unter anderem in Hamburg, Spuren des Nuklearstoffes entdeckt.

— Der Regelsatz des Arbeitslosengeldes II in Höhe von 345 Euro monatlich verstößt nicht gegen das Grundgesetz, entscheidet das Bundessozialgericht in Kassel. Es weist damit die Klage einer Frau ab, die den Satz für zu niedrig hielt.

26. November

— Israels Ministerpräsident Olmert und Palästinenserpräsident Abbas vereinbaren überraschend eine Waffenruhe für den Gaza-Streifen, die allerdings alsbald von beiden Seiten gebrochen wird.

27. November

— CDU-Chefin Angela Merkel wird auf dem Dresdner Parteitag mit großer Mehrheit in ihrem Amt bestätigt. Ihre drei Stellvertreter, die Ministerpräsidenten Roland Koch, Jürgen Rüttgers und Christian Wulff, müssen dagegen bei ihrer Wiederwahl empfindliche Stimmeneinbußen hinnehmen. Auf den vierten Stellvertreterposten wird Bundesbildungsministerin Annette Schavan wiedergewählt.

28. November

— Papst Benedikt XVI. beginnt unter strengen Sicherheitsvorkehrungen seinen viertägigen Türkeibesuch. Wegen seiner umstrittenen Äußerungen zum Islam im September hatte es zuvor von muslimischer Seite zahlreiche Proteste gegen die Reise gegeben.

30. November

— Die Zahl der Arbeitslosen sinkt mit 3,995 Millionen erstmals seit vier Jahren unter die Vier-Millionen-Grenze.

16. NOVEMBER: Die französische Sozialistin Ségolène Royal wird von ihrer Partei als Kandidatin für die Präsidentschaftswahl 2007 aufgestellt

DEZEMBER

1. Dezember
— Im Kongo geht der Einsatz der Bundeswehr zur Sicherung der Präsidentschaftswahlen offiziell zu Ende. Bis Weihnachten sollen alle 780 Soldaten wieder zu Hause sein.

2. Dezember
— Die Schiiten-Miliz Hisbollah schickt in der libanesischen Hauptstadt Beirut Hunderttausende zu Protesten gegen die prowestliche Regierung von Ministerpräsident Fuad Siniora auf die Straße. Der Amtssitz des Regierungschefs wird tagelang belagert.

4. Dezember
— John Bolton, umstrittener Botschafter der USA bei den Vereinten Nationen, wird angesichts der neuen Mehrheitsverhältnisse im Senat sein Amt aufgeben. Die jetzt von den Demokraten beherrschte Kammer hätte den von Präsident Bush im Sommer 2005 aufgrund einer Sonderregelung ernannten Botschafter im Januar bestätigen müssen.

5. Dezember
— Das Statistische Bundesamt in Wiesbaden teilt mit, dass in Deutschland 10,6 Millionen Menschen, also etwa jeder Achte, von Armut bedroht sind. Als bedürftig gilt, wer weniger als 856 Euro im Monat zur Verfügung hat.

6. Dezember
— In Washington legt die „Iraq Study Group" unter dem Vorsitz des ehemaligen republikanischen US-Außenministers James A. Baker ihren lang erwarteten Bericht vor. Darin schlägt sie Präsident Bush in der Irak-Politik einen Strategiewechsel vor: Amerika solle weniger Kampftruppen einsetzen und dafür die Ausbildung des irakischen Militärs forcieren, außerdem wird die Aufnahme von Gesprächen mit Syrien und Iran empfohlen. Bush reagiert zurückhaltend auf die Ratschläge.

7. Dezember
— Blamage beim geplanten bundesweiten Rauchverbot für Gaststätten und öffentliche Gebäude. Da verfassungsrechtliche Gründe eine solche Regelung offensichtlich verbieten, stellt das federführende Bundesgesundheitsministerium seine Arbeit an dem Projekt ein.

8. Dezember
— Bundespräsident Horst Köhler stoppt ein weiteres Mal ein von Bundestag und Bundesrat beschlossenes Gesetz. Er verweigert seine Unterschrift unter das Verbraucherinformationsgesetz, weil es nach seiner Meinung gegen die neue Kompetenzverteilung zwischen Bund und Ländern verstößt, die in der diesjährigen Föderalismusreform vereinbart wurde.

7. DEZEMBER: Ein bundesweites Rauchverbot für Gaststätten und öffentliche Gebäude scheitert an verfassungsrechtlichen Bedenken

26. DEZEMBER: Bei der Explosion einer Benzin-Pipeline im nigerianischen Lagos verbrennen fast 300 Menschen

Sein Entschluss führt zu einer lebhaften Debatte über die im Grundgesetz festgelegten Aufgaben des Staatsoberhauptes.

— Neue Wendung im Giftmordfall Litwinenko: Ex-Geheimdienstler Andrej Lugowoi, der verdächtigt wird, an der Tat beteiligt gewesen zu sein, ist selbst mit dem Atomelement Polonium-210 verstrahlt.

10. Dezember
— Die neuerliche Debatte um die Einführung einer Pkw-Maut auf Deutschlands Autobahnen wird von Bundesverkehrsminister Wolfgang Tiefensee mit der Feststellung beendet: „Die Pkw-Maut ist für mich kein Thema."

11. Dezember
— Die Außenminister der Europäischen Union einigen sich in Brüssel darauf, die Beitrittsverhandlungen mit der Türkei in 8 von 35 Kapiteln auszusetzen, weil Ankara sich weiter weigert, die See- und Flughäfen des Landes für Schiffe und Flugzeuge des EU-Mitglieds Zypern zu öffnen.

— Aufregung in Israel nach einer Interview-Äußerung von Ministerpräsident Olmert: Darin hatte er sein Land in einer Reihe mit den Atommächten USA, Frankreich und Russland genannt und war damit als erster Regierungschef von der jahrzehntealten offiziellen Politik abgewichen, den Besitz von Nuklearwaffen weder zu bestätigen noch zu dementieren.

12. Dezember
— Die Korruptionsaffäre bei Siemens erreicht die Top-Etage des Unternehmens. Die Polizei verhaftet den früheren Telekommunikations-Vorstand Thomas Ganswindt. In seinem Bereich gab es offensichtlich eine ganze Reihe schwarzer Kassen, aus denen Schmiergelder in Millionenhöhe finanziert wurden.

— Der Europäische Gerichtshof weist die Klage der Bundesregierung gegen ein EU-weites Tabakwerbeverbot ab.

13. Dezember
— Erstmals seit fünf Jahren überspringt der deutsche Aktienindex die 6500-Punkte-Marke.

14. Dezember
— Für 3,1 Milliarden Euro verkauft der US-Unternehmer Haim Saban die TV-Sendergruppe Pro-Sieben-Sat-1 Media AG, die der Springer-Verlag aus kartellrechtlichen Gründen nicht erwerben durfte, an die Beteiligungsgesellschaften Permira und KKR.

15. Dezember
— Ex-Schiedsrichter Robert Hoyzer, der wegen der Manipulation von Fußballspielen im Vorjahr die Hauptfigur im sogenannten Fußball-Wettskandal war, muss endgültig ins Gefängnis. Nachdem die Bun-

desanwaltschaft in einem Revisionsverfahren Ende November überraschend beantragte, Hoyzer freizusprechen, bestätigt der Bundesgerichtshof das ursprüngliche Urteil des Landgerichts Berlin von zwei Jahren und fünf Monaten Haft.

— Der Begriff „Fanmeile" wird von der Gesellschaft für deutsche Sprache zum Wort des Jahres gewählt und verweist die „Generation Praktikum" auf Platz zwei.

16. Dezember

— Palästinenserpräsident Mahmud Abbas kündigt vorgezogene Präsidentschafts- und Parlamentswahlen an, um den Machtkampf zwischen den Organisationen Fatah und Hamas zu beenden und für stabilere Verhältniss zu sorgen. Daraufhin kommt es zu blutigen Auseinandersetzungen zwischen den beiden Gruppen, bei denen mehrere Menschen sterben.

17. Dezember

— Die Gesundheitsreform hat in der jetzt vorliegenden Version kaum noch Chancen, verwirklicht zu werden: Mit Hessen kündigt – nach Bayern und Baden-Württemberg – bereits das dritte Bundesland entschiedenen Widerstand gegen das Gesetzesvorhaben an. Alle drei Länder befürchten erhebliche finanzielle Mehrbelastungen.

18. Dezember

— An der Deutschen Oper in Berlin wird die Mozart-Oper „Idomeneo", die im September aus Furcht vor islamistischen Ausschreitungen vom Spielplan genommen wurde, unter strengen Sicherheitsmaßnahmen erstmals wieder aufgeführt. Unter den Besuchern ist auch Bundesinnenminister Wolfgang Schäuble.

19. Dezember

— In Libyen werden fünf bulgarische Krankenschwestern und ein palästinensischer Arzt in einem Berufungsprozess erneut zum Tode verurteilt. Das Gericht befindet sie für schuldig, in einem Krankenhaus in Bengasi mehr als 400 Kinder vorsätzlich mit dem Aids-Virus infiziert zu haben. Die Urteile werden vor allem im Westen mit Bestürzung aufgenommen.

— US-Präsident Bush räumt erstmals öffentlich ein, dass die Vereinigten Staaten den Irak-Krieg nicht gewinnen werden. Sein neuer Verteidigungsminister Robert Gates hatte diese Prognose schon vor seinem Amtsantritt gewagt.

20. Dezember

— Die Nato bittet Deutschland, Tornado-Flugzeuge der Bundeswehr für die Luftaufklärung im Rahmen des Isaf-Einsatzes in Afghanistan zur Verfügung zu stellen. Berlin will Anfang Januar darüber entscheiden.

— US-Präsident Bush kündigt an, mehr Heeres- und Marineinfanteriesoldaten in den Irak zu schicken, um das Militär im Kampf gegen die islamistischen Rebellen zu stärken.

— Das Bundeskartellamt mahnt den Energiekonzern RWE wegen zu hoher Strompreise ab. Das Unternehmen habe 2005 in seinen Berechnungen Emissionsrechte für Kohlendioxid geltend gemacht, obwohl es diese kostenlos bekommen habe. Jetzt können auf RWE empfindliche Schadensersatzforderungen zukommen.

21. Dezember

— Nach dem Kernkraftwerk Biblis A soll nun auch ein Block des Atommeilers Neckarwestheim länger als im Atomgesetz vorgesehen Strom produzieren. Der Betreiber, der Energiekonzern EnBW, stellt einen entsprechenden Antrag beim zuständigen Bundesumweltministerium. Bislang sollte der Reaktor 2009 stillgelegt werden, nun will EnBW erreichen, dass er bis 2017 laufen kann.

— Die Kosten für die Gesundheit in Deutschland steigen weiter: Mit der Barmer Ersatzkasse und der DAK kündigen die beiden größten gesetzlichen Krankenkassen der Republik an, ihre Beiträge ab Januar um 0,6 beziehungsweise 0,7 Prozent zu erhöhen.

22. Dezember

— Die sogenannte Spitzelaffäre in Bayern fordert ein erstes prominentes Opfer: Michael Höhenberger, der Büroleiter von Ministerpräsident Edmund Stoiber, tritt von seinem Amt zurück. Er soll in einem Telefongespräch mit einem CSU-Parteifreund das Privatleben der Stoiber-kritischen Fürther CSU-Landrätin Gabriele Pauli nach kompromittierenden Details ausgeforscht haben. Stoiber selbst weist in der Angelegenheit jede Verantwortung von sich.

26. Dezember

— Ein Berufungsgericht in Bagdad bestätigt das Todesurteil gegen den irakischen Ex-Diktator Saddam Hussein. Am 30. Dezember wird er durch den Strang hingerichtet.

— Im nigerianischen Lagos verursachen Benzindiebe bei dem Versuch, eine Pipeline anzuzapfen, eine gewaltige Explosion, die den Tatort sofort weiträumig in Brand setzt. In dem verheerenden Flammenmeer kommen fast 300 Menschen um.

— Der russische Energiekonzern Gasprom, der zu Beginn des Jahres der Ukraine vorübergehend den Gashahn zudrehte, weil man sich nicht auf neue, deutlich erhöhte Preise einigen konnte, legt sich nun mit Weißrussland an. Auch hier droht das Staatsunternehmen mit einer Einstellung der Lieferungen. Am 31. Dezember einigt man sich auf neue Konditionen.

28. Dezember

— Der ostafrikanische Staat Somalia, seit 1991 ohne funktionierende Regierung, versinkt erneut in bürgerkriegsähnlichen Auseinandersetzungen. Truppen aus dem christlich regierten Nachbarland Äthiopien verdrängen gemeinsam mit Einheiten der Übergangsregierung die islamistischen Rebellen auch aus ihrer Hochburg Mogadischu. Der UN-Sicherheitsrat kann sich nicht auf einen gemeinsamen Aufruf zur Waffenruhe einigen.

26. DEZEMBER: Der Energiekonzern Gasprom – hier eine Förderanlage in Sibirien – will gegenüber Weißrussland höhere Gaspreise durchsetzen

BILDNACHWEIS

Umschlag: Johannes Eisele/ddp; Reinhard Holl/VG News; Muhammed Muheisen/AP; Kirsten Borchard/Public Adress; Thomas Niedermueller/GETTY IMAGES; Wolfgang Rattey/REUTERS; Mark J. Terill/AP; Steve Bloom
6/7: Inhalt: dpa; Niehues/advantage; Oded Balilty/AP; actionpress; Montage: AP; Corbis; Witters
10/11: Chinatopix/AP
12/13: Johannes Eisele/ddp
14/15: Johannes Simon/ddp
16/17: Rupak De Chowdhuri/REUTERS
18/19: Roland Weihrauch/dpa
20/21: Peter Kneffel/dpa
22/23: Mike Burley/Topeka Capital-Journal/AP
24/25: Miguel Vidal/REUTERS
26/27: Jerome Favre/AP
28/29: Tim Graham/Corbis
30/31: Fiona Hanson/AP
32/33: Vincent Laforet/POLARIS/Studio X
34/35: Steve Bloom
36/37: Halden Krog/POLARIS/Studio X
38/39: Gerhard Joeren/On Asia
40/41: Jeff Mitchel/REUTERS
42/43: Nir Elias/REUTERS
44/45: Kay Nietfeld/dpa
46/47: Fabrizio Bensch/REUTERS
48/49: Henning Schacht/actionpress
50/51: Roland Weihrauch/dpa; Norbert Förster/dpa
52/53: Christian Charisius/REUTERS
54/55: Bert Bostelmann/argum; Arnd Wiegmann/REUTERS
56/57: Miguel Villagran/dpa; Fotomontage: Wieslaw Smetek; Liesa Johannssen/photothek
58/59: Pablo Martinez Monsivais/AP; Schacht & Schmidt/actionpress; Boris Roessler/dpa
60/61: Marko Förster
62/63: Ralph Orlowski/GETTY IMAGES
64/65: Frank Rumpenhorst/dpa; Volker Hinz/stern
66/67: Christoph Stache/AP
68/69: Tobias Schwarz/REUTERS
70/71: Wolfgang Kumm/dpa (2); Kay Nietfeld/dpa;
72/73: Niehues/advantage; Johannes Simon/ddp
74/75: Juergen Eden/GETTY IMAGES; Satellitenfoto: Google Earth
76/77: Thomas Niedermueller/GETTY IMAGES; BKA; Peter Meyer/Forum; Wulf Pfeiffer/dpa
78/79: Michael Latz/ddp
80/81: Bild Zeitung (2)
82/83: Waltraud Grubitzsch/dpa/Robert Michael/ddp
84/85: Rodrigo Abd/AP
86/87: Georges Gobet/AFP; Desiree Martin/AFP
88/89: Juan Medina/REUTERS
90/91: Prakash Hatvalne/AP; Radu Sigheti/REUTERS; Sven Torfinn/laif
92/93: Paul Assaker/POLARIS/Studio X; Jyllands Posten/dana press; Der Tagesspiegel
94/95: Mohammad Berno/Iranian Labour News Agency/UPI/GAMMA/laif; Kpix
96/97: Vahid Salemi/AP
98/99: Olivier Douliery/ABACAPRESS
100/101: Jason Reed/REUTERS
102/103: Robert Nickelsberg/GETTY IMAGES
104/105: Joao Silva/The New York Times; Scott Nelson/The New York Times/WpN
106/107: Ceerwan Aziz/REUTERS
108/109: Zebar Nacerdine/GAMMA; AFP (2); AP
110/111: IHA/UPPA
12/113: Oded Balilty/AP; Boaz Oppenheim/AP
114/115: Alexander Natruskin/REUTERS
116/117: Vladimir Rodionov/ITAR-TASS/AP; Dmitry Astakhov/EPA
118/119: REX FEATURES
120/121: Tatyana Makeyeva/AFP
122/123: Dmitriy Khrupov/EPA
124/125: Mark Baker/AP
126/127: Orlando Barria/EFE
128/129: Andrees Latif/REUTERS
130/131: REUTERS
132/133: Ed Wray/AP; Purwowiyoto/AP
134/135: Rogerio Rombola Nicola/Agencia Estado/POLARIS/Studio X; Reginaldo Pupo/Agencia Estado/WpN/Agentur Focus ; Dirceu Portugal/Agencia Estado/WpN/Agentur Focus
136/137: Tuca Veira/10. mostra internazionale d'architettura/Biennale di Venezia
138/139: Ji Jianghong/Color China Photos/ZUMA PRESS
140/141: WpN/Agentur Focus ; Giuseppe Giglia/EPA
142/143: Luca Bruno/AP; Fabrizio Villa/AFP/OLYCOM S.P.A./action press
144/145: Klein-Tammalah/ABACAPRESS
146/147: Pascal Pavani/AFP
148/149: Sigi Tischler/Keystone/AP (2); Sebastian Derungs/REUTERS
150/151: AP (2); Reinhard Holl/VG News
152/153: Karoly Arvai/Reuters; Tamas Kovacs/EPA
154/155: Danish Ismail/REUTERS
156/157: Anwar Amro/AFP; Patrick Baz/AFP
158/159: Adnan Hajj/REUTERS
160/161: Matt Dunham/AP; Kevork Djansezian/AP; Ali Hashisho/REUTERS; Pierre Terdjman/EPA
162/163: Christopher Furlong/GETTY IMAGES
164/165: Ghaith Abdul-Ahad/GETTY IMAGES
166/167: Sebastian Scheiner/AP; Bruno Stevens; Pedro Ugarte/AFP; Muhammed Muheisen/AP
168/169: Zohra Bensemra/REUTERS
170/171: Yoav Lemmer/AFP
172/173: Ben Curtis/AP; Mohamed Messara/EPA
174/175: Dimitri Messinis/AP
176/177: Spencer Platt/GETTY IMAGES
178/179: Emilio Morenatti/AP
180/181: NASA
182/183: Heinz-Peter Bader/REUTERS
184/185: Jason Reed/REUTERS
186/187: NASA (3)
188/189: Crusiaux Franck/GAMMA; actionpress (2)
190/191: Christina und Manfred Kage
192/193: NNP; dpa
194/195: REUTERS
196/167: News of the World
198/199: NASA
200/201: Matthias Hoenig/dpa
202/203: Karin Rocholl/stern
204/205: Public Address Presseagentur
206/207: Michael Gottschalk/ddp
208/209: Jill Greenberg, Courtesy Paul Kopeikin Gallery, Los Angeles
210/211: Constantin Film
212/213: Torsten Blackwood/AFP
214/215: REX/actionpress (3); David Cheskin/AP
216/217: Nick Poulis/POLARIS/Studio X
218/219: Thomas Rabsch
220/221: Cliff Watts/Icon International
222/223: Finlay Mackay
224/225: Gina James/Graylock.com/Retna
226/227: Peter Hoennemann
228/229: Mike Figgis/REUTERS
230/231: Karl Prouse/GETTY IMAGES
232/233: Karel Kuehne
234/235: Tim Walker
236/237: William Baker
238/239: Miroe
240/241: Bela Borsodi/bmr-fotografen
242/243: Pan Image Studio Colombo/ASA/pictures-alliance
244/245: Pal/Roel Dijkstra/Sunshine/ZUMA PRESS
246/247: Giuseppe Cacace/AFP
248/249: Laci Perenyi; Laszlo Balogh/REUTERS
250/251: Mario Anzuoni/REUTERS
252/253: Miguel Villagran/dpa
254/255: Friedemann Vogel/Bongarts/GETTY IMAGES; Jonathan De Villers; Bas Czerwinski
256/257: Richard Martin
258/259: Franck Fife/AFP
260/261: Matthias Braschler und Monika Fischer
262/263: Kinowelt Michael Hanschke/dpa
264/265: Frank Zauritz/laif
266/267: Sandra Behne/Bongarts/GETTY IMAGES
268/269: Ben Radford/GETTY IMAGES
270/271: Shaun Best/pixathlon; Ferdinando Mezzelani/pixathlon; Oliver Lang/ddp; Daniel Ulmer/Imago
272/273: Johannes Simon/ddp
274/275: Frank Rumpenhorst/dpa
276/277: Peter Schols/pixathlon; Bernd Weissbrod/dpa; Giorgio Ravezzani; pixxmixx/pixathlon
278/279: Johannes Eisele/ddp; David Hecker/ddp; John Sibley/pixathlon
280/281: Antonello Nusca/WpN/Agentur Focus
282/283: Christian Irrgang
284/285: Hergen Schimpf/photoselection/POLARIS/Studio X; actionpress (2); dpa (4); teutopress (2); AFP; Peter Thomann/stern; Keystone/AP; ddp; Grazia Neri; AKG; Susana Raab; AP; laif; Otto Breicha/Imagno
286/287: Markus Kirchgessner/laif; dpa (4); EPA; GAMMA; Carlsson/Scanfoto/dpa; Interfoto, AKG; laif; Jeremy Sutton-Hibbert/WpN; AP (2); Sven Simon; pictures-alliance/AKG; ddp (3); dpa; Ostkreuz
290/291: advantage; Ali Jarekji/REUTERS; Johannes Eisele/ddp
292/293: Rick Fowler/REUTERS; Claude Diderich/Witters
294/295: Riccardo De Luca/AP; GETTY IMAGES
296/297: Petar Pavlovic/AP; KOMMERSANT PHOTO AGENCY/action press; Johannes Simon/ddp
298/299: Torsten Leukert/vario-press; ATB/ddp; Michael Kappeler/ddp
300/301: Dima Gavrysh/GAMMA; Wolfgang Kumm/dpa
302/303: Buena Vista; Tobias Kuberski/GES; Sinar Harapan, Yuyuk Sugarman/AP
304/305: David Guttenfelder/AP; Justin Lane/dpa
306/307: NASA; Saurabh Das/AP; Katarina Stoltz/REUTERS
308/309: Claudia Daut/REUTERS; Toby Melville/REUTERS
310/311: Daniel Berehulak/AP; Lionel Healin/AFP; Kevin Lamarque/REUTERS
312/313: Wolfgang Kumm/dpa; Claudia Esch-Kenkel/360°-Berlin
314/315: Wolfgang Kumm/dpa; Marcel Mettelsiefen/dpa
316/317: Sony Pictures; Christian Charisius/REUTERS; Patrick Bernard/ABACAPRESS
318/319: Martin Ruetschi/Keystone; AP; Hans-Jürgen Burkard

IMPRESSUM

Mitarbeit/*stern*-Redaktion

Deutsche Politik
Arne Daniels
Andreas Hoidn-Borchers

Deutschland aktuell
Ulla Hockerts
Christine Zerwes

Ausland
Heidemarie Fuhrmann
Steffen Gassel
Marc Goergen
Hans-Hermann Klare
Peter Meroth
Sascha Szebel

Kultur und Unterhaltung
Ulrike von Bülow
Hannes Ross
Jochen Siemens
Bernd Teichmann

Sport
Rüdiger Barth
Giuseppe Di Grazia
Christian Ewers
Alexandra Kraft
Bernd Volland

Mode
Oliver Creutz
Mareile Grimm
Dirk van Versendaal

Wissenschaft
Inga Olfen
Gerd Schuster
Jan Schweitzer

Bildredaktion
Petra Göllnitz
Martina-Johanna Akalovic

Redaktionelle Mitarbeit
Helga Dupuis (Paris)
Dagmar Seeland (London)
Angelika Hala und Susanne Lapsien (New York)

Dokumentation
Günther Garde

Schlussredaktion
stern-Schlussredaktion

Objektleitung
Achim Mäueler

Herstellung
Heiko Belitz
G+J-Druckzentrale

Lithografie
MWW Repro, Hamburg

Druck und Bindung
MOHN Media
Mohndruck GmbH, Gütersloh

stern-Buch
Verlag Gruner + Jahr AG & Co KG, Hamburg
1. Auflage 2007
ISBN: 978-3-570-19696-0

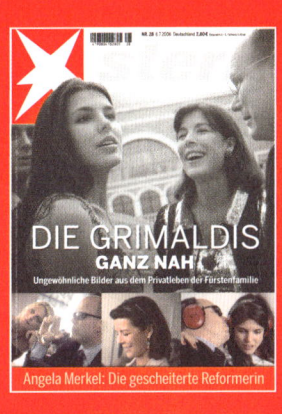

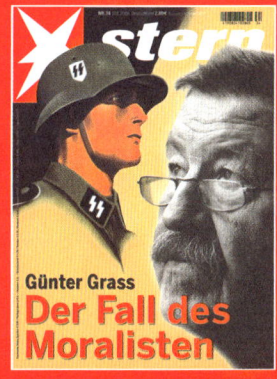

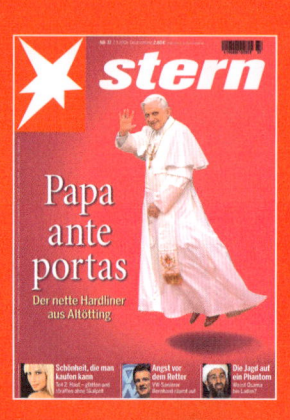